다문화 한국어 교육을 위한

한국문화 교육론

다문화 한국어 교육을 위한

한국문화 교육론

발행일   2022년 9월 30일

지은이   김재국
펴낸이   손형국
펴낸곳   (주)북랩
편집인   선일영   편집   정두철, 배진용, 김현아, 장하영, 류휘석
디자인   이현수, 김민하, 김영주, 안유경   제작   박기성, 황동현, 구성우, 권태련
마케팅   김회란, 박진관
출판등록 2004. 12. 1(제2012-000051호)
주소   서울특별시 금천구 가산디지털 1로 168, 우림라이온스밸리 B동 B113~114호, C동 B101호
홈페이지 www.book.co.kr
전화번호 (02)2026-5777   팩스   (02)2026-5747

ISBN   979-11-6836-497-4 03370 (종이책)   979-11-6836-498-1 05370 (전자책)

(주)북랩 성공출판의 파트너

북랩 홈페이지와 패밀리 사이트에서 다양한 출판 솔루션을 만나 보세요!

홈페이지 book.co.kr • **블로그** blog.naver.com/essaybook • **출판문의** book@book.co.kr

작가 연락처 문의 ▸ ask.book.co.kr

작가 연락처는 개인정보이므로 북랩에서 알려드릴 수 없습니다.

※ 이 책은 충청북도교육도서관의 출판 지원금을 받아 발간되었습니다.

다문화 한국어 교육을 위한

한국문화 교육론

김재국 지음

소설을 활용한

효율적 한국문화 교육 지침서

북랩

책머리에

우리나라는 전통적으로 다른 민족의 유입이 적고 국가 구성에 미치는 영향도 많지 않아 단일민족국가로 분류되었다. 그러나 점차 다민족국가로 전환되는 양상을 보인다. 2000년대 초에 건강시민연대는 '다문화가정' 혹은 '다문화가족'이라는 용어 사용을 제안하였다. 이는 기존의 '국제결혼가정'이나 '혼혈가정'이라는 용어보다는 순화된 듯한 느낌이지만 과도기적 용어로 보는 것이 바람직하다.

2020년 2월 기준 우리나라 체류 외국인은 250만 명을 넘어서 전체 인구 대비 외국인 비율이 5%에 육박하여 다문화 사회에 진입한 것으로 나타났다. 아울러 다문화가정도 증가하는 추세에 있으며, 그 배경은 몇 가지로 제시할 수 있다. 그것은 독신 여성의 증가, 국제결혼을 하는 남성의 증가, 저임금 외국인 노동자 고용정책으로 외국인의 한국 이주 증가 등으로 정리된다. 구체적으로 살펴보면 독신 여성이 증가함에 따라 결혼 적령기의 남녀 성비 불균형 현상이 나타나고 있다. 결혼 적령기 여성이 농산어촌 총각과 결혼 기피로 이들이 다른 나라 여성과 결혼할 수밖에 없는 것도 이유가 된다. 외국인 노동자가 한국 여성과 결혼하여 새로운 가정을 이루는 일도 없지 않다. 그리고 오늘날은 다양성의 시대로 국제결혼에 대한 부정적 시각이 약화하여 나타나는 현상도 이유로 제시할 수 있겠다.

여성가족부는 '2021년 전국 다문화가족 실태 조사'를 발표하였다. 실태 조사에 의하면 다문화가정에 대한 사회적 차별이나 부부 갈등은 줄었으나 자녀 양육이 가장 큰 어려움으로 나타났다. 학습 지도 및 학업 관리(50.4%), 진학·진로 등 정보 부족(37.6%), 비용 부담(32.0%), 게임·스마트폰·인터넷 사용(19.7%) 등의 순이다. 다문화가정 학생의 대학 진학률은 40%(국민 전체 평균 71%)로 나타났다. 그것은 한국교육에서 부모의 역할이 매우 중요하지만, 다문화가정은 상대적으로 언어 소통이 어렵고 학교에 대한 정보가 부족한 것이 원인이라고 지적할 수 있다.

이러한 통계를 종합해보면 언어 소통은 다문화가정이 한국 사회에 제대로 적응하기 위해 첫 번째로 해결해야 할 과제이다. 자녀교육도 언어 소통이 선결되어야 가능한 일이다. 이에 따라 정부는 다문화가정을 위한 한국어 교육 강화와 교육기관 설립 등의 다양한 대책을 세워야 할 것이다.

유네스코는 총회에서 세계문화 다양성을 위한 선언문을 채택한 바 있다. 국가의 다양성은 윤리적 의무이며 다양성으로 인하여 인간의 존엄성은 불리한 대우를 받을 수 없다는 것이다. 공자는 '군자화이부동 소인동이불화(君子和而不同 小人同而不和)'라고 했다. "군자는 다양성을 인정하고 지배하려고 하지 않으며, 소인은 지배하려고 하며 공존하지 못한다."라는 의미이다.

그렇다면 우리는 다양성을 새로운 시대정신으로 수용할 필요가 있다. 다양성을 인정하는 국가의 제도적 장치도 중요하지만, 이보다는 국민이 다문화가정을 바라보는 인식의 변화가 더욱 시급하다. 우리는 단일민족국가라는 자부심을 버리고 다민족국가라는 시대적 현실을 엄연히 수용해야 한다. 미국의 오바마 전 대통령이 다문화가정 출신이듯이 우리나라 다문화가정에서 대통령이 나오지 말라는 법은 없다. 아름다운 무지개는 일곱 색깔이 만들어 내고, 수십 개의 악기로 구성된 오케스트라는 아름다운 선율을 들려준다. 다문화가정이 제대로 된 한국어 교육을 받도록 우리가 모두 관심을 가져야 한다.

에드워드 윌슨(Edward O. Wilson)은 『통섭』에서 인간의 지식은 본질적으로 통일성을 가지고 있는 것으로 보고 지식의 대통합을 선언하였다. 한국어 교육에서 언어학습이란 단순한 의사소통을 위한 목표 언어의 학습이 전부는 아니다. 다문화 한국어 교육은 단순한 의사소통 능력 중심을 넘어서 한국문화를 교육해야 한다는 당위적 성격을 지니게 된다. '우리는 실제로 모든 인간 행동이 문화를 통해 전달된다는 것'(Edward O. Wilson 2005 : 231)을 인식하고 있기 때문이다. 문학은 시대를 반영할 뿐만 아니라 그 나라의 모든 문화적 양상을 내포하기에 문화를 학습할 수 있는 유용한 자료로 활용할 수 있다.

따라서 이 책에서는 다문화 한국어 교육이 원론적인 차원의 실용성을 습득시키는 것만이 목표가 아니라는 점을 인식하고 있다. 그 대안으로 소설을 활용한 한국문화 교육 방안을 모색하고자 한다.

차 례

1부

들어가며

1.
한국어 교육의 필요성

    한국의 국가 경쟁력은 1988년 올림픽을 시작으로 2002년 한 일 월드컵과 2012년 런던 올림픽을 거치면서 점점 높아지고 있 다. 특히 경제적으로 국민소득(GDP)이 3만 달러가 넘었고, 경 제 순위도 세계 10위권에 진입하였으며 국가의 위상도 더불어 높아질 것으로 예상한다. 그뿐만 아니라 케이팝(K-Pop)이나 드 라마 및 가수 BTS 중심의 한류 바람의 공도 국가 경쟁력 강화에 큰 역할을 담당하는 셈이다.

    이와 같은 현상은 한글에 대한 세계적 관심으로 이어져 한글 을 배우겠다는 사람들의 숫자가 급속도로 늘고 있다. 이 점은 한글이 세계적으로 우수성을 인정받고 있다는 사실과 무관하 지 않다. 한글은 탄생 기록을 가지고 있으며 제자원리가 과학 적이고 문자의 활용성을 극대화할 수 있는 음소 문자이며, 모음 은 항상 일정한 소리를 가지고 있다는 점에서 그러하다. 그것은

1997년 10월 훈민정음이 유엔교육과학문화기구(UNESCO) 세계기록유산으로 등재되었으며, 2007년 9월 세계지식재산권기구(WIPO)에서 한국어를 국제특허협력조약 국제 공개어로 채택하였다는 것으로도 증명된다.

하지만 국가의 위상이 높아지고 경쟁력이 강화되고 있는 현실을 편협한 민족주의와 연관시켜서는 곤란하다. 민족주의는 민족을 사회 공동체의 기본 단위로 인식하고 자기 민족을 다른 민족이나 국가와 구별하고 통일과 독립을 지향하는 사상이나 운동을 말한다. 그것은 평소 그 모습을 잘 드러내지 않다가도 모습을 드러내는 순간 종잡을 수 없는 위험성을 내포하고 있다. 우리는 역사적으로 독일의 민족주의인 히틀러의 나치즘을 최악의 민족주의 사례로 손꼽기도 한다.

그래서 한국어 교육이 편협한 민족주의에 매몰되지 않도록 특히 주의해야 한다. 한국어 교육이 편협한 민족주의에서 벗어나지 못한다면 한국어 학습자들은 시나브로 다른 국가로 빠져나갈 수도 있기 때문이다. 이러한 현상을 예방하기 위해서는 우선 경제적, 문화적 이유로 학습자에 대한 선입견을 가져서는 안 된다. 아울러 교수·학습 내용을 배우는 학습자보다 가르치는 교수자의 입장을 강조해서는 곤란하다.

그런데도 현실의 한국어 교육은 가르치는 교수자의 입장에 치우치는 경향이 있다. 학습자들이 다른 나라 언어를 배울 때 먼저 문화적 충격을 받지 않도록 배려해야 한다. 하지만 한국어 교육은 문화 교육보다는 언어 교육에 치중하여 의사소통 능력

중심의 문법이나 회화 위주의 실용주의 교육 일변도로 진행되고 있는 것이 사실이다.

이러한 교수·학습 풍토에도 불구하고 일부 미래 지향적인 연구자들은 한국어 문화 교육에 대한 관심이 있다. 늦게나마 한국어 교육에 대한 성찰과 더불어 문화 교육의 중요성을 인식하였다는 것은 다행한 일이다. 이들은 학습자들이 다른 국가 언어를 체득하는 데에는 문화적 능력이 중요하다는 데에 같은 목소리를 내고 있다. 연구자들은 문학이 문화적 능력을 향상할 수 있는 좋은 자료가 될 수 있다고 말한다. 특히 문학은 언어학습 도구로 손색이 없으며, 읽기, 쓰기, 말하기, 듣기 등의 다양한 기술 영역으로까지 확대가 가능한 장점이 있다는 것이다.

문학이란 인간의 사상이나 감정을 언어로 표현한 예술이다. 우리가 외국어를 배울 때도 대상 국가의 문학작품으로 학습하면서 나름의 성과를 얻은 경험이 있다. 언어학습 대상 국가의 문학작품을 통하여 감동하고 외국어 습득에 대한 새로운 각오를 다지는 계기가 되었다.

우리보다 먼저 외국인을 대상으로 언어교육을 하는 미국의 경우, '제2언어로서의 영어(English as a Second Language) 과정'에서 정규 교육 과정을 수강하기 위한 준비학습을 시행하고 있다. 이 과정을 이수하면서 학습자들은 '문법' 중심의 언어를 배우고 최종적으로는 '문학'을 학습한다. 문학작품의 주제나 등장인물에 대하여 비판적으로 접근하며 학습자 자신의 체험과 연관을 지어 내면화시키는 등의 다양한 학습을 시행하고 있다.

윤여탁(2007 : 76~81)은 조앤 콜리(Joanne Collie)와 스티븐 슬레이터(Stephen Slater)의 『Literature in the Language Classroom』을 인용하여 외국어 학습에서 문학작품의 유용성을 설득력 있게 주장하였다. 문학작품은 학습자들에게 가치와 권위 있는 자료를 제공하고 문화적, 언어적 풍요를 보여 주어 어휘, 표현, 문체 등의 다양한 학습을 할 수 있어 대상 언어를 확장하는 데 유익하다고 하였다. 아울러 학습자들은 문학작품을 읽으면서 대상 언어를 통해서 상상의 세계를 넓혀 고급 언어 능력을 기를 수 있다. 그리고 문학작품의 묘사, 서사, 풍자, 비유 등의 기능은 고급 언어 능력 습득에 필수 불가결한 요소로 인식하였다.

2.
한국문화 연구 성과

한국에서 다문화 한국어 교육이 시작된 지 거의 70여 년이 다 되었다. 일반적으로 1953년 선교사를 대상으로 연세대학교에서 실시한 것을 한국어 교육의 출발점으로 보고 있다. 이후 1962년에는 재외국민교육원(현 국제교육진흥원)에서, 1969년에는 서울대학교에서 외국인 학생의 대학원 입학을 위한 한국어 강의가 개설되었다.

한국어 교육에 관한 연구는 1969년 노대규의 석사학위논문인 「다문화 한국어 교수에 있어서 연습 유형에 대한 연구」를 시작으로 볼 수 있다.(노대규 : 1969) 초기의 한국어 교육 연구는 문법이나 어휘를 중심으로 하는 의사소통 향상 교육 등의 언어교육 학습에 편중되어 있었다. 당시의 중요한 학습목표가 학습자들에게 어휘와 문법 중심의 교육을 하여 의사소통 능력을 습득시키는 것이었기 때문이다.

이러한 시대적 상황에서 한국문화와 고급스러운 언어를 배울 수 있는 문학작품이나 문학 현상을 학습 내용에서 배제할 수밖에 없었다. 한국문학은 한국 사정을 이해하는 보조 자료로 활용될 뿐, 한국문학을 학습하면서 한국어 구사 능력을 기르거나 한국문학이나 문화에 대한 말하기 또는 글쓰기로 연결되지 못하고 있었다. (윤여탁 1999 : 138)

한국어 교육에서 문학교육에 관한 연구는 1990년대 후반에 시작되었다. 이는 기존의 어휘나 문법 위주의 의사소통 향상 교육에 대한 한계점이 지적되고, 언어교육에서 문화 교육의 중요성이 강조되면서부터이다. 문화 교육 중에서 문학이 가장 중요한 요소로 인식되었으며 문학을 활용한 한국문화 교육 방안이 모색되었다. 그러나 초기에는 주로 문학교육의 이론적 부분이 주류를 이루고 교수·학습의 실제적 연구를 소홀히 한 경향이 없지 않다. 아래 연구사에서는 문학을 활용한 한국문화 교육 방안에서 문학교육의 위상이나 목표에 관한 연구와 소설을 활용한 문화 교육 연구로 이별하여 살펴보고자 한다.

먼저 문학교육의 위상이나 목표에 관한 연구는 윤여탁, 우한용, 황인교 등을 들 수 있다. 윤여탁(1999)은 한국어 교육에서 문학교육의 위상과 가능성을 제시하였다. 문학은 한국어 교육 과정이나 교재 구성에서 검토되어야 할 대상이라는 점을 분명히 논의하고 있다.

우한용(2000)은 한국어 교육에서 소설이 기여하는 바를 논의하였다. 그것은 풍속과 관습을 이해하는 자료, 인간 행동의 자료, 문화적 원형의 이해 등으로 정리된다. 그리고 한국어 교육에서 소설언어는 한국어 기본 어휘 목록 자료, 한국 문형의 추출, 한국어 화법의 전형, 문체 효과의 교육 등으로서 구체적 활용 가능성을 보여 주고 있다.

황인교(2001)는 한국어 교육에서 문학교육의 현재와 미래에 대하여 고찰하였다. 문학 자료의 중요성을 강조하고 적극적인 활용방안을 마련하여 교수 현장에서 본격적이고 체계적인 문학 교수를 도모해야 한다고 주장하였다. 아울러 문학교육 모형을 문화모델, 언어모델, 개인 성장모델 등 3가지로 제시하면서 그 실제를 논의하고 있다.

다음으로 소설을 활용한 문화 교육 연구로 윤영, 윤여탁, 박청, 김혜옥, 안미영, 신윤경, 이재석, 나정선, 김순자, 이영, 유진, 임경순 등을 들 수 있다. 윤영(1999)은 한국어 교육에서 문화교육의 중요성을 인식하고 소설교육 방안을 제시하였다. 한국어 교육 기관의 단편소설 교육 현황을 살펴보고 소설작품 선정 기준을 마련하고 있다. 이 기준에 적합한 황순원의「소나기」로 실제 수업모형을 구안하였다.

윤여탁(2002)은 한국어 교육에서 문화 교육의 중요성을 인식하고 문학작품이나 문화 요소를 활용한 구체적인 문화교수·학습 방법을 제시한다. 황순원의「소나기」에서 한국의 명절 풍속과 전통적 농촌 생활상, 언어표현 방식 등의 한국문화 요소를 고찰하고 있다.

박청(2002)은 고급 수준 이상의 학습자를 대상으로 소설학습 방법을 제시하였다. 그것은 작품 속에 내포된 문화 내용의 이해를 토대로 한국문화적 관점에서 유추하여 이해하고 있다. 이효석의 「메밀꽃 필 무렵」을 대상으로 한국문화 내용을 검토하고 실제 지도안을 작성하였다.

김혜옥(2004)은 문학작품을 통한 한국문화의 정체성을 규명하는 작업의 중요성을 인식하고, 소설을 통한 문화 교육을 비교문학적 관점에서 바라보았다. 이효석의 「산협」으로 한국문화의 특성을 고찰하고 문화 교육의 이론과 방법을 제시하고 있다.

안미영(2006)은 한국어 교육에서 문학교육의 중요성을 역설하였다. 설문을 통하여 한국어 중급 이상의 학습자를 대상으로 하는 작품 선정기준을 설정하고, 소설교육과 언어 및 문화의 연관성을 검토한다. 이청준의 「눈길」을 중심으로 실제 수업지도안을 구안하고 있다.

신윤경(2007)은 5급 수준의 학습자들을 대상으로 한 학기 동안 실시한 문학수업으로 연구하였다. 문학수업은 주요섭의 「사랑손님과 어머니」로 이루어졌으며 작품선정뿐만 아니라 실제 수업 내용 및 결과물을 정리하고 있다.

이재석(2007)은 소설 텍스트를 활용한 한국어 교수를 연구하면서 의사소통, 문화, 문학을 포괄하는 통합적 교육 방안을 강구하였다. 이범선의 「오발탄」, 권정생의 「강아지 똥」을 중심으로 실제 지도방안을 제시하고 있다.

나정선(2008)은 학습자들의 요구를 충족시키기 위하여 문학작품이 가지고 있는 언어적 특성, 문화적 특성, 문학적 특성을 이용하여 언어, 문학, 문화 통합 중심 한국어 문학교육을 위한 교수·학습 방법을 마련하였다. 이를 위하여 고전소설 「토끼전」과 황순원의 「소나기」를 선택하여 문학작품의 활용은 교수법에 따라 다양한 통합수업이 가능하다는 것을 증명하고 있다.

김순자(2009)는 한국어 교육에서 소설교육의 대상이 되는 학습자의 요구를 분석하고 적절한 교육 내용과 소설 텍스트를 선정하였다. 언어, 구조, 주제 통합적 소설 텍스트 교육을 통해 학습자의 실질적인 의사소통 능력 및 문학 능력 향상이 이루어질 수 있다고 보았다. 황순원의 「소나기」를 예시 작품으로 선정하여 한국어 교육에서의 소설 텍스트 교육의 실제 수업 방안을 제시하고 있다.

이영(2011)은 소설 텍스트를 활용한 한국문화 교육 방안을 연구하였다. 원활한 의사소통을 위하여 한국의 풍속, 관습, 사고방식, 정서와 같은 문화를 이해해야 한다는 것이다. 이청준의 「축제」를 중심으로 한국의 장례문화를 분석하고 실제 수업지도안을 마련하고 있다.

유진(2012)은 한국문화 교육을 위한 소설 활용방안을 마련하고 실제로 적용할 수 있는 수업모형을 제시하였다. 소설 텍스트가 한국인의 생활방식과 가치관, 정서, 제도 등의 다양한 문화를 담고 있어 교육적 효과가 높은 것으로 인식한다. 하근찬의 「수난이대」를 중심으로 가족문화, 역사배경, 지리문화를 탐색하고 학습지도안을 작성하고 있다.

임경순(2015)은 한국문화 교육은 자국 문화와의 관계 속에서 이루어져야 하며, 외국 문화를 이해하는 일이 외국 문화에 융합되기 위한 것이 아니라 이질적 문화를 통해 자신의 문화적 정체성을 찾아가는 것으로 보았다. 이러한 과정을 통해 다른 문화권 사람들과 함께 살아가는 세계인으로서의 존재를 확인하는 것이다.

앞에서 살펴본 것처럼 먼저, 문학을 활용한 한국문화 교육 방안에서 문학교육의 위상이나 목표에 관한 연구는 의미를 지니고 있다. 이들은 한국어 교육에서 문학교육의 실태 분석과 필요성 제기, 교수·학습 원리 구안, 문학교육의 목표와 방향 제시 등을 연구하여 성과를 내고 있는 것이다. 특히 한국어 교육에서 문학교육의 중요성을 인식시키고 학문적인 연구 체계를 마련하였다는 점에서 그러하다. 그러나 초창기 연구이다 보니 외국이론 소개나 원론적인 연구에서 크게 벗어나지 못했다는 비판을 받기도 한다.

다음으로, 소설을 활용한 문화 교육 연구는 문학교육의 위상이나 목표에 관한 연구 성과에 많은 부분 신세를 지고 있다. 여기서는 문학작품이나 문화 요소를 활용한 구체적 문화 교수·학습 방법 구안, 작품으로 한국문화 내용 검토 및 실제 지도안 작성, 작품으로 한국문화의 특성을 고찰한다. 아울러 문화 교육 이론과 방법 제시, 작품선정과 실제 수업 내용 및 결과물 정리 등의 연구를 하였다. 특히 작품을 활용한 언어, 문학, 문화 중심의 한국어 문학교육을 위한 교수·학습 방법을 마련하고, 소설교육 대상인 학습자 요구 분석을 통하여 적절한 교육 내용과 소설 텍스트를 선정하였다는 등의 성과를 내었다.

그러나 한국어 교육에서 문학작품을 활용한 한국문화 교육 방안이 통합되기보다는 각각 독립된 연구물이라는 인식을 지울 수 없다. 선정된 문학작품이 문화 교육에 적절한 텍스트임에도 불구하고 작품 속에 내재된 문화적 요소를 변별력 있게 발견해 내는 장치가 부족하다. 이 장치는 형식적인 측면과 내용적인 측면에서 제시될 수 있다. 형식적인 측면에서 어떤 교수·학습 방법이 문화 교육에 가장 효율적인가라는 점이다. 기존 교수자 주도의 직접적 교수법은 학습자들의 흥미를 유발하기가 어렵다. 구성주의에 입각한 자기주도적 문제해결 방법으로 접근하여 학습자들의 흥미를 유발하고 소기의 학습목표를 달성할 수 있도록 배려해야 한다.

내용적 측면은 선정된 작품에서 어떤 문화적 요인을 어떻게 발견하느냐의 문제이다. 문학작품은 우리 인간의 사고의 집적물이므로 모든 문화적 요소를 함의하고 있다고 하겠다. 그렇지만 작품마다 작가가 나타내고자 하는 기본적인 사상인 주제가 있기 마련이다. 이 주제를 발견하는 과정에서 일관된 문화적 요소를 찾아낼 수 있다. 이러한 작품의 문화적 요소와 문화적 유형을 연관 지어 보는 것도 좋은 방법이 된다. 이와 같은 작업을 통하여 문학을 통한 문화 교육의 성과를 낼 수 있다.

이 책은 다문화 한국어 교육을 위한 한국문화 교육론이다. 우선, 한국문화란 무엇인가에 고민하여 대표적 한국문화의 유형을 추출한다. 그리고 학습자의 한국문화 학습에 효율적인 문제

해결을 위한 자기주도적 문화 교육 수업모형을 구안해 본다. 수업모형을 구안한 다음 한국문화적 유형을 함의하고 있는 소설작품을 선정한다. 선정된 소설작품을 심층적으로 분석하여 역사문화, 지리문화, 권위주의, 충효주의, 집단주의 문화를 도출해 낸다. 도출된 한국문화적 요소가 학습자들에게 학습시킬 가치가 있는가를 검토한다. 이러한 작업이 끝나면 문제해결을 위한 자기주도적 수업모형으로 학습자들에게 가장 효율적인 교수·학습지도안을 작성하게 된다. 이와 같은 과정을 통하여 소설작품이 한국어 문화 교육에서 가장 효율적 장르임을 증명하게 될 것이다.

3.
한국문화 연구 방법

　1부에서는 한국어 교육에서 문화 교육의 필요성과 근거를 제시한다. 이를 위해 적절한 문학작품을 선정하고, 선정된 작품에서 한국문화의 유형을 변별해 내고, 이를 학습시킬 효과적인 교수·학습 방법을 탐색하는 것이 연구의 목적이라는 것을 밝힌다.

　2부에서는 한국어 교육에서의 문화 교육과 교수·학습이론의 이론적 탐색을 하고자 한다. 첫째, 한국어 문화 교육에서 문화 교육의 필요성과 문화의 개념을 정립하고 문화 교육의 목표와 필요성을 제시한다. 아울러 문화 교육에서 소설작품이 가장 적절한 장르임을 역집단주의로 변별해 내고 역사적 사료를 통하여 각설한다. 그리고 한국문화의 유형을 권위주의, 충효주의, 각 고증하여 본다. 둘째, 교수·학습이론의 변화 과정을 살펴보고, 구성주의적 문학교육의 원리와 특성 및 구성주의적 문제해결 수업모형을 구안한다.

3부에서는 소설을 활용한 한국문화 교육의 방안을 고찰해 본다. 여기에서는 2부에서 탐색한 한국어 문화 교육 및 한국문화의 유형과 구성주의적 문학이론을 토대로 접근한다. 우선, 각 작품의 역사문화와 지리문화를 살펴보고, 한국문화의 대표적 유형으로 도출한 권위주의, 충효주의, 집단주의 문화를 하나씩 대입시키는 작업을 진행하게 된다. 다음으로, 구성주의적 문제해결 수업모형으로 소설을 활용한 한국문화 교육에 적용해 실제 교수·학습지도안을 작성해 본다.

소설을 활용한 한국문화 연구 방법에서 후루카와 히사오의 지역학에서 다루고 있는 지역 인식을 위한 분류 구조를 참고할 수 있다. 후루카와 히사오는 『지역연구의 방법』(1997 : 180~182)에서 지역의 지역성을 결정하는 기본적인 요소를 인간, 생태환경, 문화, 사회적인 요소로 분류하고 있다. (이선이, 2003 : 159~164) 이 분류에서 문화는 한국어 교육에서의 포괄적인 지역 인식보다는 협의의 생활양식이나 사유방식을 의미한다. 이선이는 이 분류를 적용하여 한국은 독자적인 언어를 사용하면서 사회, 문화(협의의 문화), 가치관, 생태환경, 역사 등이 높은 동질성을 확보한 지역으로 판단하였다.

그는 이러한 분류기준을 참고로 한국문화의 변별적 지표를 설정하여 자연환경성, 역사성, 민속성, 가치의식으로 기본내용을 범주화하였다. 그의 분류에 기대어 한국어 교육에서 문화이해의 기본 범주를 설정해 보면, 자연환경의 이해, 역사의 이해, 생활문화의 이해, 가치의식의 이해로 문화 교육의 내용을 분류할 수 있다.

이 책에서는 앞에서 분류한 문화 교육 내용 중에서 편의상 역사의 이해와 자연환경의 이해 등 2가지만을 원용하고자 한다. 연구 대상인 텍스트를 통하여 역사의 이해에서는 역사문화를, 자연환경의 이해에서는 지리문화를 추출하는 작업을 시도하여 효율적인 문화 교육 방법을 모색해 본다. 아울러 한국문화 중에서 권위주의, 충효주의, 집단주의 등 3가지 유형을 대표적 문화로 분류하여 논의하려 한다. 이 중에서 권위주의와 집단주의는 홉스테드가 분류한 국가문화 범주 중에서 인용한 개념이다. 그는 IBM의 50여 개국의 116,000명가량의 종업원을 대상으로 각국의 문화적 유형을 도출하기 위하여 설문조사를 실시하였다. 이 조사에서 한국은 집단주의, 권력거리가 큰 권위주의, 여성성, 불확실성을 회피하는 일원주의 등의 문화가 높은 국가로 나타났다.

조항록, 민현식 등의 연구에서 도출한 개념인 충효주의는 한국의 문화 중에서 가장 중요하면서도 보편성을 지닌 문화적 개념이다. 충효는 전통적으로 한국, 중국, 일본 등 동아시아에서 공통으로 중요시하는 도덕관념이다. 충은 정신자세로 자신과 다른 사람에 대해 마음을 다하는 것이다. 그러나 봉건사회에서는 군주에 대한 신하의 도덕적 의무로 규정되었다. 효는 부모에 대한 자식의 도덕적 의무이다. 충과 효는 본질적으로 하나의 개념으로 보아도 무방하다. 충성된 마음이 곧 효도하는 것이기 때문이다. 충효의 개념은 현대로 오면서 도덕적 의무와 강압적 성격만 강조되는 경향이 없지 않다. 그러나 현대에도 충효는 여전히 유효한 문화적 개념이다. 충효는 불안한 사회와 위기의 국가를 극복할 수 있는 가장 중요한 대안으로 자리매김할 수 있는 것이다.

이 책에서는 앞에서 고찰한 연구 방법에 근거하여 시대적으로 한 세대, 즉 30년 단위로 구분하여 분석한다. 1920년대, 1950년대, 1980년대를 작품의 시대적 배경으로 하는 소설작품을 각 한 편씩 선정하고자 한다.

첫째, 현진건의 「운수 좋은 날」은 1920년대를 시대적 배경으로 하고 있다. 먼저 역사문화적으로 일제강점기와 민중들의 궁핍한 삶의 모습을 조망한다. 다음으로 지리문화적 측면에서 소설의 공간적 배경인 새침하게 흐린 수도, 경성을 탐색한다. 그리고 한국문화의 대표적 유형으로 도출한 권위주의 문화와 남성성 문화를 탐색한다. 끝으로는 교수·학습지도안을 작성해 본다.

둘째, 구인환의 「숨 쉬는 영정」은 1950년대를 시대적 배경으로 하고 있다. 먼저 역사문화적으로 한국전쟁과 이산가족의 아픔에 관하여 서술하고, 다음으로 지리문화적 측면에서 소설의 공간적 배경인 전쟁이 앗아간 고향, 사리원을 탐색한다. 그리고 한국문화의 대표적 유형으로 도출한 충효주의 문화와 충성성 문화를 탐색한다. 끝으로 교수·학습지도안을 작성해 본다.

셋째, 양귀자의 「원미동 사람들-일용할 양식」[1]은 1980년대를

---

1 이 책에서는 편의상 「일용할 양식」으로 서술하고자 한다.

시대적 배경으로 하고 있다. 먼저 역사문화적 측면에서 산업화 시대 도시 소시민의 애환을 살펴보고, 다음으로 지리문화적 측면으로 소설의 공간적 배경인 멀고 아름다운 동네, 원미동 체험학습을 실시한다. 그리고 한국문화의 대표적 유형으로 도출한 집단주의 문화와 물신성 문화를 탐색한다. 끝으로는 교수·학습지도안을 작성해 본다.

이상과 같이 이 책에서는 30년 단위로 선정한「운수 좋은 날」, 「숨 쉬는 영정」, 「일용할 양식」을 연구 텍스트로 삼는다. 그리고 후루카와 히사오의「지역연구 방법」에서 역사문화, 지리문화를 원용한다. 아울러 헤이르트 호프스테더(Greet Hofstede)의『세계의 문화와 조직』(1995)에서 권위주의 문화, 집단주의 문화와 조항록(2003), 민현식(2006) 등의 연구를 토대로 추출한 충효주의 문화를 한국문화의 대표적 유형으로 제시한다.

정리하면 앞에서 선정한 세 작품을 텍스트로 해서 역사문화, 지리문화, 권위주의 문화, 충효주의 문화, 집단주의 문화에 구성주의적 문제해결 수업모형을 구안·적용하여 실제 교수·학습지도안을 작성해 본다. 그것은「운수 좋은 날」은 일제강점기를 통한 역사문화 교육, 소설을 통한 지리문화 교육, 소설을 통한 권위주의 남성성문화 교육으로,「숨 쉬는 영정」은 한국전쟁을 통한 역사문화 교육, 인터넷을 통한 지리문화 교육, 소설을 통한 권위주의와 충성성문화 교육으로,「일용할 양식」은 산업화 시대를 통한 역사문화 교육, 현장체험학습을 통한 지리문화 교육, 소설을 통한 집단주의와 물신성문화 교육 등으로 작성될 것이다.

2 부

한국어 교육에서의

문화 교육과

교수·학습이론

1.
한국어 교육에서의 문화 교육

(1) 한국어 문화 교육

'문화(文化, Culture)'는 라틴어 'Cultus'에 어원을 두고 있는 말로 '가꾸다, 키우다, 육성하다, 경작하다'라는 의미를 함의하고 있다. 마르쿠스 툴리우스 키케로(Marcus Tullius Cicero)가 철학을 정신의 밭을 가는 일에 비유하면서 문화라는 용어는 물질적인 것에서 정신적인 것으로 이동, 정착되었다. 에드워드 타일러(Edward Burnett Tylor)는 자신의 저서 『원시문화』(1871)에서 문화란 '지식·신앙·예술·도덕·법률·관습 등 인간이 사회의 구성원으로서 획득한 능력 또는 습관의 총체'라는 정의를 내렸다.

이처럼 문화의 개념은 학자들에 따라 다양하게 정의되고 있다. 사전적으로는 자연 상태에서 벗어나 일정한 목적 또는 생활 이상을 실현하고자 사회 구성원에 의하여 습득·공유·전달되는 행동 양식으로 정의된다. 아울러 생활양식의 과정 및 그 과정에서 이룩해 낸 물질적·정신적 소득을 통틀어 이른다. 따라서 문화는 의식주를 비롯하여 언어·풍습·종교·학문·예술·제도 따위를 모두 포괄하는 개념으로 이해할 수 있다.

한국어 교육에서 문화 교육이 언어교육 못지않게 중요하다는 것은 주지의 사실이다. 프리드리히 파울젠(Friedrich Paulsen)의 말처럼 교육의 본질은 역사적으로 발달한 문화를 후대에 전달하고 진전시키는 작용으로 볼 수 있다. 문화 교육은 언어 사용 능력뿐만 아니라 문화 능력을 향상할 수 있다는 점에서 유리하다. 제2의 언어를 접하는 학습자는 문화적 충격을 받기 마련이다. 문화 충격은 학습자가 다른 문화 환경이나 사회 환경에 노출될 때 느끼는 불안감을 말한다. 이들은 새롭거나 다른 문화적 양상에 대하여 옳고 그름을 파악하지 못하기도 한다. 이에 따라 어떤 학습자는 새로운 문화에 동화되는가 하면 극단적인 경우 적응하지 못하고 본국으로 귀국하는 예도 없지 않다.

따라서 한국어 교육에서 문화 교육은 학습자들이 문화적 충격에서 벗어나 한국문화에 적응할 수 있도록 하는 역할을 수행한다. 나아가 '문화 간 상호 이해 증진을 통해 궁극적으로 인류가 더불어 잘 살아가는 길을 모색하고 그것을 형성'(임경순, 2009 : 6)하게 한다. 학습자들이 일차적으로 한국문화에 적응할 수 있어야만 학습의욕을 높여 언어학습도 가능할 수 있다. 민현식은 한국어 문화 교육 목표를 다음과 같이 제시하였다. (민현식, 2003 : 440~441)

① 한국어 능력 습득: 한국어의 문화 항목과 문화 관련 표현 항목을 학습하여 한국어 사용 능력과 한국어 문화에 대한 이해 및 표현 능력을 습득하도록 한다.

② 객관적 문화 이해: 한국어 문화와 모어 문화를 비교하면서 문화적 편견을 버리고 객관적으로 바르게 이해, 공감하는 능력을 기른다.

③ 비판적 문화 분석과 평가: 한국어 문화의 정보를 비판적으로 분석, 평가하는 능력을 기른다.

앞에서 제시한 바와 같이 문화 교육에서 학습자들에게 한국어 능력을 습득시키는 것이 가장 중요하다. 한국어 능력이 습득된 상태에서 한국어 문화와 모어 문화를 비교하면서 문화적 편견에서 벗어날 수 있다. 더 나아가 한국어 문화를 비판적으로 분석, 평가하는 능력을 기를 수 있다면 한국어 문화 교육 목표에 도달했다고 볼 수 있다.

윤여탁(2007 : 86~87)은 문화 교육 방향으로 문화 요소를 교재에 소개하는 단순한 방법보다는 한국 문학작품 속에 녹아 있는 문화를 가르쳐야 한다고 역설한다. 문화를 가르침으로써 한국인의 사고방식이나 언어 관습, 문화 관습 등을 깨우칠 수 있다는 것이다. 이러한 논리는 콜리와 슬레이터의 문학작품은 문화적 풍요를 보여 주며 문학작품 속에 담긴 문화 맥락은 문화이해에 유익하다는 말과 연결된다. 같은 맥락에서 한국어 교수자들은 한국어 교육에서 문학작품을 가르치는 방향에 대해서 '한국문화의 특징을 드러내는 작품'을 가르침으로써 '문학 속에 나타난 그 사회의 문화를 이해하는 데 도움을 준다'라고 응답하였다. 결국 한국어 교육에서 학습자의 목표 언어가 소통되는 사회 문화를 잘 반영한 문학작품을 가르침으로써 문화 능력을 함양할 수 있다는 것을 강조하고 있는 것이다.

현대의 다문화주의는 차이를 다양성으로 포용하고 주변부 문화에 대한 새로운 중요성을 인식하는 과정에서 등장한 것이다. 특히 대학을 비롯한 교육 기관에 다양한 인종들의 문화, 가치관, 특성을 배우고 이해하는 강의가 등장하고 있다. 이것은 다양한 문화적, 인종적, 언어적 배경을 가진 학생들을 가르쳐야 하는 미국의 교육 환경에서 필요한 것이었다. '문학에 나타난 인종, 젠더, 계층, 정체성'과 같은 과목들에서는 문학작품을 텍스트로 삼아 문화적 다양을 배우고 타문화에 대한 이해를 넓혀 문화적 편견을 없애도록 노력하고 있다. (김성곤 2003 : 130~134)

앞에서 보듯이 미국의 교육환경에서 주변부 문화에 대한 중요성이 인식되면서 현대를 다문화시대로 규정짓고 있다. 미국이라는 나라 자체가 다민족국가이다 보니 국민의 통합을 위해서도 다문화 교육이 중요할 수밖에 없다. 하지만 현재 한국도 다민족국가로 진입하는 속도가 점차 빨라지고 있다. 그럴수록 문화 교육은 더욱 중요한 위치를 차지하게 된다. 문학은 문화의 모든 것을 포괄하는 텍스트로 인식되고 있다. 이러한 현상은 문화 교육에서 문학의 위상이 그만큼 높아졌다는 것을 의미하는 것이다.

민현식은 문학을 통한 문화 교육의 필요성을 역설하였다. 그는 콜리와 슬레이터의 주장에 기대어 문학작품이 외국어 학습에서 유익한 이유를 몇 가지 제시했다.

① 문학작품은 가치 있는 정전(Valuable authentic material)을 제공한다. 초급 학습이 끝나면 고급문장을 보아야 하는데 묘사하기, 서사하기, 풍자하기, 비유하기 등의 고급 언어 능력을 익히려면 신문, 광고문 등에서 보충할 수 없는 고급 문장을 문학작품에서 익히게 된다.
② 문학은 문화적 풍요를 보여 준다. 작품 속에 담긴 문화 맥락은 문화 이해에 유익하다.
③ 문학 속에는 언어 자료가 풍부하다. 어휘, 표현, 문체 등이 다양하여 학습 대상 언어의 세계를 확장하는 데 유익하다.
④ 문학작품을 읽으면서 학습자는 대상언어를 통한 상상력의 세계를 넓히어 고급 언어 능력을 기를 수 있다. (민현식, 2006 : 445)

윤여탁은 문화 교육의 측면에서 문학작품을 활용한 한국어 교육의 필요성을 다음과 같이 제시하였다.

① 우리는 우리의 문화나 속담 등에 대해서 교수-학습 시간을 따로 설정하여 배우기보다는 일상생활이나 문학작품 독서를 통하여

습득하였다는 점을 상기할 필요가 있다.

② 문학작품이 창작되었던 사회 문화에 대한 살아 있는 정보의 보고(寶庫)로서 문학 작품의 가치를 들 수 있다.

③ 외국어교육이 의사소통 교육을 넘어 문화 교육을 지향하고 있는 이상 이 두 목표를 같이 실현하기 위해서는 문학작품을 가르쳐야 한다.

④ 문학작품을 활용하는 문화 교육은 학습자가 목표로 하는 언어의 사회 문화적 이해를 넘어 고급스러운 언어 사용 교육으로 나아갈 수 있다는 점이다. (윤여탁, 2007 : 87~89)

김해옥은 김승환의 폴란드 바르샤바 대학 한국학과 한국문학 특강 경험을 예로 들면서 문화 교육의 중요성을 강조한다. 당시 그는 학습자들에게 김소월의 시「진달래꽃」을 영어 번역하여 한국 대표시라고 소개하였논데 의외의 반응을 보였다. 그들은 남녀의 사랑과 이별이라는 평범한 소재를 다룬「진달래꽃」이 어떻게 한국 최고의 문학작품이 될 수 있냐며 반문한 것이다. 이는 문학은 동일 언어 사용자들의 역사 철학이 담긴 고도의 정신적 형식으로서 언어 사용자의 문화를 이해하지 못하면 결국 의미 소통 자체가 불가능하다는 것을 증명한 좋은 사례가 된다.

민현식, 윤여탁, 김해옥 모두 문학을 통한 문화 교육의 필요성을 주장하고 있다. 민현식에 의하면 문학작품은 정전으로서의 가치를 지니며 고급 언어 능력을 익히는 데 필수적이다. 문학은 학습자의 상상력을 확장하고 문화적 풍요를 보여 주며 풍부한 언어자료로 언어 세계를 확장하는 데 유익한 것이다. 윤여탁도 문학작품은 문화적 이해를 넘어 고급 언어 습득에 유익하다고 주장한다. 문학작품은 정보의 보고로 언어교육의 목적을 실현하기 위해서라도 독서를 통하여 문화나 속담을 습득하라고 주문한다. 김해옥(2004 : 174~175)은 문화에 대한 이해가 선행되지 않으면 의미 소통 자체가 불가능하다는 태도다. 문학작품을 통한 문화학습은 학습자가 문학작품을 통해 자국 문화에서 다른 문화로 이동하는 과정인 것이다. 따라서 문학작품은 언어로 표현된 문화의 실제로, 언어교육을 위한 언어 자료인 동시에 문화 교육을 위한 문화 자료가 되는 셈이다.

김성곤의 주장에 기대면 문학작품은 언어문화의 진수로서 한 나라의 문화를 이해하는 데에는 그 나라의 문학 텍스트가 가장 효과적인 매체가 될 수 있다. 문화는 인간의 탄생과 함께 나타났으며 문화는 언어를 통해 유지가 가능하다. 다시 말하면 언어 자체가 문화이며 다양한 문화를 축적하는 수단으로 작용하기도 한다. 이 말은 언어를 통하여 문화를 확인하므로 언어가 사회문화를 반영한다는 의미이다.

사고방식과 언어 사용이 밀접한 관련이 있으므로 한국어의 특성을 알지 못하면 의사소통이 제대로 이루어지지 않는다. 이런 점에서 한국어를 배운다는 것은 단순히 한국어 문법만을 배우는 것이 아니라 한국인의 의식이나 사고방식을 알아야 함을 의미한다. (윤여탁, 2007 : 58)

하지만 김승환(2003)의 지적처럼 한국어 교육을 단순히 언어

교육과 문학교육이라는 이분법적 사고는 곤란하다. 교수자가 이분법적 사고에 매몰되어 있고 커리큘럼에 이분법적 사고가 내포되어 있다면 학습자의 의지와는 무관하게 언어교육과 문학교육의 분리현상이 발행한다는 것이다. 따라서 한국어 교육은 언어교육, 문학교육이라는 이분법적 사고에서 벗어나 상호 보완을 시도해야 한다. 아울러 학습자의 한국어 학습에 대한 의지나 교육환경을 고려하면서 교수해야 함을 간과해서는 안 된다.

한국어 교육에서 문화 교육은 문학 장르 중에서 소설로 이루어지는 것이 효과적이다. 소설의 서사적 특성은 다른 문학 장르보다도 학습자들에게 친근감을 준다. 서사란 줄거리가 있는 이야기의 형태를 지니며 어떤 사건이 시간의 흐름이나 공간의 변화에 따라 어떻게 전개되는가를 보여 준다. 서사는 등장인물들이 주어진 시간과 공간이라는 배경 속에서 다양한 사건을 만들어 간다. 여기서 등장인물은 이야기를 진행하며 이들의 행동들이 사건이 되고 사건이 결합하면 이야기를 만들어 낸다. 이야기 속에 나오는 모든 사건은 전체적으로 하나의 연관성을 지니고 있으며 인과관계가 잘 드러나도록 진행하게 된다. 시간과 공간적 배경은 등장인물들의 행동이나 사건 진행에 관여하여 주제 형성에 많은 영향을 미친다. 서사가 진행되면서 무엇이 일어났으며 무엇이 일어나고 있으며 무엇이 일어날 것이며 언제, 어디에서 일어날 것인가에 대하여 끊임없는 물음을 제기하면서 학습자들을 긴장시키며 흥미를 제공한다.

소설 개념에 대한 의견은 다양하지만, 일반적으로 '현실 세계에 있을 법한 가공적인 사실을 상상으로 꾸며 낸 허구의 이야기로, 인생의 진리를 표현하려는 산문 문학의 장르'라고 말하는 데는 의의가 없을 것이다. 이러한 의미를 지닌 소설 수업을 하기 위해서는 다른 문학 장르와는 다른 소설만의 장르적 특성을 살펴볼 필요가 있다. 왜냐하면, 문학의 여러 장르 가운데 소설이 중요한 교육 작용을 한다는 것은, 소설이 삶의 구체적 양상을 반영한다는 등의 장르적 특성에 기인하기 때문이다. 소설은 비인간화로 치닫는 현대의 상황에서 가장 적극적으로 반성을 촉구하는 장르이다. (우한용, 1994 : 176~194)

소설은 작가의 상상력으로 만들어 낸 허구이다. 그렇다고 현실적인 기초나 가능성이 없는 헛된 생각이나 공상은 아니다. 허황된 환상이 아니라 현실 세계에 있을 법한 이야기이다. 소설은 삶의 구체적 양상을 반영하는 장르로 비인간화로 질주하는 현대의 상황에 반성을 촉구하고 학습자들 각자 자신의 모습을 반성하고 성찰하게 한다. 현실에서도 반성하고 성찰하지 않는 사람은 내면적으로 성숙하지 못한 인간으로 매도되므로 소설은 교육적으로도 많은 가치를 지니고 있다. 소설 속에 등장하는 다양한 인물의 갈등이나 가치관의 대립을 관찰하면서 학습자들은 인물들을 비판하거나 자신의 가치관을 되돌아보기도 한다. 이런 과정을 통하여 물질만능주의에 매몰된 이기적 삶의 태도를 반성하고 인간성 회복의 기회로 삼을 수 있는 것이다.

소설은 무엇보다도 현실을 반영한다는 점에서 문학의 다른 장르보다 한국어 교육에 유리한 면이 많다. 소설은 시대정신을 반영하고 적극적으로 수용하는 장르로 학습자들은 학습 대상국의 결핍된 시대 현실을 경험하게 된다. 아울러 학습자들은 소설을 통하여 학습 대상국의 문화나 사회현실, 사람들의 특성 및 가치관을 간접적으로 경험할 수 있다. 결국 현대의 비인간성과 물질만능적 이기주의를 반성하고 자신을 성찰하는 자세를 갖게 되는 것이다.

(2) 한국문화의 유형

① 권위주의

권위주의는 보편적으로 어떤 일에 있어 권위를 내세우거나 권위에 순종하는 태도를 의미한다. 한규석은 그것을 권력과 지위가 높은 사람에게 존경심을 갖고, 전통을 존중하고, 명령이나 지휘에 복종하고, 개인의 원칙보다 권위적 강요에 따라 행동하는 경향이라고 정의했다. 여기서 권위란 남을 지휘하거나 통솔하여 따르게 하는 힘이다. 막스 베버(Max Weber)는 권위는 명령받는 사람들에게 자발적으로 지켜지는 것으로 보았다. 그것은 수직적 위계질서를 전제로 하면서도 강제적이지 않으며 자발성을 함의하고 있다. 그렇다고 논리성을 수반하거나 수평적 질서를 내포하고 있지는 않다.

사회 속에서 개인이나 조직, 관념 등이 일정한 역할을 담당하고 영향력을 지니기 위해서는 권위가 있어야 한다. 권위는 긍정적인 측면과 부정적인 측면을 모두 내포하고 있다. 주로 긍정적 측면은 과학이나 예술적 성과로 표현되는 경우가 많다. 권위가 지배 계급의 물질적 강제력과 연관성을 갖게 되면 권력을 형성한다. 이럴 때 대부분 권위는 부정적 측면을 노출한다. 반면에 권력이 일반 대중들에게 정당성을 인정받게 되면 권위가 되는 일도 있다.

홉스테드(1995 : 47~80)는 권위주의를 권력거리(Power Distance)로 표현하였다. 그가 말하는 권력의 거리란 한 나라의 제도나 조직의 힘없는 구성원들이 권력의 불평등한 분포를 기대하고 수용하는 정도를 의미한다. 따라서 권력거리가 큰 나라는 권위주의가 팽배한 나라이며, 권력거리가 작은 나라는 그 반대가 되는 것이다.

권력거리가 큰 나라에서는 권력이란 선악을 따지기 이전에 사회의 기본 사실로 간주하는 경향이 있다. 그래서 권력이 합법적이냐 아니냐 하는 것은 문제가 되지 않는다. 반면에 권력거리가 작은 나라에서는 권력의 사용은 합법적이어야 하며 정당과 부당 여부의 심판을 받아야 한다. 따라서 불평등은 나쁜 것이며 정치적 수단에 의해 최소화되어야 한다고 여긴다.

홉스테드의 조사에 의하면 권위주의를 대표적 한국문화의 유형에 포함할 수 있다. 그가 조사한 50개국과 3개 지역에 대한 권위주의 지수치를 보면, 한국이 60점으로 27위이고, 일본이 54점으로 33위, 미국이 40점으로 40위로 나왔다. 점수가 높을수록 권위주의에 가까워서 한국문화는 권위주의 성향을 강하게 띠고 있는 셈이다. 권위주의를 한국문화의 특질로 분류하는 데에는 다음과 같은 원인을 찾아볼 수 있다.

첫째, 유교사상을 토대로 하는 장유유서(長幼有序)의 질서를 생각할 수 있다. 장유유서란 오륜(五倫)의 하나로 어른과 어린아이 사이에는 사회적인 순서와 질서가 있다는 의미이다. 여기서 말하는 오륜이란 인류의 가장 기본적인 다섯 가지의 인간관계를 말한다. 다시 말하면, 부자(父子)·군신(君臣)·부부(夫婦)·장유(長幼)·붕우(朋友) 관계를 도덕적으로 확연히 정리하기 위한 유교의 기본 윤리를 의미하는 것이다.

특히 장유유서는 개인의 능력보다는 연공서열에 의해 사회적 질서를 확립하려는 유교에 바탕을 둔 동양의 윤리규범이다. 나이가 많은 선배는 후배를 인도하고 후배는 선배를 존경하고 받들어야 한다. 이것은 형제간의 윤리가 사회적 윤리로 발전한 개념으로 인식되는 경우가 있기도 하다.

유교사상의 연공서열에 의해 상하위계가 정해지는 장유유서의 사회적 질서는 한국의 현대사회에서도 매우 중요한 덕목으로 인식되고 있다. 낯선 사람끼리의 만남에서도 가장 먼저 묻는 것이 나이이다. 처음에는 서로 어색해하며 어려워하다가도 상대방의 나이를 알게 되면 곧바로 반말하는 경우가 많다. 중요한 안건으로 오랫동안 토론을 하다가 갈등이 심화하였을 때 흔히 듣는 말이 있다. 그것은 "당신 몇 살이야? 나에겐 너 같은 동생이 있어!" 같은 말이다. 이러한 말 한마디에 몇 시간 공들였던 토론은 물거품이 되고 만다.

장유유서의 흔적은 한국의 언어사용에서도 흔히 볼 수 있다. 최춘식에 의하면 형제자매 간에 연장자를 부를 때에는 부르는 사람의 성별에 따라 '형, 오빠, 누나, 언니'처럼 세분되어 있다. 그러나 연하자를 부를 때에는 '동생'이라는 말밖에 없다. 연하자의 호칭이 세분되어 있지 않은 것은 연하자의 권리가 무시됨을 보여 준다.

아울러 최춘식은 세계의 언어 중에서 한국어만큼 경어 사용에 있어서 복잡하게 되어 있는 언어도 없다고 지적한다. "아침밥 먹었냐?"라는 표현으로 영어에서는 "Have you taken a breakfast?"라고 한다. 지위 고하나 나이에 상관없이 같은 표현을 사용한다는 것이다.

그러나 한국어는 상대방이 누구냐에 따라 표현을 달리해야 한다. "아침밥 먹었냐? 아침 식사하였습니까? 아침진지 잡수셨습니까?" 등으로 표현할 수 있다. 그뿐만 아니라 '먹다'라는 동사도 '먹어, 먹지, 먹게, 먹게나, 먹어요, 먹으시죠, 먹으오, 먹으십시오, 드시죠, 드세요, 드십시오, 잡수시죠, 식사하시죠' 등으로 변형이 가능하다.

한국어 호칭어 사용에도 극존칭과 어법에 맞지 않는 말을 사용하고 있다. '대통령, 국회의원'이라는 호칭에는 '님'자를 붙일 필요가 없는데도, '대통령님, 국회의원님'이라 명명한다. 친족

명에도 '삼촌, 형부'를 '삼촌님, 형부님'이라 부른다. 문제는 이러한 극존칭을 사용하는 사람 대부분이 당사자가 없는 경우 반말 비슷하게 불러 호칭이 이중적으로 쓰인다. 쉽게 말하면 앞에서는 존중해 주는 척하지, 진정으로 존경하는 마음이 적다는 말이다. (최춘식, 1997 : 156~186)

앞에서 언급했듯이 한국어 경어나 호칭어 사용이 너무 복잡다단하여 인간관계 또한 복잡하게 꼬이는 것이 사실이다. 실질적으로는 존중하는 마음 없이 겉으로만 존중하는 척하기보다는 경어나 호칭어 사용을 단순화하여 언어 사용의 이중성을 줄여 나가는 것이 바람직하다.

둘째, 한국 남성의 절대적 권위를 상징하는 가부장제(家父長制)를 들 수 있다. 가부장제는 가족 구성원 중에 가장이 강력한 권한을 가지고 가족을 지배·통솔하는 가족의 형태를 의미한다. 막스 베버에 의하면 가부장제란 전통에 따라 신성화된 지배자 개인의 인격에 구성원이 공손하고 온순한 뜻을 나타냄으로써 성립한 지배 형태이다. 가부장제의 역사적 배경에 대하여 여러 가지 학설이 존재하나 일반적으로 고대 로마의 가부장제를 가장 강력한 것으로 인정한다. 당시 가장은 아이들에 대한 생살권, 매각권, 징계권, 혼인과 이혼의 강제권을 가지고 있었기 때문이다.

한국의 경우 가부장제는 유교사상을 토대로 하는 남존여비(男尊女卑)나 장유유서와 밀접한 연관성을 지닌 신분적 지배관계 구조를 지니고 있다. 가부장제는 친족 집단 중에서 부계의 혈통을 중심으로 이어지며, 가장은 가족에 대하여 절대적 권위를 갖게 된다. 친족 집단은 부계의 항렬에 따라 위계가 정해지며 이러한 가계도를 기록한 책을 '족보'라고 한다. 가장의 권위는 증조할아버지→할아버지→아버지→장남에게로 계승되며 한 문중에서 맏이로만 이어 온 큰집이 종가가 된다.

조선시대 가족제도에 의하면 한국은 조선 중기까지는 부계의 일방적인 권위가 확립되어 있지 않았다고 한다. 족보 등의 기록에 아들과 딸의 차별이 없었고 아들 중심의 제사나 재산 상속도 없었다. 그러나 조선 후기에 들어오면서 유교적 가부장제가 확립되었고, 아들을 선호하여 아들 중심의 제사나 재산을 상속하는 현상이 나타났다.

특히 여자에게는 칠거지악(七去之惡)이나 삼종지도(三從之道)와 정조(貞操)라는 굴레가 채워져 남성 중심의 절대적 권위가 보장된다.

칠거지악은 아내를 내쫓을 수 있는 이유가 되었던 일곱 가지 허물을 말한다. 그것은 '시부모를 잘 섬기지 못하는 것, 아들을 낳지 못하는 것, 음탕한 행실, 질투하는 것, 나병이나 간질 등의 유전병이 있는 것, 말이 많은 것, 훔치는 것' 등이다. 칠거지악 중에서 나름대로 합리성을 지닌 것은 일곱 번째 훔치는 것뿐이다. 나머지 여섯 항은 남성 중심 사회에서 여성의 희생을 요구하는 것에 불과한 것으로 볼 수 있다.

삼종지도란 『예기』 의례에 나오는 말로 여자가 따라야 할 세 가지 도리를 이르던 말이다. 다시 말하면 어려서는 아버지를,

결혼해서는 남편을, 남편이 죽은 후에는 자식을 따라야 한다. 특히 여자가 출가하게 되면 남편의 뜻을 따라야 하며 시부모를 섬기고 집안일에 헌신하고 관혼상제의 예절을 다하고 아들을 생산하는 것이 가장 중요한 의무가 되었다.

유교적 가부장제로 인하여 전통 여성의 구실과 지위가 제한되고 있다.(한민족대백과) 첫째, 남자와 여자 사이를 구별하여 '남녀칠세부동석(男女七歲不同席)'이라는 도덕관념으로 남녀 상호 간의 자유로운 접촉을 막았다. 둘째, 여자는 모든 사회적인 일에 참여할 수 없게 하였고, 원칙적으로 배우는 것도 꺼렸으며 오로지 집안에서 가사 노역 및 섬기는 본분을 수행하게 하였다. 셋째, 여필종부(女必從夫)나 삼종의 도를 부덕(婦德)으로 강조하여 항상 남편에게 종순(從順)과 정절(貞節)로 뒤따르게 할 뿐이었다.

하지만 조선 말기부터 서양의 기독교 전래와 현대적 교육의 보급으로 새로운 변화가 일어났다. 이처럼 시대적 상황이 변화함에 따라 여성 스스로 각성과 자각이 일어나고 사회 제도적 장치가 남녀평등권을 인정하는 방향으로 바뀌게 되었다.

여성주의는 이러한 시대적 배경과 연관성을 지니면서 여성을 차별하거나 예속시키고 억압하는 사회에 대해 문제를 제기하고 있다. 모든 인간은 평등하다는 슬로건 아래 남녀동등권이나 여권신장운동을 주장한다. 여성의 인간적 잠재력을 실현할 기회를 확대하고 여성의 주체적 삶을 보장받고 여성해방을 궁극적 목표로 정하고 있다.

셋째, 권위주의는 한국의 독특한 군사문화와 연관성을 찾을 수 있다.

군사문화란 군대라는 특수한 공간의 전통 및 관습과 군인들에 의해 생성·발전되어 나온 문화를 의미한다. 그럴 뿐만 아니라 군 조직의 목표 달성을 위해 설정된 각종 규범, 제도, 부대 운영 방식 등에 의거 군 생활을 통하여 습득되고 형성되는 생활양식과 군에 대한 공통가치 및 개념 등으로 정의된다.(김정식, 1990 : 64~90)

김국헌은 한국의 군사문화 연원을 고구려 상무정신(尚武精神)에서 찾고 있다. 상무정신은 우리의 전통으로 지속되어 오다가 조선 건국 이후에 약화하였다고 본다. 고구려는 지형학적으로 이민족의 침입이 잦았다. 따라서 고구려인들은 항상 위험에 노출되어 있었다. 이러한 상황에서 그들은 나라를 위하여 살신성인(殺身成仁)하겠다는 정신을 지니고 있었다. 이러한 정신이 강인한 고구려를 만들어 낸 상무정신이다.

고구려인은 스스로 하늘의 자손이라는 선민의식을 지니고 있었으며 자신들이 세상의 중심이라고 생각하였다. 고구려의 건국신화에서 시조 주몽은 상무정신의 기상을 보였으며 그 기상은 을지문덕 장군이나 광개토대왕으로 이어졌다. 을지문덕 장군은 수나라의 백만 대군을 살수대첩으로, 당 태조의 삼십만 대군을 안시성에서 물리쳤다.

광개토대왕은 18세의 나이로 왕이 되어 소수림왕과 고국천왕의 정치적 안정을 기반으로 영토 확장을 위한 전쟁을 수행한다.

그는 한국 최초의 연호를 사용하였으며, 북쪽으로는 연나라, 남쪽으로는 백제, 동으로는 일본까지 역량을 과시하였다. 아울러 동예를 통합하고 동부여까지 정벌한다. 그는 비록 39세의 나이로 세상을 떠났지만, 아들 장수왕이 고구려를 정치·사회·문화적인 전성기를 이루도록 기반을 닦았다. 당시 고구려는 가장 넓은 땅을 소유한 국가였으며 국가의 제도를 정비하여 선진적인 문화를 이룩하였다. 이처럼 군사문화의 기원으로 인식되던 상무정신은 국가의 기반을 굳건히 하고 나라를 강대국으로 발전시키는 원동력으로 작용한 셈이다.

하지만 시대가 변화함에 따라 상무정신이 희석되고 국민의 군사문화에 대한 인식이 바뀌게 된다. 변화순은 군사문화는 유교적 전통적 가치와 자본주의 구조에 의해 몇 가지 특징을 지닌다고 하였다. (변화순, 1995 : 72~77)

첫째, 군대의 규범과 전통적 유교적 가치가 결합해 가부장적 군사문화의 주요한 핵심으로 대두되고 있는바 국가에 대해서는 충성, 가족에 대해서는 효를 강조하였다. 둘째, 집합주의적 가치관과 유교주의적 사상이 함께 어우러져 가족주의 가치관이 내포하는 집단적 성격을 더욱 공고하게 하였다. 셋째, 군대사회에서 계급서열이 뚜렷하다는 것은 인간관계가 수평적 관계가 아니라 수직적 관계로 유지될 수 있다는 것을 말한다. 넷째, 군대조직과 일반사회의 관료제에서 개인의 인성을 중시하는 정도의 차이는 있지만 궁극적으로 집단의 이익을 추구하고 있다는 것은 공통점이라고 할 수 있다.

군사문화도 다른 조직과 마찬가지로 긍정적 측면과 부정적 측면을 포괄하고 있다.(한광문, 2000 : 72~77) 군사문화의 긍정적 요소는 군 복무를 통해 국가 의식의 고양, 권위와 질서의 존중, 희생·봉사정신, 협동심, 조직적 사고 등이다. 반면에 부정적 요소는 보수적 성향, 강한 권위주의, 단순·획일적 성향, 형식주의, 권력 지향적이고 관료주의적인 성향과 집단주의적 성향 등을 열거할 수 있다.

한광문은 군사문화의 부정적 측면을 개선하는 방안으로 열린 인간과 일하는 인간을 제시하고 있다. 열린 인간이란 개방적이고 진취적인 사람으로 고집과 편견, 지연, 학벌, 가문 등 1차원적 온정주의에서 벗어난 사람이다. 이러한 유형은 주체성이 투철하면서도 다른 민족의 문화와 역사를 이해하는 국제 감각능력이 뛰어나 세계화 시대를 주도하는 진취적이고 당당한 인간으로 분류된다. 일하는 인간이란 자율적이고 생산적이며 건전한 직업윤리를 지닌 전문가를 말한다. 이들은 일을 통하여 자아실현을 도모할 뿐만 아니라 주어진 임무에 최선을 다하는 책임감 있는 사람으로 사회발전에 이바지하는 민주시민인 것이다.

② 충효주의

충효주의(忠孝主義)는 국가에 대한 충성과 부모에 대한 효도라는 도덕적 책무를 가리킨다. 여기서 '충'은 본래 자신과 타인에 대하여 마음을 다하는 정신자세를 의미하였다. 하지만 충은 군주 혹은 국가에 대한 국민의 도덕적 의무를 포괄하는 개념으로 변화되었다. '효'의 개념은 처음부터 자식의 부모에 대한 도덕적 의무를 가리켰다.

한국의 충효주의 기원은 문헌상으로 『단군고기(檀君古記)』 태백일사(太白逸史)에 전해지고 있다. 여기에 의하면 당시 원로들은 건국이념을 재건하기 위한 대책회의에서 아홉 가지 맹세문을 결정하고 회의 때마다 낭독했다고 한다. 그것은 '가정에 효도하라, 형제에게 우애하라, 스승과 벗을 믿어라, 나라에 충성하라, 무리에게 공손하라, 정사에 밝게 하라, 싸움터에서 용감하라, 몸을 청렴하게 가져라, 작업에 임할 때는 의로워야 한다' 등으로 정리된다.

일반적으로 단군은 기원전 2333년에 고조선을 건국했다고 전해진다. 고조선이 국가적 형태를 지녔는지는 알 수 없으나 『단군고기』를 통해서 당시 사회상을 짐작할 수 있다. 우리의 시조 신앙으로 평가되는 이 책은 오랜 세월 동안 전승되어 왔으므로 역사 기록적, 신화적 측면으로 살펴볼 수 있다. 그렇지만 아홉 가지 맹세문은 가정, 형제, 스승과 벗, 국가, 무리, 정사, 싸움터, 수신 등을 총망라함으로써 충효주의의 효시로 보아도 부족함이 없어 보인다.

고구려 17대 소수림왕 때 중앙에는 한국 최초의 학교인 태학을, 지방에는 경당을 설치하였다. 태학은 귀족 자제를 중심으로 유교의 경전과 문학·무예 등을, 경당은 평민자제를 중심으로 주로 군사 훈련을 교육한 것으로 추측된다. 당시의 교육과정에서 국가에 대한 충성심은 자연적으로 발생하였다고 볼 수 있다. 이러한 영향으로 조상을 숭배하고 영혼의 불멸을 신뢰하였으며 돌아가신 부모의 삼년상을 치렀다.

백제의 충효주의는 불교와 연관성이 많다. 백제의 불교는 고구려보다 늦은 침류왕 원년에 전래하였다. 그러나 왕실을 중심으로 직접 불교를 궁내로 들여왔다는 사실로 미루어볼 때 적극적으로 수입되었다고 하겠다. 따라서 궁내뿐만 아니라 모든 백성이 불교를 믿었을 것으로 짐작된다. 왕실의 직접적이고 적극적인 불교 전래는 백성들의 마음을 하나로 뭉치고자 하는 왕권 강화의 의도가 강하게 깔려있다.

신라의 불교는 5세기 초 고구려로부터 민간을 중심으로 전래하였다. 그러나 권력 상실을 우려한 귀족들의 반발로 불교의 공인이 늦어졌다. 오히려 유교로 충효사상의 기반이 잡혔다고 할 수 있다. 신라는 30대 신문왕 2년에 국가의 최고 교육기관인 국학을 설립하였다. 국학에서는 논어와 효경을 교양 필수과목으로 교육하였다. 논어는 인과 충을, 효경에서는 효를 배우게 한 것이다.

현대로 오면서 충효주의는 한국어 교육에서 한국문화 정체성이나 문화 교육용 기본 교수요목으로 분류되기도 한다. 조항록은 한국문화의 정체성은 세대 간, 계층 간, 지역 간, 성별 간, 인생관에 따라 다양하다는 것을 인식하고 있다.(조항록, 2003 : 72~73) 그렇지만 이 모든 변인을 뛰어넘을 공통분모를 제시한다. 그것은 정신적(관념적), 상징적, 정치적, 제도적, 사회적, 언어적 정치성 등으로 분류된다. 이 중에서 충효주의는 정신적(관념적) 정체성에 포함된다고 하겠다. 박영순은 한국인의 성격적 특징을 논의하면서 한국인은 '효사상(孝思想)과 애국심(愛國心)이 높다'라는 점을 강조하였다. 아울러 민현식의 주장에 동의하여 한국어 문화 교육용 기본 교수요목으로 정신문화사적 측면, 한국 개관, 생활문화, 의식주 문화, 매체 문화, 한국의 창조, 문학, 역사, 사고방식, 인물, 언어문화로 분류하였다. (박영순, 2006 : 71) 특히 한국어 교수자는 외국인 학습자가 만나는 한국의 첫 얼굴이라는 점을 강조하였다. 따라서 한국의 장점과 세계와의 협동을 정신사적인 측면에서 자연스럽게 인식하여 국수주의적 의미로 오해하지 않도록 주의를 요구했다. 이러한 분류를 참고하면 충효주의는 정신사적 측면과 생활 문화적 측면에 포함할 수 있다.

이처럼 충효주의는 고조선의 단군에서부터 삼국의 고구려, 백제, 신라의 국가적 사상을 관통하고 있다. 어떠한 사상이나 이념도 이렇게 오랜 세월을 면면히 이어져 오기는 쉽지 않다. 충효주의는 현대에서 여전히 꺼지지 않는 등불로 우리와 함께 하는 것이다.

첫째, 충효주의의 원인으로 애국심을 생각할 수 있다. 애국심은 애국주의라고도 불리는데 자신이 속한 국가를 사랑하는 마음을 가리킨다. 사전적으로는 인간이 자기가 소속한 국가에 대하여 지니는 애정과 헌신적인 태도로 정리하고 있다. 여기서 말하는 사랑은 조건 없는 사랑이라고 할 수 있다. 마치 자식을 위한 어머니의 사랑과 유사하다. 이러한 마음으로 국가에 충성하고 헌신하는 것이다. 어원으로는 고대 그리스의 조국을 뜻하는 파트리스(Patris)나 동향인을 의미하는 파트리오테스(Patriōtēs)에서 유래한 것으로 보는 것이 일반적이다.

웨스트하이머(Westheimer)는 애국심을 권위적 애국심과 민주적 애국심으로 이분하였다. 권위적 애국심은 자신이 소속된 국가가 다른 나라보다 우수하다는 생각을 지니는 것이다. 이것은 국가에 대하여 맹목적인 충성을 맹세하고 영토·주권·정부 등의 이익을 자신의 이익보다 우선하는 것으로 인식한다. 국가의 지시에 대하여 절대적으로 추종하며 국가 내부에서 발생하는 갈등에 대해서도 관대한 모습을 보인다.

반면에 민주적 애국심은 권위적 애국심과는 달리 민주주의에 입각한 자유나 정의, 평등적 가치에 대하여 충성을 다한다. 국가는 민주국가로서 개인의 자유와 시민의 권리, 약자에 대한 배려, 저항권 등을 보장해야 한다는 태도다. 이러한 애국심은 국가 내부에서 발생하는 모순이나 부조리 및 민주주의 실현에 어긋나는 잘못된 가치나 견해에 대해서 비판을 가한다.

보편적으로 애국심은 충(忠)의 개념과 유사한 것으로 여긴다. 충은 유교의 도덕적 규범의 하나로 글자 자체적으로 살펴보더라도 '가운데 중(中)'과 '마음 심(心)'이 합쳐져서 중심이 잡혀있는 마음을 가리킨다. 먼저 자기 마음의 중심을 잡고 타인에게 마음을 다하는 정신자세를 의미한다. 중심이 없는 사람은 다른 사람으로부터 줏대 없는 사람으로 인식된다. 따라서 마음에 충이 있으면 책임감이 강할 뿐만 아니라 주체적인 중심을 지닌 사람으로 평가받기도 하는 것이다.

엄주정은 '충'은 어디까지나 자발적이요, 자율적이고 자주적인 것으로 인식하고 있다. 그는 충이 임금을 위하여 봉사하고 희생하는 상향적이고 수직적인 복종 윤리로만 강조하는 생각에 대하여 비판적이다. 그것은 전제군주적 사고이지 현대적 충의 개념은 아니라고 본다. 충은 본디 자신의 진정한 자아를 회복하려는 실존의식을 겨냥한 개념이기 때문이다.

그러므로 충의 개념은 진실로 덕(德)의 올바른 실천이며 인격의 완성을 의미한다. 인간은 가정에서 태어나서 양육되고 성장하며 가정교육과 학교교육을 받아 인격을 함양하고 사회생활을 하게 된다. 사회생활 속에서 자기완성과 인격완성을 위해 노력함으로써 충에 도달한다. 가정에서 자녀교육을 잘한 부모는 조상에게 지극한 충정을 다한 것이며 국가사회에 충성한 것이다.(엄주정, 1996 : 191~192)

한국은 지형학적으로 외세의 침입을 빈번하게 받을 수밖에 없었다. 그런데도 반만년의 역사를 굳건하게 이어가고 있다. 외세의 침입이 강할수록 자체적인 저항력도 강해져서 대체 능력이 생긴 까닭이다. 한국은 역사적으로 애국심이 깊고 충성스럽고 걸출한 인물들은 헤아릴 수 없을 만큼 많이 배출했다.

그중에서도 이순신 장군이 단연 돋보인다. 이순신은 조선시대의 임진왜란 때 일본군을 물리치는 데 큰 공을 세운 명장이다. 당시 조선은 당파싸움에 혈안이 되어 임진왜란을 수습할 의지조차 찾아보기 어려웠다. 이러한 상황에서 본국이라는 유리함에도 임진왜란은 7년씩이나 계속되었다. 이순신은 이렇게 어려운 상황에서 위기에 빠진 국가를 구하기 위하여 출현한 것이다.

그가 옥포대첩, 명량대첩, 노량해전 등에서 승리한 것은 오직 나라를 위하는 충성스러운 마음으로 목숨을 걸고 전투에 임했기 때문이다. 이순신의 이러한 생각은 인간은 자신을 넘어 국가를 위해서도 태어났다고 말한 플라톤(Plato)의 말과도 연관된다.

당시 이순신 장군은 평소 위엄과 지혜와 능력으로 백성들의 존경과 신뢰를 받았다. 그럴 뿐만 아니라 '사즉필생 생즉필사(死卽必生 生卽必死)'의 정신으로 장수들을 감동하게 했다. 원균의 패배로 10여 척밖에 남지 않은 전선으로 명량대전에서 승리한 것은 오직 죽음을 두려워하지 않는 '불외사(不畏死)'의 정신으로 가능하였다. 임진왜란 당시 이순신의 활약이 없었더라면 한국인의 치욕과 고통은 더욱 심각했을 것이다.

둘째, 충효주의는 효친사상(孝親思想)과 연관성을 찾을 수 있다. 효친이란 어버이를 공경하고 떠받드는 것을 말하며 한국처럼 농경문화 사회에서는 가정이나 국가의 윤리도덕의 근본을 이루었다고 하겠다. 삼국시대부터 학교교육에서 효경(孝經)을 가르쳤으며, 삼국유사에도 효행에 관련된 설화가 많이 등장한다. 이러한 사실로 미루어볼 때 효친사상은 민간의 일상생활과 깊은 관련을 맺고 있음을 알 수 있다.

한국문화 교육에서 부모를 섬기는 효친사상만큼 중요한 것은 없다. 효도란 자신을 낳아 준 부모를 섬기는 사람 된 도리로 인식된다. 이 도리는 일상생활에서 정성껏 봉양하고 그 뜻을 받들고자 한다. 하지만 효도란 부모가 살아 있을 때만 하는 것이 아니라 부모가 죽은 다음에도 이어진다. 그것은 부모가 죽은 다음 제사를 통하여 실천한다. 부모의 영혼이 제삿날 찾아와 차려 놓은 음식을 먹는다고 여기는 것이다.

공자는 『효경』에서 효도는 백 가지 행실의 근본이라고 하였다. 모든 행동이 효가 아니면 바로 서지 못하고, 만 가지 착한 일이 효자가 아니면 행해지지 못한다는 말이다. 자신의 출생에서부터 오늘에 있기까지 부모의 은덕이 아니면 가능하지 않았을 것으로 여긴다. 부모의 보살핌으로 인하여 생명을 유지할 수 있었으며 생명을 보존해 준 부모님에게 은혜를 갚아야 하는 것이 도리이다. 보은의 마음가짐이 강력하다 보니 하늘과 땅 사이에 생명이 있는 모든 것 중 사람이 가장 귀하고 사람의 행실에는 효도보다 큰 것이 없게 된다. 아울러 형벌의 종류가 수천 종이나 되지만 불효보다 큰 죄는 없는 것이다.

효는 효친사상의 기본적 근간이며 글자를 풀이해 보면 '효(孝)'는 '늙을 로(老)'와 '아들 자(子)'가 합쳐져 있음을 알 수 있다. 다시 말하면 아랫사람이 윗사람을 받들고 있다는 것을 발견하게 된다. 아랫사람은 윗사람을 받든다는 개념은 가정→사회→국가적 개념으로 확대 해석이 가능하다.

엄주정(1996 : 191~192)은 유교에서의 효를 두 가지로 파악하고 있다. 그 하나는 조상으로부터 대대로 물려받아 내려오는 육체를 조금도 훼손하지 않고 잘 이어가는 것이다. 다른 하나는 인류에 공헌하여 가문의 명예를 드높여 후세에 널리 알린다는 의미가 있다. 이러한 인식은 현대의 우리 삶에서도 여전히 유효하다. 우선 우리는 조상으로부터 물려받은 육체를 손상하는 것에 대해서 죄의식을 느낀다. 아울러 자기 몸을 함부로 내돌리지 않으며 다른 국가 사람들보다 문신이나 신체 변형에 대하여 부정적인 생각을 지니고 있다.

다음으로 조상의 뜻을 따르고 난 후 인류에 공헌하여 가문의 명예를 후세에 널리 알릴 수 있다. 여기서는 순서가 중요한데 조상의 뜻을 따르는 것이 우선이고 가문의 명예를 높이는 것은 그다음이다. 그것은 조상의 뜻을 충실히 따르다 보면 가문의 명예는 저절로 높아질 수 있기 때문이다. 우리는 도덕적으로나 법적으로 심각한 문제를 유발한 사람에게 족보에서 이름을 지우겠다는 말을 종종 들을 수 있다. 이 말을 들은 당사자는 치욕스럽게 생각하고 스스로 반성하며, 재발 방지에 최선의 노력을 다할 정도로 가문의 명예를 중요시한다.

김석원(1997 : 76)은 가정윤리의 실천 덕목인 오륜중의 하나인 부자유친(父子有親)으로 효도의 실천 방안을 설득력 있게 풀이한다. 부자유친은 자식에게 인자하고 자녀는 부모에게 존경과 섬김을 다하라는 말이다. 효가 어떤 종속관계에서 자식이 부모에게 조건 없이 순종하는 것이 아니라 부모도 자식에게 자애로운 사랑을 주는 것이다.

다시 말하면 부모와 자식 사이는 태어나서 가장 먼저 맺는 인간관계로 이 세상에서 누구보다도 소중한 관계이다. 이 관계는 자신의 마음대로 선택하거나 바꿀 수도 없는 천륜이기 때문에 오륜중에서도 첫째로 꼽는다. 부모는 자식을 사랑과 정성으로 기를 의무가 있는 것처럼 자식은 부모를 성심껏 공경할 의무가 있다. 이러한 관계가 제대로 유지되어야 사람이 사람답고, 가정이라는 공동체가 번영하며, 국가도 발전하게 되는 것이다.

한국에는 역사적으로 부모를 위하여 자신의 목숨까지 불사하는 효자와 효녀가 많았다. 『효경』에서는 제 몸을 게을리하고 일하지 않아 부모를 봉양하지 않는 것, 노름하고 술을 마시어 부모를 돌보지 않는 것, 부모 대접을 소홀히 하는 것, 이목을 즐겁게 하는 일을 숭상하여서 부모를 욕되게 하는 것, 폭력 행사하기 좋아하여 부모를 위태롭게 하는 것 등 다섯 가지를 불효로 규정하였다.

대부분의 효자전(孝子傳)은 귀신도 감동을 줄 만한 병구완을 하면서 부모의 죽음에 대해 죄책감을 느끼며 기본적으로 삼 년간의 시묘살이를 하는 것으로 이야기가 전개된다. 한 예로 김천에 살던 이세간이라는 사람은 부친의 병환이 깊어져 곡기를 끊자 날마다 하늘에 완쾌를 빌었다. 그러던 중 엄동에 집 앞 살구꽃이 피고 여름 과일이 열려 많은 사람이 그를 하늘이 낸 효자라 칭송했다고 한다.

그는 부친이 세상을 떠난 후에도 묘소 옆에 움막을 짓고 삼 년간 시묘살이하였다. 하루도 거르지 않고 날마다 축대 아래에서 절을 했기 때문에 무릎 닿는 곳에 잔디가 살지 못하고 땅이 깊이 파였다. 밤에는 호랑이가 나타나 주위를 돌기만 하고 공격은 하지 않았다고 한다. 따라서 사람들은 하늘이 효자를 지켜주기 위해 산신인 호랑이를 보냈다고 하여 마을 이름을 효자동으로 지었다고 전해진다.

셋째, 충효주의로 전통적인 우리의 선비정신을 예로 들 수 있다. 선비의 개념을 유교에서 그 기원을 찾는 경우가 있으나 한영우(2010)는 단군을 최초의 선비로 규정하였다. 그에 따르면 '선비'라는 어휘는 고대의 무교(巫敎)에서 출발했으며, 고조선 때부터 내려온 고유 언어이다. 『삼국사기』에는 단군을 '선인(先人, 仙人)'으로 기록하고 있으나 선비와 선인은 같은 의미로 본다.

고구려에서는 국중행사에서 무술, 가무, 사냥 등에서 우수한 자를 '선인'이라 했으며 신분의 귀천을 따지지 않고 학문과 기술로 그 지위를 얻었다. 신라에서는 '화랑도'가 있었으며 심신을 도야하고 진리를 탐구하고 일상생활의 규범, 전통, 각종 의식에 관한 교육, 군사 훈련 등을 받았다. 고려의 '선랑'은 사찰에서 학문을 닦는 청소년 중에서 인물이 가장 뛰어난 사람을 가리킨다. 이처럼 고구려의 선인, 신라의 화랑도, 고려의 선랑은 선비의 맥을 이어온 증거라고 할 수 있다.

선비라는 말은 순우리말이나 한자어로는 선비 사(士)나 선비 유(儒)자로 풀어볼 수 있다.(권문봉, 2004 : 189~190) 여기서 '士'는 '열(十)'과 '하나(一)'의 뜻을 결합한 회의자이다. 그리고 갑문자에서 '士'는 하나를 미루어 열을 아는 지식이 많은 사람을 나타낸다. 선비는 사전적으로 옛날에 학식은 있으나 벼슬하지 않은 마음이 어질고 순한 사람을 비유하는 말로 정의된다.

그러나 지식만 많다고 선비가 되는 것은 아니다. 선비는 학문과 인격을 함께 갖춘 지식인으로 자신보다 타인의 이익을 위해 봉사하는 사람이었다. 이덕무(1997)는 『청장관전서』에서 선비의 마음가짐을 다음과 같이 노래했다.

선비는
마음을 거울처럼 맑게 해야 하고
몸단속을 먹줄처럼 곧게 해야 한다.

거울은 닦지 아니하면
먼지가 끼어 쉬이 더러워지고
먹줄은 곧지 아니하면
나무를 곧게 할 수 없다.

마음은 맑지 아니하면
욕망에 가리워지고
몸은 단속되지 아니하면 게으름이 생겨난다.
마음과 몸을 다스리는 일도
마땅히 닦아야 하고 곧게 해야 하는 것이다.

앞에서 말한 것처럼 선비는 모름지기 거울같이 맑은 마음과 먹줄처럼 곧고 팽팽한 몸가짐을 가져야 한다. 거울에 먼지가 끼면 쓸모가 없고 먹줄이 곧고 팽팽하지 않으면 척도의 임무를 수행할 수 없다. 욕망 때문에 맘이 가려지지 않도록 몸과 마음을 닦고 또 닦아야 하는 것이다.

이러한 정신이 한국의 정신세계를 주도해 온 선비정신이다. 이들은 인격의 완성을 위하여 끊임없이 학문에 힘쓰고, 대의(大義)를 위해서는 목숨까지 버릴 수 있는 지조와 절개가 있었다. 그들은 말과 행실이 일치하였으며, 현실적 이해관계에 연연하지 않고 불의를 보면 끝까지 저항하는 모습을 보였다. 관직을 수행할 때도 자신의 신념과 다를 때에는 왕을 포함해서 어떤 사람에게도 뜻을 굽히지 않고 직언하였다.

조광조는 '선비란 자신을 돌보지 않고 오직 나라를 위하여 도모하며, 일을 당해서는 과감히 실행하고 환난을 헤아리지 않는다'라고 하였다. 그리고 소인은 '감히 저항하는 지조와 곧은 말로 원망과 노여움을 부르지 못하며, 머리를 숙여 아래위를 살피고 이쪽저쪽을 주선하여 자신을 보존하는 자'로 보았다.

독일의 사회학자 막스 베버는 '구미의 기사도나 개척정신에 맞먹는 한국의 정신적 전통을 들라면, 자신은 조선시대의 문인 신분층의 밑받침한 정신적 전통, 즉 선비정신을 꼽겠다'라고 말했다. 막스 베버가 선비정신을 높이 평가한 것은 바람직하나 선비정신을 기사도나 개척정신에 유사한 개념으로 비유한 것은 잘못이다. 선비정신과 기사도는 모두 군주에 대한 충성과 대인관계에서의 신의, 전쟁에서 용기, 약자에 대한 배려를 기본 규범으로 삼고 명예를 목숨보다 귀하게 여겼다. 그러나 기사는 군주에 대한 충성과 복종이 강요되었지만, 선비는 상대적 자율성

을 지녀 왕의 부당한 전횡에 대해서는 목숨을 걸고 비판하였다
는 차이가 있다.

역사적으로 선비정신을 몸소 실천한 위인들은 헤아릴 수 없
을 정도로 많다. 특히 조선 후기 일본의 침탈에 분노하며 스스
로 목숨을 끊은 황현을 생각할 수 있다. 그는 한국강제병합으
로 일본에 의해 국권이 피탈하게 되자 유명한 절명시(絶命詩)
네 편을 남기고 자결했다. 그의 유서에는 '자신은 죽어야 할 이
유가 없지만, 이 땅에 선비가 있어온 지가 수백 년인데 나라가
망하는 데 한 명쯤 죽지 않으면 얼마나 원통하겠느냐'라고 적
혀 있다.

정옥자(2002)는 선비정신으로 네 가지를 설명하고 있다. 첫
째, 선공후사(先公後私)로 공적인 일을 우선으로 하고 개인적인
일은 뒤로하는 것이다. 둘째, 억강부약(抑强扶弱)으로 강한 자를
누르고 약한 자를 부추기는 것을 말한다. 셋째, 외유내강(外柔內
剛)으로 겉으로는 부드러워 누구에게나 잘 대해 주고 예의가 바
르지만, 속으로는 강하고 심지가 깊은 것을 의미한다. 넷째, 극
기복례(克己復禮)로 이기심과 욕망을 이겨내고 예로 돌아가서 모
든 사람을 공경하고 공생하자는 것이다.

극기복례는 선비들의 최종 목표로 이를 달성하면 천인합일
(天人合一)이 가능하다. 여기서 말하는 하늘은 절대자가 아니라
자연의 질서를 의미한다. 사람과 자연이 하나의 질서로 조화되
는 경지를 말하는 것이다. 선비는 나와 남이 조화되고 사람과
하늘이 조화되는 대동 사회를 꿈꾸고 확신하고 그 실현을 위하

여 끊임없이 노력하였다.

하지만 선비정신은 일제강점기를 지나오면서 그들의 지배윤리로 인하여 부정적 측면이 두드러진 경향이 있다. 해방 이후에는 근대화 혹은 서구화되면서 수평적 가치관의 팽배로 많은 부분 그 의미가 퇴색되었다. 이러한 의식은 선비정신의 참모습을 인식하지 못한 결과라 하겠다. 선비의 선공후사, 억강부약, 외유내강, 극기복례의 정신은 현대의 관료들에게도 여전히 유효한 메시지가 되는 것이다.

③ 집단주의

원시공동체 사회에서는 생산력 수준이 미미했으므로 집단생활을 하면서 함께 생산에 참여했다. 이러한 상황에서 개인의 생존을 위해서라도 집단생활을 하지 않을 수 없었다. 집단생활은 공통되는 의식이나 목표를 가지고 있어서 구성원끼리의 협동이 필수적이다. 번번한 사냥도구도 없는 상태에서 거친 짐승을 사냥하기 위해서는 힘을 합하지 않을 수 없었기 때문이다. 원시공동체 사회의 집단생활은 적어도 청동기시대 이전까지 지속되었을 것으로 짐작된다. 청동기시대에 접어들어 계급이 발생하면서 원시공동체 생활이 붕괴하고 국가가 형성되기 시작하였다.

이러한 집단생활은 집단주의(集團主義)의 토대가 되었으며 서로 협동하여 사회생활을 영위하는 것이 원칙이다. 집단주의는 개인주의와 대립하는 개념으로 홉스테드(1995)의 연구에서 가시적 성과를 내고 있다. 그에 의하면 개인주의는 집단의 이익보다 개인의 이익을 우선으로 하는 사회를 말하며, 개인 간의 구속력이 느슨한 사회를 말한다. 이들은 자기 자신과 직속 가족만을 돌보면 되는 것으로 생각하였다. 집단주의는 개인의 이익보다 집단의 이익을 우선하는 사회를 말하며, 태어날 때부터 줄곧 개인이 강하고 단결이 잘된 내집단에 통합되어 있다. 따라서 평생 무조건 내집단에 충성하는 대가로 그 집단이 개인을 지속해서 보호해 준다고 생각한다.

결국 개인주의와 집단주의의 가장 큰 차이점은 이익에 대한 인식의 차이로 보인다. 개인주의는 개인의 이익이 집단의 이익 때문에 희생되어서는 안 된다고 여긴다. 반대로 집단주의는 집단의 이익을 위해서는 개인의 이익은 언제라도 희생되어야 한다는 의견이다.

홉스테드는 한국문화의 특질로 집단주의를 들고 있다. 그가 조사한 50개국과 3개 지역에 대한 개인주의 지수치를 보면, 미국이 91점으로 1위이고, 일본이 46점으로 23위이지만 한국은 18점으로 43위로 나왔다. 점수가 높을수록 개인주의에 가까우니 한국문화는 집단주의 성향을 강하게 띤다고 할 수 있다. 집단주의를 한국문화의 특질로 분류하는 데에는 다음과 같은 원인을 말할 수 있다.

첫째, 집단주의 원인으로 유교사상에 바탕을 둔 확대된 가족주의를 들 수 있다. 유교는 조선을 다스리는 근본 원리로 덕치주의(德治主義)와 민본사상(民本思想)을 바탕으로 왕도정치(王道政治)를 추구했다. 왕은 무력보다는 덕으로 통치해야 백성들에게 존중받을 수 있다는 것이다.

유교에는 개인과 국가의 관계를 '임금(君)은 임금답고, 신하(臣)는 신하다우며, 부모(父)는 부모답고, 자식(子)은 자식다워야 한다.'라는 말에 잘 반영하고 있다. 각자의 위치에서 각자의 역할만 제대로 수행하면 평화로운 국가가 될 수 있는 것이다. 당시의 개인은 그야말로 수신제가치국평천하(修身齊家治國平天下)를 지향했다. 즉, '자신의 몸과 마음을 바르게 한 사람만이 가정을 다스릴 수 있고, 가정을 다스릴 수 있는 자만이 나라를 다스릴 수 있으며, 나라를 다스릴 수 있는 자만이 천하를 평화롭게 다스릴 수 있다'라는 것이다.

점층적으로 상승하는 '개인→가족→국가→세계'의 구조 속에서 개인과 세계에 내포된 가족과 국가는 서로 상보적 관계로 존재하고 있다. 국가의 기본단위는 가족이다. 가족이 제대로 존립할 수 없다면 국가의 안위 또한 보장할 수 없기 때문이다.

피는 물보다 진하다는 말처럼 한국의 가족주의를 잘 표현한 말도 없다. 부모와 자식의 관계를 중심으로 친족 공동체의 관계는 다른 나라와 비교할 수 없을 만큼 친근감을 지니고 있다. 추석이나 설 명절이 되면 한국인은 대이동을 한다. 명절 귀성객으로 말미암아 평소보다 몇 배 더 소요되는 시간적 거리는 문제가 되지 않는다. 부모 형제와 친척을 만날 수 있다는 기쁨이 더 크기 때문이다.

다 아는 것처럼 산업화가 진행되면서 가족의 형태가 대가족에서 핵가족으로 변화되었다. 사회가 핵가족화되면서 집단이나 국가에 대한 개념도 바뀌지 않을 수 없다. 집단이나 국가보다는 개인주의가 우선시 된다. 이러한 시대적 상황과는 달리 우리는 친족 가족주의에서 벗어나 새로운 형태의 확대된 가족주의에 직면하고 있다.

그것은 새로운 언어문화 현상으로 공공장소나 음식점에서 친족 호칭어를 흔히 들을 수 있는 것에서 확인된다. 동네 식당 종업원을 구하는데도 식당 종업원을 구하는 것이 아니라 '주방 이모를 모십니다'로 광고한다. 우리는 오늘도 낯선 사람에게 '할아버지, 할머니, 어머니, 아버지, 아주머니, 아가씨, 언니, 오빠, 동생'이라는 호칭어를 듣게 되는 것이다. 이러한 유교주의를 토대로 한 확대된 가족주의는 한국문화에서 가족집단을 유지할 뿐만 아니라 국가의 번성을 도모하는 역할을 하기도 한다.

둘째, 집단주의는 우리주의와도 많은 연관성을 지니고 있다. '우리'라는 말은 문법적으로 화자가 자신과 청자, 또는 자신과 청자를 포함한 여러 사람을 가리키는 일인칭 대명사이다. 그러나 실제 언어생활에서는 이러한 문법적 의미와는 무관하게 다양한 의미로 활용된다.

우리는 '우리 남편, 우리 마누라, 우리 집, 우리나라, 우리 학교' 등을 흔히 사용한다. 사실 '우리'라는 말보다 아름다운 말도 드물다. '우리'에 '함께 더불어'를 결합하여 '우리 함께 더불어'라는 말을 만들면 극단적 개인 이기주의를 극복하는 의미로 변한다. 그러나 '우리 남편, 우리 부인'이라는 말은 분명 잘못된 부분이 많다. 남편이나 부인은 공유할 대상이 아니기 때문이다.

한국인에게 '우리'는 긍정적 측면이 많다. 한국인의 우리는 월드컵이나 올림픽을 통하여 전 세계적으로 잘 알려져 있다. 우리는 '우리 모두 함께'가 되어 같은 색의 옷을 입고 우리 선수를 함께 응원한 경험이 있다. 이러한 경험을 통하여 우리는 이미 함께 더불어 우리로 하나가 되었다.

최상진과 한규석(국제교육학회, 1998 : 186~193)은 한국인과 일본인이 '우리'라는 어휘로 느끼는 감정을 비교한 바 있다. 먼저 한국인은 '우리'라는 어휘에 대하여 '정, 친밀감, 상호 수용'과 같은 피부로 느끼는 인간 관계적 특성을 느낀다. 한국인은 우리라고 느끼기 위해 가족처럼 가깝게 지내며 정을 쌓는 것이 필요하다고 보았다. 아울러 집단활동보다는 개인적으로 가깝게 지내는 사람들에게 우리 감정을 더 많이 느끼는 것으로 나타났다. 한국인에게 이러한 우리라는 감정은 친척→친구→가족 순으로 강화되는 모습을 보인다.

다음으로 일본인은 '우리'라는 어휘에 대해서 '유대성, 동질성, 공통성' 등과 같이 집단 귀속적, 집단 동일시적 특성을 보인다. 그들은 우리라고 느끼기 위해서는 함께 활동함으로써 가능하다고 생각한다. 즉, 집단 속에서 취미 활동이나 생활을 같이함으로써 우리라는 감정을 느끼는 것이다. 일본인에게 우리라는 감정은 취미 활동을 같이하는 사람→서클 회원→가족 순으로 강화되는 모습을 보인다.

이러한 분류를 통해서 한국인은 일본인보다 훨씬 '친분관계'에 밀착되어 있음을 발견하게 된다. 혈연이나 지연, 학연이라는 집단적 친분관계를 다른 사회적 관계보다 훨씬 중요하게 생각한다. 이러한 사회적 관계에서 아는 사람과 낯선 사람 사이의 거리는 하늘과 땅만큼이나 멀다.

자동차 접촉 사고가 발생했을 경우를 생각해보자. 사고 상대방이 낯선 사람이면 목소리를 높이고 주먹다짐을 불사한다. 하지만 아는 사람이면 아무 일도 없었다는 것처럼 배려하고 양보의 미덕을 발휘한다. 나와 아는 사람 사이에만 우리라는 개념이 개입된 것이다.

이처럼 '우리'라는 개념은 부정적 측면보다는 긍정적 측면이 더 많다는 것을 알 수 있다. 그러나 우리는 혈연이나 지연, 학연을 중시하여 다른 사람을 차별하는 배타적 관계를 조성하는 경우도 없지 않다. 그리하여 파벌주의나 할거주의 형태를 조장하여 공동체의 공평성과 합리성을 저해하게 되는 것이다.

셋째, 집단주의에서 연고주의(緣故主義)를 빼놓고 논의할 수는 없다. 연고주의는 앞에서 논의한 우리주의나 친분관계라는 말과 연관성이 많다. 연고주의의 혈연, 지연, 학연이 청탁문화를 조장하고 우리 사회의 불신을 조성한다는 여론이 있기도 하다.

매년 국제투명성기구(Transparency International)에서는 각국의 공무원이나 정치인의 부패지수(CPI)를 산출하고 있다. 이 조사를 살펴보면 선진국일수록 청렴도가 높고 부패지수가 낮은 것으로 나타난다. 그런데 한국은 최근 몇 년째 10점 만점에 5점대를 벗어나지 못하여 경제협력개발기구(OECD) 국가 중에서도 하위권을 기록하고 있다.

이러한 부끄러운 기록은 연고주의와 온정주의에 원인이 있다고 보는 견해가 많다. 우리 자신을 생각해보더라도 청탁이 필요할 때 연고를 가장 먼저 떠올린다. 혈연→학연→지연 순으로 찾아가 청탁을 하게 되는 경우가 없지 않다. 동종교배(同種交配)는 유전자 결함을 유발해 종(種)의 사멸을 초래하게 된다. 연고주의가 만연하게 되면 국민의 불신감이 증폭된다. 이러한 불신 풍조는 사회발전과 국민 통합을 어렵게 만드는 요인이 되기도 한다.

조은경, 이정주(2006 : 491)는 연고주의 문화의 내용 중 부패를 유발할 수 있는 특성들을 홉스테드의 문화 분류를 원용하여 분석하고 있다. 분석 결과를 살펴보면, 권력거리가 높고, 집단주의가 강하며, 불확실성 회피 수준이 높을수록 부패한 것으로 나타났다. 따라서 한국의 연고주의 문화가 부패를 유발하는 요인으로 작용하고 있음을 확인할 수 있다. 한국의 부패 친화적 연고주의를 극복하기 위해서는 권력거리와 불확실성 회피 수준을 낮추어 집단주의를 탈피하려는 문화이동이 요청된다는 견해다. 특히 연고주의 문화의 개선 해결책으로 '사회지도층의 솔선수범 의지, 지위고하를 막론하고 온정주의에 입각하지 않는 원칙 준수' 등을 제시하고 있다.

그러나 연고주의로 치부되는 종친회나 향우회 및 동창회 등은 나름의 구실을 하여 긍정적 측면도 없지 않다. 이를테면 종친회를 통하여 종친의 집단적인 정체성을 확인하고 친족집단은 자산을 유지, 확대하며 통합을 추구하고 협력적인 조직을 형성한다. 향우회는 객지에서 고향 친구나 고향이 같은 사람끼리 모여 친목을 다지는 기회로 삼는다. 향우회를 통하여 서로의 안부를 묻고 고향의 발전을 도모할 수 있다. 끝으로 동창회란 같은 학교를 졸업한 사람들이 모여 서로 친목을 도모하고 모교와의 소통을 위하여 조직된다. 이 모임을 통하여 모교에 장학금을 기부하고 후배들을 격려하는 활동으로 학교 발전에 이바지할 수 있는 것이다.

2.
한국어 교육에서의 교수·학습이론

(1) 교수·학습이론의 변화

① 2022 개정 교육과정이 추구하는 인간상

교육부는 2022 개정 교육과정을 추진하면서 스스로 삶을 이끌어 가는 주도성을 갖고 미래 대응 역량을 갖춘 사람으로 성장할 수 있도록 모든 학생의 개별 성장을 지원한다고 명시하였다. '포용성과 창의성을 갖춘 주도적인 사람'이라는 비전 아래 주도성과 창의와 혁신 그리고 포용성과 시민성을 추구하는 인재를 양성하겠다는 목표를 제시하였다. 여기서 주도성은 주체성, 책임감, 적극적 태도와 창의와 혁신은 문제해결, 융합적 사고, 도전 및 포용성과 시민성은 배려, 소통, 협력, 공감, 공동체 의식을 지향한다. 결국 새로운 교육과정에서는 미래 사회에서 요구되는 포용성과 창의성 및 주도적인 인간을 육성하고자 한다.

첫째, 포용성에서 포용이란 사전적으로 남을 너그럽게 감싸 주거나 받아들이는 것을 의미한다. 이인권은 「포용력은 섬기는 리더십의 원천」에서 포용을 다름을 인정하는 생각과 그것을 실천으로 옮기는 것으로 정의하였다. 생각으로 인정하면서도 실천하지 않으면 죽은 양심에 불과하듯이 실천하지 않는 생각은 포용이라 하기 어렵다. 자기중심적이고 이기적인 삶 속에서 대립과 갈등이 팽배할 때 포용은 절실하게 요청되는 덕목으로 사람이 살만한 세상으로 변화시킬 수 있는 원동력이 될 수 있다. 나 중심적인 사고방식에서 벗어나 상대방 중심으로 가치관을 변화시킨다는 것은 나와 다름과 차이를 인정하는 것이다. 그것은 나보다 상대방을 아우르며 존중하고 배려하는 휴머니즘과 다르지 않다.

둘째, 주도성은 스스로 문제를 제기하고 노력하고 새롭게 경험하고 배우는 것들을 포괄한다. 그렇다고 타인의 도움 없이 혼자 열심히 노력한다고 해서 목표가 달성되는 것은 아니다. 상황에 따라서는 교사나 학부모의 칭찬과 조언뿐만 아니라 적극적인 개입이 주도성을 성장시키는 촉진제가 되기도 한다. 이러한 과정에서 목표를 달성함으로써 배우는 일에 대한 긍정적 경험을 하게 된다. 여기서 말하는 긍정적 경험은 단순히 목표를 달성했다는 성취감과는 의미가 다르다. 학습자는 학습목표 달성 과정을 통하여 주체적으로 참여했다는 보람과 책임감을 함께 경험하게 된다. 주도성이 강한 학습자는 문제를 해결하겠다는 의지를 갖는 문제 인식단계, 문제를 어떻게 해결해야 할지에 대해 본격적으로 접근하는 문제 이해단계, 문제를 해결하기 위한 구체적인 노력 과정의 첫 단계인 계획 작성단계, 작성된 계획을 실천하는 실천단계, 실천 후에 결과를 객관적으로 분석하는 자기 평가단계를 거치면서 온전한 자기주도 학습자로 성장하게 되는 것이다.

셋째, 창의성은 새롭고 독창적이고 유용한 것을 만들어 내는 능력이거나 선입견에서 벗어나 새로운 아이디어를 창출하는 능력으로 문제해결력과 연관성이 많다. 영국의 창의·문화교육국가자문위원회(NACCCE)는 창의성을 '독창적이고 가치 있는 산출물들을 생산해 내기 위한 상상적인 활동'이라고 정의하였다. 그리고 이 위원회에서는 창의성에 대한 민주주의적 정의를 취하고 있는데, 이는 적절한 조건이 제공되고 관련 지식과 기능을 습득한다면 모든 사람이 몇몇 활동 분야에서 창의적인 성취를 이룰 수 있을 것으로 보았다.

김영철(이승익 외, 2009 : 22)은 창의성이란 '인간의 삶의 질적 수준을 향상하는 데 도움이 되고 가치 있는 문화 특성이나 문명 이기를 창출해 내고자 자연현상이나 삶의 세계에 대하여 새로운 시각에서 통찰하거나 융통성 있는 발상의 전환과 사고의 전환을 통하여 가치 있는 지적·과학적·문화적 아이디어와 산출물을 생산해 낼 수 있는 능력'으로 보았다.

2022 개정 교육과정에서 추구하는 인재는 무엇보다도 세계 여러 나라 사람들과 소통할 수 있어야 한다. 이를 위해서는 의사소통 능력, 정보통신 활용능력과 같은 역량이 필요할 뿐만 아

니라 세계화된 우리의 삶을 올바로 이해하는 안목이 필요하다. 오늘날 우리의 삶은 이미 세계화되어 있다. 우리의 일상생활이 한국 안의 문제에 국한되는 것이 아니라, 전 세계적인 동향에 영향을 받는다는 것이다.

한국의 일상생활에 영향을 크게 미치는 거의 모든 일이 한국만의 문제를 넘어 세계적인 문제가 되고 있다. 글로벌화가 가속화될 미래사회를 살아갈 학습자들은 이러한 세계의 추세를 분명하게 인식하고 세계시민으로서 당당하게 살아갈 수 있는 능력과 자세를 갖추어 나가야 한다.

결국 한국어 교육도 모든 학습자가 세계시민의 한 사람으로서 지구 공동체의 문제해결에 적극적으로 참여하고, 인류의 발전을 위해 배려와 나눔을 실천할 수 있는 인재를 육성하는 데 그 목적을 두어야 할 것이다.

② 교수·학습이론의 변화

홍익인간의 이념 아래 인격을 도야하고 자주적 생활 능력과 민주 시민의 자질을 갖추는 것을 한국의 교육이념으로 삼고 있다. 이러한 이념이 실현될 때 인간다운 삶을 영위할 수 있으며 민주국가의 발전과 인류 공영의 이상을 실현하는 데 이바지할 수 있는 것이다.

교수·학습이론은 당대 교육이념과 새로운 교육과정이 추구하는 인간상을 반영하지 않을 수 없다. 구성주의 학습이론은 한국의 교육이념과 2022 개정 교육과정이 추구하는 인간상을 구현할 수 있는 교수·학습이론으로서 필요충분조건을 갖추고 있다.

　구성주의 학습이론은 단순한 지식 습득보다는 학습자 스스로 학습 과정을 구성하고 어떻게 활용할 것인가를 중시한다. 여기에서 학습은 학습자의 주관적 경험에 근거한 개인적 의미 창출에 해당하며, 교수자는 단순히 학습 환경 조성자이며 안내자에 불과하다. 학습에 영향을 미치는 요인으로는 상황적 맥락, 학습 주체인 인간의 학습 활동, 학습 대상인 지식의 역동적 상호작용 등이 있다. 따라서 복잡하고 비구조화된 학습 과제와 문제 영역이 가장 효과적인 학습 형태가 된다.

　예로부터 다양한 학습이론이 주창되어 왔지만 자기주도 학습 이론만큼 전폭적 지지를 받는 경우도 드물다. 자기주도 학습은 교육부에서 제정한 2022 개정 교육과정의 주요 핵심 내용인 창의적 체험활동의 학습목표로도 제시되어 앞으로 그 영향력이 더 커질 것으로 예상된다.

　한국에 자기주도 학습법이 도입된 것은 교수자 중심의 학습법에 대한 한계가 지적된 1970년대부터이다. 자기주도 학습은 '자기계획 학습, 자기조절 학습, 자기교수, 자기조정 학습, 자기규제 학습' 등으로도 불린다. 이 학습법은 일반적으로 학습자가 스스로 학습목표를 설정하고 학습 과정 및 전략, 학습자원을 결정한다. 그럴 뿐만 아니라 학습자 자신이 결정한 학습을 수행하고 학습 결과를 스스로 평가하는 일련의 모든 학습 과정을 가리킨다.

　기존의 교수자 주도 학습법은 교수자가 학습목표 설정, 학습

과제 제시, 학습활동, 평가에 대한 선택권을 갖고 학습자의 지식과 기술을 향상해 왔다. 그러나 자기주도 학습법은 학습자 스스로 노력으로 자신의 지식, 기술, 성취감 혹은 개인적 발달을 향상하는 것이 목적이다.

이처럼 자기주도 학습은 학습자가 자신의 학습에 대한 전적인 주도권을 갖기 때문에 학습자의 역할이 매우 중요하다. 학습자는 교수자와 수평적 관계를 유지하며 학습 주체로서 학습활동 전 과정에 적극적, 자율적으로 참여하게 된다. 한국교육개발원에서 개발한 자기주도 학습법에 따르면 학습자는 학습과정에서 자기주도성을 갖기 위해 네 가지 조건을 갖추어야 한다.(박효정, 2011)

첫째, 학습자는 학습 주체로서 스스로 학습목표를 설정하고 이를 달성하기 위해 끊임없이 노력해야 한다. 자신의 학습에 대한 분명한 동기를 가질 때 학습목표를 구체화하거나 학습에 대한 기대가 형성되어 학습자의 책임감을 높일 수 있다.

둘째, 자기주도 학습은 목표 달성을 위해 학습 전반에 대한 지속적인 점검이 이루어져야 한다. 학습 내용과 과정에 대한 점검도 필요하지만, 학습 방법에 대한 점검이 더 중요하다. 이러한 점검을 통하여 학습목표 달성에 대한 조절과 개선이 이루어진다.

셋째, 자기주도 학습에서 타인의 도움 없이 혼자 열심히 노력한다고 해서 학습목표가 달성되는 것은 아니다. 상황에 따라서는 교수자의 칭찬과 조언뿐만 아니라 적극적인 개입이 자기주도 학습자로 성장시키는 촉진제가 되기도 한다.

넷째, 자기주도 학습자는 학습 과정을 통하여 목표를 달성함으로써 배우는 일에 대한 긍정적 경험을 하게 된다. 여기서 말하는 긍정적 경험은 단순히 목표를 달성했다는 성취감과는 의미가 다르다. 학습자는 학습목표 달성 과정을 통하여 주체적으로 참여했다는 보람과 책임감을 함께 경험하게 된다.

이러한 조건을 갖춘 자기주도 학습자는 문제를 해결하겠다는 의지를 갖는 문제 인식단계, 문제를 어떻게 해결해야 할지에 대해 본격적으로 접근하는 문제 이해단계, 문제를 해결하기 위한 구체적인 노력 과정의 첫 단계인 계획 작성단계, 작성된 계획을 실천하는 실천단계, 실천 후에 결과를 객관적으로 분석하는 자기 평가단계를 거치면서 온전한 자기주도 학습자로 성장하게 되는 것이다.

최근 학습자들에게는 학(學)만 존재하고 습(習)이 부재하다는 말을 흔히 들을 수 있다. 교육을 통하여 지식이나 기술을 습득하는 과정이 '학'이라면, 그것을 몸에 익히는 터득하고 체득하는 과정이 '습'이다. 학습 과정에서 '학'이 인지영역이고 '습'이 행동영역이라면 학과 습의 균형이 필요하다. 공자는 '배우기만 하고 생각하지 않으면 망연해진다'라고 했다. 단순히 배우기만 해서는 안 되며, 학습 주체로서 스스로 고뇌하는 자세가 필요하다는 말이다.

결론적으로 구성주의 학습이론은 지식은 학습자 자신의 내적 인지 작용으로 생성된다는 가정에 기초하여 학습자의 자기주도적 문제해결 학습과 협동학습을 통해 지식 체계를 형성한다. 이러한 새로운 교수·학습이론은 학교 교육현장에 텍스트 중심, 교수자 중심의 강의 방법을 근원적으로 개선할 수 있는 대안이 될 수 있다. 다시 말하면 학습자들은 문제해결 과정을 통해 비판적, 창의적 사고를 하게 되고, 자기주도적으로 새로운 가치를 창조할 수 있는 능력을 길러, 배려와 나눔 및 소통의 공동체를 실천할 수 있게 될 것이다.

(2) 문화 교육 수업모형

① 구성주의 학습이론

학습에 대한 과학적 접근은 19세기 중반 이후 다윈(Darwin, Charles)의 진화론과 과학적 실증주의 이론으로부터 비롯되었다고 보는 것이 정설이다. 다윈의 진화론은 세계의 변화에 따라 인간의 정신도 변한다는 것으로 인식하였다. 이러한 인식은 교육심리학에 영향을 미쳤으며 피아제(Piaget)나 스키너(Burrhus F Skinner)의 이론적 토대의 역할을 하였다. 과학적 실증주의는 지식을 경험의 결과로 보고 설계된 실험과 통제된 경험을 통해 지식 획득이 가능한 것으로 간주했다.

이러한 과정을 거치면서 학습은 하나의 이론으로 자리매김하게 된다. 학습이론도 시대적 흐름에 따라 행동주의에서 인지주의로, 인지주의에서 구성주의로 변화하는 양상을 보인다. 행동주의 학습이론은 인간의 행동은 자극과 반응의 연합으로 이루어진다는 관점이다. 학습은 자극과 반응의 연합으로 발생하며 행동은 반응을 요소로 하여 결정되는 복합체로 여긴다. 인간의 습관이나 성격도 사회적 조건 부여로 좌우되며 조건화 이론, 연합 이론, 수정 행동주의 등이 해당한다.

인지주의 학습이론은 기본적으로 인간의 내부에서 일어나는 능동적인 사고과정과 인지 구조에 초점을 두고 있다. 학습은 동화와 조절로 이루어지며 학습자의 인지 구조를 변화시키는 것으로 인식한다. 인지주의 견해에서는 결과보다는 과정을 중시하며 정보의 발견이나 단순한 기억보다는 정보의 구성을 강조하며 정보처리 이론과 스키마 이론(Schema Theory) 등이 해당한다.

구성주의 학습이론은 단순한 지식의 습득보다는 학습자 스스로 학습 과정을 구성하고 어떻게 활용할 것인가에 초점을 맞춘다. 아래에서는 행동주의나 인지주의 학습이론을 전통적 학습이론으로 보고 구성주의 학습이론과 대조해 보고자 한다. 첫째, 교육과정에서 전통적 학습이론은 부분에서 전체로 순서를 정하고 기초를 중시한다. 구성주의 학습이론은 반대로 전체에서 부분으로 순서를 정하고 큰 개념에 초점을 둔다.

둘째, 학습 내용에서 전통적 학습이론은 고정된 학습 과정을 준수해야 한다고 여긴다. 구성주의 학습이론은 학습자들의 질문에 큰 의미를 둔다.

셋째, 교수·학습 자료에서 전통적 학습이론의 학습 활동은 주로 교과서에 의존하는 편이다. 구성주의 학습이론의 학습 활동은 교과서뿐만 아니라 다양한 학습 활동 자료를 활용한다.

넷째, 학습자들을 보는 관점에서 전통적 학습이론은 학습자들을 백지로 보고 어떤 그림을 그리는가에 따라 달라진다고 여긴다. 구성주의 학습이론에서는 학습자들의 생각을 중시하고 새로운 이론을 만들어 낼 수 있는 능력이 있다고 본다.

다섯째, 교수자의 역할에서 전통적 학습이론의 교수자들은 학습자들에게 정보를 제공하는 충실한 강의자이다. 구성주의 학습이론에서는 교수자들은 학습자들에게 적절한 환경을 제공하며 그들과 상호 소통하는 존재이다.

여섯째, 교수자의 강조점에서 전통적 학습이론의 교수자들은 학습자들에게 정확한 답을 요구한다. 구성주의 학습이론의 교수자는 학습자들이 획득한 개념을 이해하기 위하여 그들의 관점에 관심을 둔다.

일곱째, 평가에서 전통적 학습이론은 가르침과 평가를 분리된 개념으로 여기고 시험으로만 올바른 측정을 할 수 있다고 본다. 구성주의 학습이론에서는 학습자들에 대한 평가와 교수자들의 가르침은 서로 혼합된 것으로 인식하고, 학습자들의 전시, 발표, 포트폴리오 등을 종합적으로 측정한다.

구성주의 학습이론은 자기주도학습과 협동학습, 문제해결학습을 중심으로 실천된다. 첫째, 자기주도학습은 학습의 참여 여부와 목표 설정 및 교육 프로그램의 선정과 교육평가 등을 학

다문화 한국어 교육을 위한 한국문화 교육론

습자 스스로가 자발적으로 선택하고 결정하는 학습 형태이다. 이처럼 학습자 자신이 학습에 대한 전적인 주도권을 갖기 때문에 학습자의 역할이 매우 중요하다. 다시 말하면 교수자와 학습자의 관계가 지식 전달자와 수용자의 관계를 벗어나 상호 협력적이고 동반자적 관계로 전환된다. 학습자는 교수자와 상호 대등한 수평적 관계를 유지하며 학습 주체로서 학습활동 전 과정에 적극적, 자율적으로 참여하게 된다. 학습자가 학습 전반에 대한 지속적 점검과 목표를 달성하기 위해 끊임없이 노력할 때 학습의 가시적 성과를 낼 수 있다. 아울러 교수자의 칭찬과 조언 그리고 목표를 달성할 수 있다는 학습자의 긍정적 생각이 중요하다.

둘째, 협동학습은 4~6명으로 구성된 모둠원이 공동의 목적을 성취하기 위하여 협력하는 학습 형태이다. 모둠원과 함께 공동으로 학습활동을 수행할 때 지식과 경험의 구성이 효과적으로 형성된다. 학습 과정에서 개별적 탐구보다는 모둠원들끼리 공동의 사고과정을 통해 문제를 해결한다. 이러한 과정에서 학습자들은 서로 협력하게 되어 학습효과뿐만 아니라 극단적 개인이기주의를 극복하는 데에도 도움이 된다. 협동학습은 학습자들이 서로 이해하고 존중하며 학습 의욕을 높여 재미있는 수업을 가능하게 한다. 그리고 문제해결을 위한 대화와 토론 시간이 많아 의사소통 기술과 사회적 기술 발달에도 도움이 된다.

셋째, 문제해결 학습은 학습자들이 일상생활에서 경험한 문제를 해결하는 과정에서 반성적 사고의 작용으로 새로운 지식이나 능력 및 태도를 습득시키는 학습 방법이다. 바로우(Barrow)는 문제해결 학습은 학습자 중심으로 이루어지며, 소집단 안에서 일어나며, 교수자는 조언자 내지는 안내자이며, 문제는 문제해결능력을 개발시키는 수단이며, 새로운 정보는 자기주도 학습을 통해 획득되도록 하는 특징을 지녔다고 했다. 구성주의 이론에 근거한 문제해결 학습은 학습자들이 문제를 해결하면서 비판적 사고력과 협동기능을 향상할 수 있다. 학습자들에게 문제 상황을 주면 스스로 해결해야 할 목록을 작성하면서 문제해결 방안을 모색하게 된다. 학습자 개개인의 문제해결 과정이 끝나면 협동학습을 통하여 문제해결을 마무리하게 된다.

이상에서 살펴본 것처럼 구성주의 학습이론은 전통적 학습이론과 대조적인 모습을 보인다. 지금, 이 순간에도 지구는 돌아가고 있듯이 하늘 아래 고정된 것은 아무것도 없다. 한국어 교육 또한 시대적 흐름을 수용하지 않으면 안 된다. 구성주의 학습이론은 교수·학습이론뿐만 아니라 생활지도 영역이나 성취평가 부분 등에도 다양하게 적용할 수 있다. 이러한 이론이 교육 현장에 안착하기 위해서는 학교 구성원들의 인식 전환과 각고의 노력이 절실하다는 것은 두말할 필요가 없을 것이다.

② 문화 교육 수업모형

자기주도학습이 개인이 주체가 되어 수행하는 것이라고 하더라도 구체적인 학습의 상황 속에서 이루어지는 실제의 자기주도학습 과정에서 그 개인과 상호작용하거나 교류하는 다른 주체들도 어떠한 방식으로 영향을 미치고 있다고 볼 수 있으며, '협동적 구성성'이라는 것도 그러한 타인과의 상호작용을 전제하지 않고서는 진정한 의미의 학습을 생각하기 어렵다. 결국 이러한 생각을 더 발전시키면, 자기주도학습의 과정은 개인적이라기보다는 관련된 개인들이 협동적으로 실천하고 참여하고, 그럼으로써 서로에게 영향을 미침으로써 이루어지는 것이라고 이야기할 수 있다. (배영주, 2005 : 134)

학업능력이 부족하여 스스로 포기한 학습자들은 아무리 쉬운 문제를 수준에 맞추어 제시하여도 해결이 어렵다. 이들은 새로운 과제에 도전하거나 해결하는 것을 두려워한다. 협동학습은 이러한 학습자들을 수업에 집중시켜 공통의 목표를 공유하고 개별적인 책임을 질 수 있게 하는 학습법이다. 협동학습은 학습 효과뿐만 아니라 극단적 개인 이기주의를 극복하는 데에도 바람직한 교수·학습 방법으로 알려져 있다. (Spencer Kagan, 1999)

협동학습은 교수·학습 과정에서 같은 모둠원이라는 유대감으로 친밀감을 느끼며 서로를 존중하고 이해하는 폭을 넓히는 역할을 한다. 이러한 과정을 통해 의사소통 기술과 사회적 기술이 발전하며 긍정적인 자아개념과 학습자들의 숨어있는 다양한 재능을 개발할 수 있다. 아울러 학습문제 해결에 많은 도움을 받을 수 있다는 점. 혼자서 학습한 경우보다 많은 것을 학습할 수 있다는 점. 자신감과 도전에 필요한 기질, 성향, 태도 등이 개발된다는 점. 다른 학습자의 학습 방법을 관찰하고 배울 수 있다는 점. 자신과 타인에 대한 이해를 넓혀 협력적 태도를 형성하여 학습력 신장으로 이어질 수 있다는 점 등을 장점으로 제시할 수 있다.

반면에 과정보다 결과를 중시하는 습관이 생길 수 있다. 점. 잘못된 이해가 더욱 강화되는 경향이 있다는 점. 또래에게 의존하는 경향이 커질 우려가 있다는 점. 소집단 내에서 또래들보다 능력이 떨어지는 학습자의 경우에는 상호작용의 기회를 상실할 수도 있다는 점. 유능한 학습자가 알면서도 일부러 집단활동에 동참, 기여하지 않는 예도 있다는 점 등이 단점으로 지적되기도 한다.

그렇다면 협동학습은 기존의 경쟁학습, 개별학습, 전통적 소집단 학습의 개인주의적 성향을 극복할 수 있는 대안이 될 수 있다. 공동체의 일원으로 존재하는 학습자 모두는 학습동기를 부여받고 공동의 학습목표를 성공적으로 달성하기 위해 서로를 격려하고 도움을 아끼지 않는다. 따라서 교수·학습 중심의 인지적 영역뿐만 아니라 정의적 영역에까지 영향을 미치지 않을 수 없다. 이러한 협동학습이 성공적으로 궤도에 정착하기 위해서는 주기적으로 소집단을 재편성하고, 과목별로 소집단을 다르게 편성할 필요가 있다. 그리고 학습 집단 간의 부익부 현상을 방지하기 위하여 역할을 분담하거나, 집단보상을 강조하는 등 협동학습 기술 개발을 위한 부단한 노력이 요청된다.

자기주도적 문제해결 학습은 학습자들에게 제시된 문제를 해결하기 위해 개인이나 공동으로 문제해결 방안을 강구하는 것을 말한다. 문제를 해결하기 위해서는 자기주도적인 방법으로 개별학습과 협동학습을 통하여 가능하다. 이처럼 학습자들이 스스로 문제의 해결방안을 마련하는 과정에서 이루어지는 일련의 학습 방법을 자기주도적 문제해결 학습이라 명명할 수 있다.

자기주도적 문제해결 학습 능력을 기르기 위해서는 학습자 스스로 학습의욕을 가지고 학습 방법을 체득하여 자주적으로 학습해 나가는 힘이 있어야 한다. 이 말은 자율학습, 공부하는 방법의 학습, 주체적 학습, 문제 해결학습, 개별학습 자기 보충 학습 등의 개념을 포괄하는 개념이다. 학습자 스스로 자신의 수준에 맞는 학습목표를 설정하고 실천계획을 세워 학습해야 한다. 학습자 스스로 자료를 수집하고 분석, 종합 및 처리하여 자신의 학습 과정과 성취 상황을 반성하고 평가하는 능력이 있어야 하는 것이다.

남경희와 조용채(2001 : 215~218)는 문제해결 학습을 협동학습과 자기주도적 학습을 쉽고 구조적으로 실천할 수 있는 수업모형으로 보았다. 그가 주장한 문제해결 학습모형을 재구성하면 다음과 같다. 첫째, 문제해결 학습의 과정은 교수자 중심이 아니라 학습자 중심이 되어야 한다. 학습자는 외부 자극에 수동적으로 반응하는 존재가 아니라 능동적으로 참여하는 존재이다. 학습자가 문제를 해결할 수 있는 탐구력을 개발하고, 문제해결 과정에서 경험한 활동으로 유사한 문제를 체계적으로 해결할 수 있다.

둘째, 학습자의 지적 호기심, 흥미, 욕구 등이 발현되어야 한다. 학습자가 학습대상에 이러한 관심을 두는 것은 교수학의 기본과제이다. 교수·학습활동은 학습자의 흥미가 발현되어 그것이 노력과 상호 고양 및 조화가 되도록 진행되어야 한다.

셋째, 학습자의 선행지식이 활성화되고 새로운 지식과의 상호작용이 활발해야 한다. 선행지식에 해당하는 스키마는 정보를 받아들이기 위한 이상적인 지식구조를 형성해주고 판단력을 도우며 추론을 가능하게 하는 역할을 하는 셈이다.

넷째, 학습자의 자기주도학습능력을 개발해야 한다. 학습자 스스로 문제해결을 위해 노력하며 자기주도학습을 통하여 알아야 할 것을 알고, 알고 있는 것과 모르고 있는 것을 이해하고, 아는 것과 모르는 것의 간격을 이어주는 역할을 하게 된다. 문제해결과정은 사고과정이어야 하며, 사고과정은 여러 사고가 복합적으로 상호작용해야 한다. 학습자의 사고과정을 중시하면서, 학습자들 스스로가 문제를 발견하고 해결하는 방법을 길러주어야 한다.

다섯째, 학습자 자신이 스스로 사고에 대해 점검을 해야 한다. 사고의 효율성을 위하여 자신의 이해 정도를 점검하여 문제해결에 도움이 되도록 하는 것이 바람직하다. 이러한 과정을 통하여 학습자들은 문제를 해결하면서 구조화된 내용 이외의 새로운 내용을 획득하게 된다. 학습자들이 기대하지 않았던 수확을 하는 등 실제 체험학습을 통하여 해결된 문제가 오랫동안 기억되는 효과를 얻는다.

여섯째, 문제해결 학습에서는 다양한 자료의 활용이 이루어져야 한다. 자료는 문헌 자료뿐만 아니라 교수자의 언어, 지역

인사, 현장조사 자료, 시사 자료 등을 일컫는다.

일곱째, 학습자 간의 협력을 바탕으로 활발한 상호작용이 이루어져야 한다. 문제해결 과정은 동료와의 토론, 교수, 정보의 교환 등 활발한 상호작용의 과정이기 때문이다.

학습자들이 문제해결력과 문제해결 과정에 참여하는 것은 '공동체의 사건과 업무에 능동적으로 참여하기, 나 자신과 이웃, 공동체에 관하여 걱정하기, 개인적 재능과 기능을 공유함으로써 공동체에 기여하기, 자발적인 행동, 문제에 관하여 스스로 교육하고 토론에 참여하기, 투표하기, 봉사와 기부를 통해 다른 사람 도와주기' 등 민주시민으로서의 역할을 수행하는 것과 다르지 않다.(추정훈, 1997 : 347~367)

원론적으로 소설을 활용한 한국문화 교육에서 교수자의 강의 위주에서 벗어나 학습자의 자기주도적 활동을 통한 소설교육 방향으로 나아가야 한다는 것은 분명한 사실이다. 이러한 당위성에 대하여 강전희(2001 : 18~19)는 자신의 논문에서 다음과 같이 언급한 바 있다.

첫째, 문학교육의 체험적 속성에 기인한다. 문학은 학습자 스스로 체험하고 감동함으로써 얻어질 수 있는 것으로 설명하거나 암기한다고 되는 것이 아니기 때문에 교수자는 조력자로서만 남아야 한다는 것이다. 둘째, 소설 읽기의 본질적인 성격 때문이다. 소설 읽기는 본질상 상호 주관성의 속성과 같은 다의성을 띠고 있어서 학습자가 정해진 방법, 규범화된 해석보다는 해석과 감상의 다양성을 인정해야 한다. 셋째, 참된 작품 감상은 텍스트와 학습자의 진정한 만남이 되어야 한다는 측면에서도 학습자가 스스로 문제를 해결해 가는 과정이 중요하다. 교수자 주도의 강의식 수업은 과정보다는 결과에만 초점을 맞추는 것이어서 학습자들의 문학 학력에 대한 표준적인 등급 매김에는 좋으나 학습자의 참다운 이해에는 도움을 주지 못하기 때문이다.

소설을 활용한 한국문화 교육을 위해서 앞에서 논의한 구성주의에 입각한 자기주도적 문제 해결학습과 협동 학습이론에 기대어 다음과 같은 구성주의적 문제해결 수업모형을 구안할 수 있다.

〈구성주의적 문제해결 수업모형〉

학습 과정	교수·학습 활동
도입단계	· 학습동기 유발 · 학습목표 제시
문제 해결단계	· 문제탐구 계획 세우기 - 문제인지→자료해석→일반화 · 문제탐구 학습 - 다양한 방법으로 문제탐구하기 · 문제해결 방안 모색 - 개별학습이나 협동학습으로 문제해결 방안 모색하기 · 문제해결 학습 - 문제 유형에 적절한 학습 방법으로 문제해결하기
정리단계	· 학습 내용 정리 및 내면화 - 학습 내용 정리하기 - 감상문, 소감문, 편지, 이어쓰기, 고쳐 쓰기, 모국 상황과 비교하기 등을 통한 내면화하기

다문화 한국어 교육을 위한 한국문화 교육론

(가) 도입단계

첫째, 학습동기를 유발한다. 학습동기는 학습목표와 밀접한 연관성을 지닌다. 에이브러햄 해럴드 매슬로(Abraham Harold Maslow)는 인간의 욕구를 다섯 가지로 분류하고 있다. 그것은 생리적 욕구, 안전의 욕구, 소속과 애정의 욕구, 자존의 욕구, 자기실현 등의 욕구이다. 여기에서 보듯이 자기실현의 욕구가 가장 상위의 욕구에 해당한다. 따라서 학습자 개개인이 실현하고자 하는 자기실현의 욕구를 충족시키는 것이 학습동기 유발로 가장 적절하다. 학습자는 주어진 문제에 대하여 선지식과의 불일치를 인식하고 해결책을 찾아내려고 한다. 학습용어나 개념을 인식하고 역동적 문제 해결활동을 위하여 준비운동을 하는 단계이다. 교수자는 학습자에게 전시학습 내용을 다시 한번 상기시킨다.

둘째, 학습목표를 제시한다. 학습목표는 교수자가 직접 알려줄 수도 있고, 학습자에게 질문하여 학습목표를 스스로 발견하게 할 수도 있다. 학습목표가 한 시간의 수업을 좌우한다고 할 정도로 중요하다. 전체적인 학습목표가 학습자 개개인의 학습목표와 연관성이 있도록 제시해야 하며, 예화나 동영상 및 사진 자료를 활용할 수 있다. 학습목표는 다음과 같이 진술하도록 한다. 첫째, 학습목표는 학습 내용과 학습행동을 동시에 진술한다. 둘째, 학습 후에 기대되는 학습결과를 진술한다. 셋째, 가능한 조건, 상황, 준거 등을 포함한다. 넷째, 구체적이고 행동적인 용어로 진술한다. 다섯째, 하나의 학습목표에 하나의 학습결과를 진술한다. 이러한 조건에 맞추어 각 차시에 적절하게 선택·제시하도록 한다.

아울러 도입단계는 학습 유형에 따라 관련 정보를 공유하는 단계이다. 협동학습의 경우 과제 해결의 효율성을 위해 모둠을 편성한다. 모둠은 학습효과를 높일 수 있도록 다른 국가, 다른 성별이 균등하게 혼합될 수 있도록 이질적으로 편성하는 것이 바람직하다. 정지혜에 의하면 모둠 편성은 학습자의 한국어 실력에 따라 다음과 같은 방법으로 편성하기도 한다. 첫째, 수준이 비슷한 학습자 중심의 편성이다. 과제 수행 시 비슷한 장소와 비슷한 시간 내에 마쳐야 할 것이 아니면 좋다. 학습자들끼리 협력을 통해 문제를 해결하는 데 중점을 둔 과제일 경우에 적당하다. 둘째, 수준이 다른 학습자 중심의 편성이다. 비슷한 시간에 같은 결과물을 얻어야 할 경우에 잘하는 학습자와 그렇지 못한 학습자 간의 조화가 이루어져야 하기 때문이다. 교수자는 편성된 모둠원들이 체험학습이 끝날 때까지 함께 활동하며 과제를 해결할 수 있도록 책임감을 지니고 행동할 수 있도록 지도해야 한다.(정지혜, 2010 : 60)

(나) 문제 해결단계

문제 해결단계는 우선 문제탐구를 위한 계획을 세우고 다음으로 해결방안을 모색하는 순서로 진행한다. 첫째, 문제탐구를 위한 계획을 세운다. 일반적으로 탐구는 어떤 가설이나 신념을 입증하기 위하여 정보를 수집하거나 질문을 제기하고 자료나

이론을 조사하고 검토하는 행위를 말한다. 문제탐구는 문제를 해결하기 위한 기초적인 작업이다. 문제탐구 계획을 세울 때는 먼저 어떤 방법으로 탐구할 것인지 선택한 후, 탐구 방법에 맞는 체계적인 계획을 세우는 것이 중요하다. 탐구계획은 일반적으로 문제인지→자료해석→일반화 도출로 진행할 수 있다. 여기서 문제인지는 문제를 인지할 수 없는 불확실한 상황에서 문제를 인지해 내는 능력을 말한다. 그것은 학습자가 작품을 세밀하게 관찰하여 문제해결을 위한 정보를 찾는 활동이다. 자료해석은 문제해결에 적절한 작품을 가려내고 해석할 수 있는 능력을 의미한다. 가려낸 작품을 대상으로 공통적인 속성이나 특징에 따라 나누거나 순서를 정한다. 일반화 도출은 작품을 해석한 내용을 구체적이고 객관적인 기준에 따라 해당하는 문화적 요소에 삽입할 기준을 정한다. 이 기준은 연구자가 작품 해석 성과물의 객관성을 확보한다는 전제조건이 선행된 상태에서 가능하다.

둘째, 학습 문제를 탐구하기 위해서는 수립한 문제탐구 계획에 따라 실제로 탐구 활동을 진행하여 탐구 문제해결을 위한 다양한 방법으로 접근한다. 문제탐구를 위해서 교수자가 주도적으로 설명할 수도 있으나 학습자 스스로 아이디어를 생성하여 문제해결 전략을 탐색할 수도 있다. 교수자는 학습이 잘 이루어질 수 있도록 안내하며 학습 문제해결 방법에 대하여 설명한다. 그럴 뿐만 아니라 학습자 스스로 문제해결 전략을 탐색할 수 있도록 도와주는 역할을 할 수 있다. 핵심 내용이 주제와 벗어난 내용은 수정하고 필요한 내용이 삭제되어 있으면 추가하도록 유도한다. 문제해결을 위한 아이디어 생성은 교수자가 적절한 모델을 제시할 수 있으나 학습자 스스로 마인드맵이나 브레인스토밍을 통하여 정리할 수도 있다. 이때 교수자는 아이디어의 합의가 잘 이루어질 수 있도록 길라잡이 역할을 해야 한다.

이러한 과정을 통하여 문제탐구 계획이 완료된 다음 문제 해결단계로 들어가게 된다. 첫째, 문제해결 방안은 구성주의에 입각한 자기주도적 해결방안으로 접근한다. 문제해결을 위한 자기주도적 개별학습은 주어진 문제에 대하여 학습자 스스로 목표를 세우고 문제해결에 필요한 다양한 정보를 수집, 활용하여 문제를 해결하는 학습 형태이다. 개별학습은 협동학습에 선행된 단계에서 실시되는 학습으로 학습자는 학습 진행과정에 대하여 스스로 책임을 진다. 따라서 학습 과정에서 자발성·주도성·책임감 등과 같은 인성적 측면이 중요한 역할을 한다.

문제해결을 위한 자기주도적 협동학습은 학습자들이 협동하여 '학습하기 위한 준비→협동 팀 만들기→ 협동적 문제해결에 참여→협동적 문제해결→평가, 마무리' 과정으로 진행된다. 이러한 과정은 문제해결을 위한 자기주도적 개별학습과 달리 자기주도적 협동학습으로 이루어진다는 장점이 있다. 문제해결을 위하여 혼자 고민하지 않고 모둠별로 함께 문제를 해결함으로써 학습 문제뿐만 아니라 삶의 문제도 함께 더불어 해결할 수 있다는 자신감을 가지게 된다.

둘째, 문제 해결학습을 수행한다. 문제 해결단계는 교수·학습

모형 중에서 가장 중요한 부분으로 문제 탐구단계에서 확인된 학습 방법을 적용한다. 어떤 학습 방법을 적용하더라도 학습자 개개인의 사전지식이 활성화될 수 있는 분위기는 조성되어야 한다. 피아제는 사전지식을 스키마(Schema)라고 하여 새로운 경험이 내면화되고 이해되는 정신의 모델이나 틀로 정의하였다. 이 용어는 학습자의 친숙한 경험이 새로운 학습을 이해하는 데 어떻게 사용되는가에 초점이 맞추어진다. 사전지식이 높은 학습자가 낮은 학습자보다 문제해결력이 높은 경향을 보인다.

결국 이 단계에서는 자기주도적 개별학습이나 협동학습을 통하여 문제가 해결된다. 교수자는 개별학습을 수행 중인 학습자에게 학습 진행의 오류로 인하여 고립되지 않도록 보조자의 역할을 한다. 협동학습을 진행 중일 때는 특정 학습자가 의견을 독점하거나 소외되는 학습자가 없도록 관심을 가진다. 아울러 모둠별로 해결할 주제를 선택할 시에는 주제가 골고루 분산될 수 있도록 조정하는 역할도 수행해야 할 것이다.

(다) 정리단계

정리단계는 학습활동 성과물을 정리하고 내면화하는 단계이다. 내면화하는 방법은 문제해결 내용을 중심으로 새로운 문제에 학습자 개인이 적용해 보는 것이다. 다시 말하면 "문학 텍스트가 제시하는 의미의 최대치와 이해를 바탕으로 해석, 평가의 과정을 경유하는 인식 주체가 상호 소통하는 인지적 과정 그 자체가 곧 내면화이며, 그 과정을 가능한 한 정교하게 체계화하는 것이 내면화의 과정에 대한 교육적 장치라고 볼 수 있는 것이다. 따라서 인지적 영역과 정의적 영역에 따른 구분이 아니라 인지와 정의를 동시에 포괄하는 것으로 이는 문학을 통한 세계 파악의 학습적 과정이라고 할 수 있다."(우한용, 1993 : 82) 학습활동 성과물은 개인별로 제출할 수도 있고 모둠별로 제출할 수 있다. 이때 모둠별 제출의 경우는 개인별 활동 내용을 충분히 발표할 수 있도록 기회를 제공해야 한다.

학습자들은 작품을 감상하고 과제를 해결하는 내면화 과정을 수행하면서 각자 작품을 수용하고 느끼는 가치 기준이 다르다는 것을 알게 된다. 따라서 학습자들이 각자 느끼는 가치 기준에 따라 감상문이나 소감문 등의 글쓰기를 실시하면 내면화를 완성할 수 있을 것으로 판단된다. 특히 주인공에게 편지를 보낸다는 것은 독자와 주인공이 대화하는 것과 다르지 않다. 기존의 소설 감상에서는 작가가 써낸 작품을 독자가 일방적으로 감상하는 방법으로 진행되었다. 독자는 편지라는 소통 매체를 통하여 주인공과 소통하게 되고 올바른 소설 감상을 가능하게 한다.

독자가 작가와 소통하는 소설 감상법은 작품 속의 사회적, 문화적 경험을 체험하게 된다. 독자가 작가가 되어 작품의 주체가 되어보면서 기존에 느끼지 못했던 경험을 한다. 작품을 있는 그대로 바라보는 것이 아니라 작품의 내용을 독자의 삶의 문제로 내면화시키는 것이다. 그런 의미에서 내면화는 소설을 통한 문화 교육을 마무리하는 과정으로 매우 중요한 작업이다. (홍석범, 2005 : 74)

소설 이어쓰기는 길이 끝난 곳에서 다시 여행이 시작된다는 말에서 출발한다. 작가가 작품 창작을 끝내고 마침표를 찍었지만, 독자는 작품이 마무리되었다고 여기지 않는다. 작가가 작품을 끝낸 지점에서 독자들은 작가를 대신하여 작가가 된다. 다시 말하면 작가가 작품을 끝낸, 독자가 작가가 되는 지점이 독자와 작가가 상호 소통하는 공간이 되는 것이다. 그만큼 작품 감상에서 독자의 역할이 커지고 있다는 것을 보여준다.(김재국, 2001 : 214~228)

정전이란 텍스트에 작가의 이름을 명시하고 변형을 허용하지 않은 그 자체를 의미한다. 최근에는 이어쓰기뿐만 아니라 고쳐쓰기 등 독자와 작가가 함께 하는 집단창작 형식으로 발전하고 있다. 정전의 의미와 작가에 대한 권위 및 언어의 고정성을 거부하는 양상을 띤다. 과거의 독자는 작가의 작품을 대할 때 부지불식간에 작가의 명성이나 권위의 지배를 받아온 것이 사실이다. 그러나 독자와 작가의 경계가 해체된 상황에서 작가의 명성이나 권위를 발견하기는 어렵다. 새로운 형식의 창작법은 작품에 대한 가치 평가나 감동을 더욱 불확정적으로 만드는 열린 형식 구조를 지닌다. 이러한 형식은 학습자 개인이나 모둠별로 상상력을 발동하여 창의적인 글쓰기를 가능하게 하는 장점이 있다.

이상과 같이 정리단계의 내면화 과정은 학습자의 감상이나 느낌을 정리한 감상문을 작성하거나 편지 등을 통하여 이루어진다. 아울러 이어쓰기나 고쳐 쓰기 및 학습자의 모국 상황과 비교하기 등을 할 수도 있다. 교수자는 모둠별 현장 체험학습 결과를 학습목표와 비교, 검토하고 학습자들에게 피드백하는 것을 잊어서는 안 된다.

3부

소설을 활용한

한국문화
교육 방안

이 책은 소설을 활용한 한국문화 교육에서 학습이 가능한 학습 등급을 선정하기 위해서 한국어능력시험(TOPIK : Test Of Proficiency In Korean)에서 제시한 기준을 따르고자 한다. 한국어능력시험의 일반 한국어능력시험(Standard TOPIK, S-TOPIK)은 한국어를 모국어로 하지 않는 외국인 및 재외동포들에게 한국어의 학습 방향을 제시하고 한국어 보급을 확대하는 데 목적이 있다. 아울러 그 결과를 국내·외 대학에의 유학, 기업체 취업 등에 활용한다. 특히 S-TOPIK은 한국문화 이해 및 유학 등 학술적 성격에 필요한 한국어 능력을 측정·평가하고 있다. 다시 말하면 한국어능력시험의 시행을 통하여 한국어 교육 능력의 표준적 기준점을 제시하겠다는 것이다.

따라서 이 책에서는 한국어능력시험의 일반 한국어능력시험 고급 5~6급 단계에 응시할 수 있는 수준의 성인을 학습 대상자로 선정한다. 이 정도의 고급 수준의 학습 대상자는 전문 분야의 연구나 업무 수행에 필요한 언어 기능을 수행하며, 정치·경제·사회·문화 전반에 걸쳐 친숙하지 않은 소재에 관해서도 이해하고 표현할 수 있다. 그뿐만 아니라 공식적, 비공식적 맥락과 구어적, 문어적 맥락에 따른 언어를 구분하고 기능 수행이나 의미 표현이 가능하기 때문이다.[2] 무엇보다도 한국 사회 문화에 대한 정서적 공감대가 형성되어 있으므로 소설작품의 교육이 가능한 것으로 판단된다.

소설을 활용한 한국어 교육에서 어떤 작품을 선정하여 교육할 것인가는 매우 중요한 작업이다. 어떤 작품을 선정하느냐에 따라 학습 효과가 있을 수도 있고 없을 수도 있기 때문이다. 작품선정에 대하여 연구자마다 다양한 의견을 제시하고 있으나 이 책에서는 윤영(1999 : 43~46)과 나정선(2008 : 118~119)의 연구에서 공통으로 제시한 견해를 참조하여 원용하고자 한다.

첫째, 한국문화의 특성을 보여 주는 작품 : 한국어 교육에서 한국문화의 특성을 보여 주는 작품으로 교육하는 것은 지극히

---

2 · 고급 / 5급
　- 전문 분야에서의 연구나 업무 수행에 필요한 언어 기능을 어느 정도 수행할 수 있다.
　- '정치, 경제, 사회, 문화' 전반에 걸쳐 친숙하지 않은 소재에 관해서도 이해하고, 표현할 수 있다.
　- 공식적, 비공식적 맥락과 구어적, 문어적 맥락에 따라 언어를 적절히 구분해 사용할 수 있다.
　· 고급 / 6급
　- 전문 분야에서의 연구나 업무 수행에 필요한 언어 기능을 비교적 정확하고 유창하게 수행할 수 있다.
　- '정치, 경제, 사회, 문화' 전반에 걸쳐 친숙하지 않은 주제에 관해서도 이해하고 표현할 수 있다.
　- 원어민 화자의 수준에는 이르지 못하나 기능 수행이나 의미 표현에는 어려움을 겪지 않는다. (한국어 능력시험 홈페이지)

당연하다. 한국인의 삶의 모습과 생활을 담은 작품을 제시하여 학습자들에게 한국의 참모습에 다가가도록 한다.

둘째, 주어진 시간에 소화할 수 있는 현대 작품 : 처음부터 구조적으로 복잡한 장편소설로 교육하기보다는 주어진 시간 내에 학습자들이 소화할 수 있는 단편소설로 접근해야 한다. 아울러 현대소설은 고전소설보다 어휘 사용 면에서 학습자들에게 친밀감이 더 강하여 소통적 측면에 유리하다는 장점이 있다.

셋째, 언어적 표현의 풍부성과 다양성이 있는 작품 : 문학적 언어는 생래적으로 다의적으로 해석되는 경향이 많다. 이러한 특성을 살려 언어적 표현의 풍부성과 다양성이 있는 작품을 선택하는 것이 바람직하다.

넷째, 문학적 가치가 있고 학습자에게는 흥미가 있는 작품 : 문학적 가치가 있으면서도 학습자에게 흥미를 줄 수 있는 작품이 효율적이다. 문학작품의 흥미성은 교훈성과 더불어 매우 중요한 문학적 기능으로 인식된다.

다섯째, 현대사회의 한 특징인 매체의 발달을 적극적으로 수용한 작품 : 현대는 다매체 시대로 일컬어진다. 문학작품이 이러한 매체의 발달을 적극적으로 수용해야 한다. 형식적으로 문학작품을 다양한 매체를 통해 독서할 수 있게 하거나 내용상으로 다양한 매체를 적극적으로 수용하는 작품이 좋다.

여섯째, 학습자들의 언어능력을 고려하고 한국어 용법의 표본이 될 수 있는 문장이 포함된 작품 : 문학작품이 학습자들의 언어능력보다 높거나 낮으면 학습효과를 제대로 낼 수가 없다.

학습자들의 언어능력에 적절한 작품을 선택하고 한국어 사용법의 모범이 될 수 있는 문장으로 구성된 작품을 선택해야 한다.

일곱째, 한국인의 사고방식이 전형적으로 나타나 있으며 시간과 공간을 초월하는 보편적인 주제를 다루고 있는 작품 : 소설을 활용한 문화학습이므로 한국인 사고방식의 전형을 보여주는 작품이 좋다. 목표어의 사고방식을 정확하게 알아야 목표어를 정확하게 사용할 수 있기 때문이다. 아울러 시간과 공간을 초월하여 인류의 보편적인 주제를 다룬 작품이 학습자들의 이해를 돕는 데 도움이 된다.

이 책에서 선정한 단편소설 「운수 좋은 날」, 「숨 쉬는 영정」, 「일용할 양식」 등은 앞에서 말한 것처럼 각각 1920년대, 1950년대, 1980년대를 시대적 배경으로 하고 있다. 30년은 한 세대로 사전적으로는 어린아이가 성장하여 부모 일을 계승할 때까지의 기간을 일컫는다. 본 연구에서는 각각 한 세대를 기준으로 한 작품씩 선정하였다. 1920년대부터 1980년대까지의 60여 년은 한국의 근현대사를 관통하고 있는 시대적 의미를 내포하고 있다. 그럴 뿐만 아니라 시대별로 30년마다 한국 역사상 가장 중요한 사건, 즉 일제강점기, 한국전쟁, 산업화시대 등이 있는 것이다.

1920년대에는 일제강점기로 한국이 일본제국주의에 의하여 국권을 강탈당하고 식민통치 지배를 받았다. 한국 역사 이래 가장 크고 아픈 상처를 입은 치욕적인 시대인 것이다. 당시 일본은 한국 민족 말살정책과 식민지 수탈정책을 시행하였다. 이러한 정책은 당시 서구 제국주의의 식민지 정책과는 많은 부분 달랐다. 서구 제국주의는 사회·경제적 수탈은 추진했지만, 피지배 민족의 민족 보존은 인정하였다. 일본제국주의는 사회·경제적 수탈은 기본이고 민족 말살정책을 강행하는 가장 악랄하고 무단적이며 폭압적인 정책을 집행하였다.

1950년대에는 민족상잔의 비극인 한국전쟁이 발발하였다. 한국은 1945년 2차 세계대전 이후에 일본으로부터 해방되었다. 그러나 38선을 경계로 남북한이 갈라지고 1950년 6월 25일 새벽에 북한 공산군이 남침을 감행하면서 한국에서 전쟁이 일어난 것이다. 한국전쟁은 1953년 종전되기까지 우리에게 수많은 피해 입혔다. 3여 년 기간에 수많은 사상자와 이산가족, 전쟁고아를 양산하였다. 경제적으로는 전 국토가 폐허로 변했으며 산업 시설의 대부분은 파괴되고 농업 생산이 어려워져 식량이 부족했으며, 수많은 공장과 도로, 철도의 파괴로 공업 생산량도 크게 줄어들었다. 해방 후 임시로 만들었던 38도선은 휴전선으로 굳어지고, 남북한의 적대적 감정이 높아져 남북 분단은 고착화되어 갔다.

1980년대에는 일제강점기와 한국전쟁이 끝난 후 산업화시대로 경제 발전에 박차를 가하던 시대이다. 1985년의 한국 인구는 4,000만을 넘어섰으나 산업화로 인하여 이농현상이 심화하면서 농업인구는 줄고 도시 산업노동자의 숫자는 급속도로 증가했다. 70년대 말부터 외국 농축산물이 대량으로 수입되어 농민들의 삶은 피폐했다. 80년대 한국의 농업과 농민의 상황은 안으로는 농업 경시, 밖으로는 수입개방이라는 이중고의 고통을 겪었다. 이러한 와중에 농가부채가 증가하면서 과거의 절대적 빈곤 상태와는 다른 상대적 빈곤상태에 허덕이게 된다. 그렇다고 도시로 이주한 농민들의 삶도 별반 다르지 않았다. 당시 수출 신장으로 국민소득은 향상되었지만, 도시로 이농한 농민들에게는 도시빈민이라는 새로운 명칭이 부여되었다. 80년대는 급속한 사회적 변화와 더불어 사회적인 갈등이 동시에 표출되었을 뿐만 아니라 물질만능주의에 기인한 개인 이기주의가 팽배한 시대였다.

1.
1920년대 「운수 좋은 날」 교육 방안

(1) 일제강점기와 궁핍한 삶

① 일제강점기와 궁핍한 삶

일본은 1876년 강화도 조약 후 '한국'[3]을 무력으로 식민지를 지배화하기 위해 장기적인 계획을 수립하였다. 이후 1905년 러일전쟁에서 승리하고 한국의 침략을 가시적으로 표출하였다. 일본은 엄연한 주권국인 한국을 무시하고 영일 동맹 및 태프트-가쓰라 밀약(Taft-Katsura Agreement)을 체결하여 본격적으로 침략을 시도한 것이다. 1905년에는 을사늑약으로 한국의 외교권을 박탈하고 1910년에는 한일합방조약이 강압적으로 맺어지면서 한국은 일본에 편입되고 만다. 이로 말미암아 한국은 일본의 식

---

3   당시 한국의 국호가 '조선, 대한제국' 등이 혼용되었으나 이 책에서는 혼란을 방지하기 위해
    현재의 관점에서 보아 '한국'으로 통일하여 서술함.

민지가 되어 식민통치 기구인 조선 총독부에 의해 1945년까지 치욕의 식민지 지배를 받게 된 것이다.

일제강점기의 일본은 효율적인 식민지 통치를 위한 탄압, 영구 예속화를 위한 민족 고유성의 말살과 철저한 경제적 수탈 등의 식민통치 정책을 감행하였다. 이러한 식민통치 정책은 정책 변화 시기에 따라 제1기 무단정치시대(1910~1919), 제2기 문화정치 시대(1919~1931), 제3기 병참기지화 및 전시동원시기(1931~1945) 등으로 분류된다.[4]

제1기 무단정치기는 조선총독이 강력한 군사경찰(헌병)과 경찰력을 배경으로 철저한 무단 강압정책을 편 식민지 지배체제를 굳히는 기초 작업을 한 시기이다. 경제적으로 일본은 한국을 자신들의 식량과 원료 공급 및 상품의 독점시장으로 개편하기 시작하였다. 토지조사 사업을 명목으로 농민들의 토지를 강탈하여 동양척식회사로 넘겼다. 이로 말미암아 대부분 농민이 토지를 잃고 유랑하거나 소농으로 전락했다. 아울러 급속한 개혁과 가혹한 수탈로 농민들은 궁핍함을 면치 못하고 고통의 나락으로 빠져들게 된다.

제2기 문화정치기는 일본이 한국인의 3·1운동에 위협을 느껴 기존의 '무단정치'보다는 '문화정치'를 내세우고 고도의 민족분열정책을 편 시기이다. 경제적으로는 기초적 정책을 넘어 한국경제를 붕괴하여 일본경제에 종속시키려는 정책을 시도하였다.

4　이 책에서는 역사적 사실이나 용어 및 개념을 서술하는 경우 다음과 같은 사전을 참조함.(네이버 지식백과, 두산백과, 한국민족문화대백과, 위키백과)

그러다 보니 일본은 수탈체제를 더욱 강화하고 산미증식계획으로 일본의 식량을 한국의 식량 수탈로 해결하려 하였다. 이 계획에서 증식계획은 실패하였으나 미곡 수탈량은 목표대로 집행되었다. 따라서 한국 농민은 굶주림에서 벗어나기 위해 쌀을 팔아 만주에서 들어온 값이 싼 잡곡을 사 먹을 정도였다. 지속적인 일본의 수탈로 한국 농민들은 굶주림에서 벗어날 길이 없었다. 이러한 고통 속에서 수많은 농민이 노동자나 도시빈민으로 전락하거나 화전민이 되었다. 일부는 유랑의 길을 떠나 일본이나 중국으로 이주하는 신세를 면치 못하였다.

제3기 병참기지화 및 전시동원기의 일본은 1931년 만주사변, 1937년 중·일전쟁을 도발하여 한국을 대륙침략의 병참기지화 하였다. 경제적으로는 총독부 총원령에 의해 산미증식계획이 제재되고 미곡 공출제가 시행되었다. 미곡 공출제는 1930년대 이후 일본이 태평양 전쟁을 계획하면서 전쟁 물자를 준비하기 위해 시행한 제도이다. 현재의 어음과 유사한 수표를 발행하여 쌀을 받는 조건으로 지불하고 나중에 이자를 쳐서 돌려준다는 위선적 형식을 갖추었다. 1944년 이후에는 강제 공출이 시작되어 개인당 지정된 양의 쌀을 강제적으로 강탈했다. 이에 따라 한국 민중들은 식량을 배급받는 사태가 벌어지게 된다. 특히 1941년 태평양 전쟁을 시작하면서 한국의 인력과 물자를 강제 동원하여 수탈이 더욱 심해져 한국 농민의 궁핍함은 말로 표현할 수 없을 정도였다.

이러한 시대적 상황에서 「운수 좋은 날」의 김 첨지 또한 궁핍함을 면치 못하는 신세로 전락할 수밖에 없었다. 김 첨지의 직업이 처음부터 인력거꾼은 아닌 것으로 판단된다. 당시 국민 대부분이 그러했듯이 김 첨지 또한 평범한 농민이었을 것이다. 그러나 주지하듯 일본에 의하여 토지를 강탈당하고 유랑민이 되어 해외로 나가거나 노동자나 도시빈민으로 전락하는 사람이 많았다. 이러한 상황에서 하루의 끼니를 제대로 해결하기도 어려운 김 첨지는 인력거를 끌게 된다. 김 첨지 선택한 인력거꾼은 굶주림을 면하기 위해 임시로 선택한 직업에 불과하다는 것을 알 수 있다.

② 일제강점기를 통한 역사문화 교육

㉠ 도입단계

첫째, 학습동기를 유발한다.
- 운수 좋았던 경험을 자발적으로 발표할 수 있도록 유도한다.
둘째, 학습목표를 제시한다.
- 소설의 소재를 찾아 1920년대 역사문화적 배경을 추측할 수 있다.
- 김 첨지의 경제적 형편을 알 수 있다.
- 소설을 통해 작가가 하고자 하는 말이 무엇인지 설명할 수 있다.
- 소설을 읽고 감상문을 작성할 수 있다.

ⓒ 문제 해결단계

첫째, 1920년대의 시대적 상황을 나타내는 소재를 찾아보자.

앞에서 설명한 것처럼 1920년대는 일제강점기 제2기 문화정치기에 해당한다. 일본은 3·1운동을 통하여 한국인의 단결된 힘에 대한 위협을 느끼게 된다. 그래서 그간의 정책인 무단정치에 한계를 실감하고 한국인의 문화와 관습을 존중한다는 명목의 문화정치로 전환하여 민족분열정책을 시도한다. 그들은 한국인을 회유하기 위해 교육의 기회를 확대하겠다고 선전하였으며 한글 신문 간행을 허가하기도 했다. 일본인 중심으로 임명되던 총독부 관리에 한국인을 임명하고, 헌병 경찰제를 보통 경찰제로 교체하여 탄압을 축소하는 모습을 보였다. 그러나 그것은 친일파를 육성하여 한국인의 단결력을 억제하고 독립운동을 저지하려는 정책에 불과하였다.

이처럼 일본의 수탈 방법이 지능적으로 변모하면서 한국인은 더욱 궁핍한 생활을 할 수밖에 없었다. 현진건은 한국인의 궁핍한 삶을 「운수 좋은 날」 발단 부분에서 잘 서술하고 있다. 그것은 "새침하게 흐린 품이 눈이 올 듯하더니 눈은 아니오고 얼다가 만 비가 추적추적 내리었다."(현진건, 2008 : 143)라는 날씨로 표현하였다. 겨울인데도 불구하고 눈이 내리는 것도 아니고 얼다 만 비만 추적추적 내리는 것이다.

눈은 차가운 의미를 지니고 있긴 하지만 순수하고 깨끗하며 포근한 이미지를 동반한다. 그러나 겨울비가 추적추적 내린다는 것은 분위기를 더욱 음산하게 만들 뿐이다. 이 비는 소설이 마무리될 때까지 지속해서 내리고 있다. 작가는 일제강점기의 한국에 겨울비가 구질구질 내리는 모습을 통하여 음산한 분위기를 연출하였다. 아울러 이러한 시대를 살아가고 있는 인력거꾼 김 첨지를 통해서 도시 변두리에서 살아가고 있는 하층민의 절망스러운 삶의 모습을 사실적으로 보여 주고 있다.

이 날이야말로 동소문(東小門) 안에서 인력거꾼 노릇을 하는 김 첨지에게는 오래간만에도 닥친 운수 좋은 날이었다. 문안에(거기도 문밖은 아니지만) 들어간답시는 앞집 마나님을 전찻길까지 모셔다 드린 것을 비롯하여, 행여나 손님이 있을까 하고 정류장에서 어정어정하며, 내리는 사람 하나하나에게 거의 비는 듯한 눈길을 보내고 있다가, 마침내 교원인 듯한 양복쟁이를 동광 학교(東光學教)까지 태워다 주기로 되었다. (현진건, 2008 : 143)

먼저, 인용문에 등장하는 인력거를 지적할 수 있다. 인력거는 사람을 태우고 사람의 힘으로 움직이는 수레이다. 두 개의 바퀴 위에 사람이 타는 자리가 있고 그 위에 포장을 둘러씌워서 비나 바람을 막았다. 인력거는 1894년 일본인에 의해 수입하여 영업함으로써 처음 선을 보였다. 인력거는 서울뿐만 아니라 부산·평양·대구 등 지방도시에까지 급속도로 보급되었다. 초기에는 관리·중산층·노약자·기생 등이 가마를 대신하는 교통수단으로 많이 이용하였다. 초기의 승객은 일본인이 대부분이었으나 한국인 승객들도 점차 늘어났다. 특히 기생들의 요긴한 교통수단으로 애용되었다. 양반집 규수나 부인들이 이용할 때는 기생으로 오해받지 않으려고 인력거 앞의 포장을 내려서 활용하기도 하였다.

인력거꾼은 처음에는 일본인이었으나 점차 한국인으로 바뀌었다. 요즘으로 말하면 택시기사나 대리운전 기사에 비유될 수 있다. 이들은 지리에 밝았으므로 도시 초행자들에게 매우 유용한 역할을 하였다. 이러한 역할로 인하여 인력거는 대중교통 수단으로 자리를 잡아갔다. 인력거 조합도 생겨나 현재의 콜택시처럼 전화를 걸어 이용하기도 하고 부유층에서는 자가용 인력거를 두기도 하였다. 1930년대에는 각 신문사에도 자가용 인력거를 두고 활용할 정도였다. 인력거를 운전하는 인력거꾼 외에 '두패지른다'라는 인력거를 미는 사람이 있었다. 그러니까 인력거를 급행으로 하는 사람들을 위해서 인력거꾼이 앞에 끌고, 두패지른다는 뒤에서 미는 형식이다. 인력거꾼은 달리기를 잘해서 운동회에 참가하여 일등을 하기도 했다는 기록도 있다.

당시 인력거꾼은 독립운동가의 연락책을 맡은 경우도 있었기 때문에 함부로 대할 수 없었다. 그러나 대부분 인력거꾼의 사회적 지위는 매우 낮았고 수입도 지나치게 영세하였다. 따라서 인력거부 조합을 결성하기도 했으나 근무조건이 크게 개선되지는 않았다. 또한 요금 시비가 많아 인력거 승차표를 발매하기도 하였다. 그러나 택시 형식의 임대 승용차의 등장으로 인하여 사양길로 접어들었다. 인력거는 광복 이후 점차 자리를 감추었으나 일부 도시에는 한국전쟁 이후까지 운행되기도 했다.

그야말로 재수가 옴붙어서, 근 열흘 동안 돈 구경도 못한 김 첨지는 십 전짜리 백동화 서 푼 또는 다섯 푼이 '찰각' 하고 손바닥에 떨어질 때, 거의 눈물을 흘릴 만큼 기뻤었다. 더구나, 이 날 이 때에 이 팔십 전이라는 돈이 그에게 얼마나 유용한지 몰랐다. (현진건, 2008 : 143)

다음으로, 인용문에 제시된 '십 전짜리 백동화 서 푼 또는 다섯 푼'이라는 한국의 화폐 단위를 들 수 있다. 당시 한국의 화폐는 원(元)과 냥(兩)이라는 두 단위가 혼용되고 있었다. 정부 부문의 화폐는 거의 원(元) 단위가 사용되어 '1元 = 100錢 = 1,000厘'라는 화폐 산식이 적용되고 있었다. 그러나 민간 부문에서는 엽전이 널리 유통되고 있었는데 주로 '1냥 = 10전 = 100푼'이라는 화폐 산식이 사용되고 있었다. 그러니까 인용문에서 김 첨지가 번 '팔십 전'은 1원도 되지 않는 적은 돈이라는 것을 알 수 있다. 화폐 단위인 원은 한자 '圓'의 '둥글다'라는 뜻에서 유래한 것이다.

한국의 화폐는 물물교환을 대체하는 결제수단으로 신라시대부터 사용되었다. 고려시대 996년에는 건원중보를 철로 주조하였다는 기록이 있으나 일반적인 교환수단으로 널리 사용된 것은 포화(布貨)나 곡화(穀貨), 특히 미화(米貨)였다. 조선시대에는 조선통보를 발행했으나 일정한 화폐단위가 확립되지는 못하였다.

그러나 조선후기 1633년 상평통보를 주조한 후 널리 통용되어 화폐단위가 확립되었다. 18세기에 들어와서는 국경지방을 제외하고는 상평통보가 전국적으로 일반적인 교환수단으로 유통되었다. 상평통보는 흔히 엽전(葉錢)이라고 불리게 되었는데, 동전에는 '상평통보(常平通寶)'라는 각자(刻字)가 있고, 1문(文)의 무게는 2돈[錢] 5푼[分]이다. 100문은 1냥(兩)이 되고 10냥은 1관(貫)이 된다는 화폐산식(貨幣算式)이 정해져 있었다.

1876년 개항 후 1883년 7월에는 상설 조폐 기관인 전환국(典圜局)이 설립되었다. 1886년에는 전환국이 독일에서 신식 조폐 기기를 수입하여 1887년 10월 경성전환국(京城典圜局)이 새로 발족하였다. 1892년에는 경성전환국을 인천으로 이전하였으며, 인천전환국에서 제조된 화폐는 5냥 은화, 1냥 은화, 2전 5푼 백동화, 5푼 적동화, 1푼 황동화 등 5종이었다.

그러나 1894년 7월 11일 전환국은 일본의 강요로 폐지되고 '신식화폐발행장정'이 공포되어 은본위제도를 채택한다. 이때 '1냥 = 10전 = 100푼'이라는 십진법에 따른 화폐산식이 정해졌는데, 기본적인 화폐 단위는 냥이었다. 그리고 본위화폐는 5냥 은화(엽전 500문) 하나밖에 없었으며 대외 거래에 사용하기 위한 것이다. 보조화폐로는 1냥 은화(엽전 100문), 2전 5푼 백동화(엽전 25문), 5푼 적동화(엽전 5문), 1푼 황동화(엽전 1문) 등이 정해져 있었다. 그러나 '신식화폐발행장정'은 제정 동기와 내용 및 운영상에도 불합리한 문제점이 많아 사회경제적 혼란을 초래하여 1901년에 폐지되었다.

1945년 8·15광복 이후 인플레이션이 급진적으로 진행되었으며 한국전쟁 이후 경제가 혼란에 빠져 1953년 2월 24일에 '1953

년의 통화개혁'을 단행하게 되었다. 이때 한국은 일본의 원(圓)이라는 화폐 단위를 폐기하고 과거 화폐 단위인 환(圜)을 되찾게 되었다. 이 개혁에서 신화와 구화의 교환비율은 '1 : 100'이었으며, '1환(圜) = 100전(錢)'이라는 화폐산식이 채택되었다.

이후 1962년의 '통화개혁'에 따라 한국은 역사 이래 처음으로 한글로 된 '원'이라는 화폐 단위를 채택하게 되었다. 이 개혁은 제1차 경제개발5개년계획의 산업자금을 조달하기 위하여 단행되었다. 일반적으로 한 나라의 화폐는 곧 그 나라의 국력을 나타낸다. 한국이 '원'이라는 화폐 단위를 채택한 이후 경제 발전을 이룩할 수 있었다. 따라서 현재의 '원화'는 국제경제나 국제금융에서 확고한 지위를 차지하게 되었다.

현재 한국에서 사용되는 화폐는 주화와 지폐로 나누어진다. 주화의 앞면에는 1원은 무궁화, 5원은 거북선, 10원은 다보탑, 50원은 벼 이삭, 100원은 충무공 이순신, 500원은 학 등이 새겨져 있다. 지폐는 1,000원권은 퇴계 이황, 명륜당, 매화(앞)/ 계상정거도(뒤), 5,000원권은 율곡 이이, 오죽헌과 오죽(앞)/ 신사임당 초충도(수박과 맨드라미)(뒤), 10,000원권은 세종대왕, 일월오봉도, 용비어천가(앞)/ 혼천의(뒤), 50,000원권은 신사임당, 묵포도도(墨葡萄圖), 초충도수병의 가지 그림(앞)/ 월매도, 풍죽도(뒤) 등이 그려져 있다.

둘째, 김 첨지의 경제적 형편을 추측해 보자.

「운수 좋은 날」에 의하면 김 첨지 아내는 병석에 누운 지 보름이 지났다. 아래 인용문에서 보듯이 아내는 반듯이 누워있을 뿐 세로나 모로도 눕지 못하며 병명도 알지 못하는 중병에 걸렸다. 병석에 누운 지 보름이 지나도 의사의 진찰을 받아보기는커녕 약 한 첩 써 본 일이 없다. 김 첨지는 곡식 중에 가장 값이 싼 종류의 하나인 조로 지은 조밥도 제대로 먹지 못하는 형편이다. 그러다 보니 환자에게 약을 쓴다는 것은 생각하기 어려울 수밖에 없다.

> 그의 아내가 기침으로 쿨룩거리기는 벌써 달포가 넘었다. 조밥도 굶기를 먹다시피 하는 형편이니, 물론 약 한 첩 써 본 일이 없다. 구태여 쓰려면 못 쓸 바도 아니로되, 그는 병이란 놈에게 약을 주어 보내면 재미를 붙여서 자꾸 온다는 자기의 신조(信條)에 어디까지 충실하였다. 따라서, 의사에게 보인 적이 없으니 무슨 병인지는 알 수 없으되, 반듯이 누워 가지고, 일어나기는커녕 세로에 모로도 못 눕는 걸 보면 중증은 중증인 듯. (현진건, 2008 : 144)

주지하듯 김 첨지 아내의 병이 심해진 것은 김 첨지가 사다 준 조로 지은 조밥을 먹고 체한 것 때문이다. 아내는 조를 사다 주자 냄비에 넣고 끓이다 다 익지도 않은 것을 먹다가 체했다. 그는 다 익지도 않은 조밥을 숟가락도 아닌 손으로 허겁지겁 허기진 배를 채우려 했다. 김 첨지 입장에서 안타깝지 않을 수가 없다. 궁핍함으로 인해 굶는 것을 밥 먹듯이 하던 아내가 이제는 먹다가 병까지 들었으니 아이러니한 일이 아닐 수 없다. 아내는 병석에 누워있으면서도 설렁탕 국물이 마시고 싶다고 한다. 김 첨지는 "조밥도 못 먹는 년이 설렁탕은"이라고 말하지만, 속마음은 다르다. 집 안의 가장으로서 병든 아내에게 설렁탕 한 그릇 사 줄 형편이 되지 못하는 자신이 한없이 미운 것이다.

> 온 턱과 뺨을 시커멓게 구레나룻이 덮였거늘, 노르탱탱한 얼굴이 바짝 말라서 여기저기 고랑이 파이고, 수염도 있대야 턱 밑에만, 마치 솔잎 송이를 거꾸로 붙여 놓은 듯한 김 첨지의 풍채하고는 기이한 대상을 짓고 있었다. (현진건, 2008 : 151)

위의 인용문은 작품에 유일하게 등장하는 김 첨지 외양을 묘사한 부분이다. 김 첨지의 턱과 뺨에는 구레나룻이 덮였지만, 얼굴은 바짝 말라 환자를 연상케 한다. 그럴 뿐만 아니라 얼굴에 주름이 많고 턱밑 수염은 솔잎 송이를 거꾸로 매달아 놓은 듯한 모습으로 묘사된다. 사실 김 첨지의 아내는 병석에 누워 꼼짝을 못하는 환자이지만, 김 첨지 또한 움직이는 환자와 다를 바가 없다.

이처럼 비참한 상황은 일제강점기라는 궁핍한 시대적 현실에 기인하고 있다고 볼 수 있다. 이러한 시대적 현실이 김 첨지를 무능력하게 몰아갔으므로 궁핍한 생활상을 벗어날 수가 없었다. 우리는 김 첨지의 모습을 통해서 일제강점기에 한국인 겪었던 비극적인 삶의 모습을 실감하게 된다. 운수 좋은 날로 표현되는 그날도 김 첨지는 병석에 누워 오늘 죽을지 내일 죽을지도 모르는 아내를 두고 돈벌이에 나섰다. 아내가 오늘은 제발 나가지 말라고 하는 손을 뿌리치고 돈벌이에 나올 수밖에 없었다.

「운수 좋은 날」에서 작품의 처음부터 마무리되는 부분까지 겨울비는 지속해서 추적추적 내리고 있다. 겨울비는 일제강점기의 식민지 지배 체제에 있던 암울한 한국의 모습을 보여 주는 것이다. 당시 한국에는 겨울비만 내리는 것이 아니라 '무덤 같은 침묵'까지 흐른다. 겨울비가 내리고 무덤 같은 침묵이 흐른다는 것은 음산한 분위기를 더욱 심화시키는 역할을 한다. 이것은 일제강점기 식민 지배체제에 있던 한국에 희망을 찾기 어렵다는 것을 간접적으로 보여 주고 있다. 무덤 같은 침묵이 흐르는 한국에 절망과 고통의 겨울비가 내리고 있다는 것을 상징적으로 암시하는 것이다.

셋째, 소설을 통해 작가가 하고자 하는 말은 무엇인지 생각해 보자.

작품에서 작가가 하고자 하는 말은 주제를 의미한다고 할 수 있다. 이처럼 소설의 주제는 작가가 작품 속에서 구현하고자 하는 중심사상이다. 이 중심사상은 소설 속에서 이야기의 형태로 곳곳에 녹아 있다. 작가는 자신의 인생관이나 세계관을 주로 소설 속에서 전개되는 사건과 행동을 통해 구체화한다. 소설 속의 사건은 주로 등장인물의 행동을 통해 전개된다. 등장인물은 언어, 성격, 가치관, 욕망 등을 통하여 갈등을 드러내며 갈등 속에 주제가 내포되어 있기도 하다.

「운수 좋은 날」은 결국 가장 운수가 나쁜 날로 마무리된다. 인력거꾼 김 첨지는 도시빈민으로 궁핍한 삶을 살아가고 있다. 이러한 김 첨지는 일제강점기의 암담한 상황 속에서 고통스러운 삶을 살아가는 한국인의 삶을 대변한다. 김 첨지라는 인력거꾼이 몇 푼의 돈을 버는 것이 결코 운수 좋은 일은 아니다. 운수 좋게 몇 푼의 돈을 버는 대신에 아내의 죽음이라는 절망스러운 불행을 맞닥뜨리고 있다.

이미 살펴본 것처럼 작품의 시대적 배경에 해당하는 1920년대는 3·1운동으로 일본이 한국인에게 위협을 느꼈던 시기이다. 그래서 일본은 기존의 무단정치 중심에서 문화정치로 통치 방법을 변경하였다. 그러나 일본은 겉으로 한국인을 우대하고 문화와 전통을 보호하는 듯하면서 실제로는 더욱 악랄한 정책을 펴기 시작하였다.

이러한 상황에서 인력거꾼 김 첨지가 돈을 몇 푼 더 버는 것은 일시적인 현상에 불과하다. 그것은 일시적으로 일본이 한국에 대한 통치 방법을 유화 정책으로 바꾼 것과 마찬가지이다. 일본은 유화정책의 하나로 한국인의 문화 창달과 민력 증진을 도모한다고 선전은 했다. 그러나 그것은 민족을 이간시키고 분열을 꾀하는 기만적인 술책에 불과했다. 운수 좋게 돈을 번 김 첨지에게 아내의 죽음이라는 비극이 기다리고 있었다. 비약하면 일본의 유화 정책 속에 한국인을 말살시키려는 음모가 도사리고 있었던 것과 마찬가지이다.

인력거꾼 김 첨지가 운수 좋게 많은 돈을 번 날도 그의 머릿속에는 병석에 누워있는 아내 생각이 떠나질 않았다. 아침 댓바람에 80전을 벌었을 때도 김 첨지는 아내가 먹고 싶어 했던 설렁탕과 아들 개똥에게 죽을 사 줄 수 있다는 생각으로 기뻐한다.

그러나 돈을 많이 벌면 벌수록 기분이 좋아지는 것이 아니라 자꾸만 불길한 생각이 엄습한다. 그리고 오늘만은 일을 나가지 말라던 병든 아내의 얼굴이 떠오른다. 행운과 불행이 김 첨지의 머리에 교차하고 있다. 김 첨지를 찾아온 행운은 일시적인 현상일 뿐 불행은 아내의 죽음으로 구체화하여 영원성을 지향한다.

소설에서는 가장 운수 좋은 날이 가장 재수가 없는 참혹하고 비통한 날로 바뀌게 된다. 이와 같은 아이러니한 표현은 일제강점기 식민 지배를 받는 하층민들이 겪고 있던 경제적 현실을 고발하는 장치이다. 이러한 시대적 현실에서 한국인 모두가 비극적 고통의 날을 보냈지만, 하층민들이 겪는 고통의 무게는 그것보다 훨씬 무거웠다. 작가는 작품을 통하여 일제강점기 식민 지배를 받는 하층민에게 운수 좋은 날은 결코 없으며, 고통스러운 비극적 현실만 존재한다는 것을 사실적으로 보여주고 있다.

ⓒ 정리단계

소설을 읽고 감상문을 작성해 보자.

〈예시〉

소설 「운수 좋은 날」 제목만 보아서는 어떤 인물의 운수 좋은 날을 다룬 유쾌하고 즐거운 소설인 줄 알았다. 하지만 책을 펼치는 순간 내 생각이 잘못되었다는 것을 깨닫게 되었다.

이 소설은 1920년대 한국의 인력거꾼 김 첨지의 하루 동안의 생활을 서술한 것이다. 1920년대는 한국이 일본에 의해 강제로 합병되어 식민지 지배를 받은 치욕스러운 시대라 할 수 있다. 일본은 한국을 강제로 점령하여 한국인에게 온갖 만행을 다 저질렀다. 이로 말미암아 한국인은 고통과 절망의 날들을 보내고 있었다.

인력거꾼 김 첨지도 이러한 시대적인 상황을 벗어날 수 없는 한 사람으로 하층민에 해당하는 도시빈민으로 분류된다. 그에 겐 세 살 된 어린 아들과 병든 아내가 있다. 그의 아내는 보름 전부터 병석에 누워있지만, 의사의 진찰을 받기는커녕 약 한 첩 써 보지 못할 정도로 경제적으로 어렵다. 아내가 병이 든 이유 는 김 첨지가 사다 준 좁쌀로 조밥을 짓던 중 다 익지도 않은 조밥을 먹다가 체했기 때문이다.

당시 일제강점기라는 시대적 상황에서 얼마나 배가 고팠으면 익지도 않은 조밥을 허겁지겁 먹다가 병이 생긴 것일까? 얼마나 가난했으면 약 한 첩을 쓰지 못하고 환자를 방치할 수 있을까? 가난으로 사람이 죽어 나간다는 것은 상식적으로 이해하기가 어렵다.

겨울비가 추적추적 내리는 날 아침에 김 첨지가 일하러 나올 때도 병든 아내는 오늘만은 나가지 말라고 애원한다. 아내는 그날 자신이 죽을 수도 있다는 것을 예감했다. 그러나 가난은 이러한 급박한 상황에서도 돈벌이를 강요하게 된다. 언제 죽을

지도 모르는 아내와 어린 아들을 두고 돈벌이를 나가는 김 첨지의 심정은 어떠했을까? 김 첨지의 심정은 천 갈래, 만 갈래로 찢어져 가장으로서의 책임감과 자책감을 느꼈을 것이다. 그러나 김 첨지의 가난 원인이 개인적인 무능력함에 있기보다는 일제강점기라는 시대적 현실에 기인하고 있다는 점을 간과해서는 안 된다.

운수 좋은 날, 김 첨지가 80전을 벌었을 때 그는 너무나 기뻤다. 세 살 된 어린 아들에게 죽을 사 줄 수 있고, 병석이 누운 아내가 그렇게 먹고 싶어 했던 설렁탕을 사 줄 수 있기 때문이다. 그러나 김 첨지는 집 가까이 가면 갈수록 불안해진다. 친구 치삼과 술을 마시며 호기를 부리지만 그 불안감은 가시지를 않는다. 그는 이미 아내가 죽었을지도 모른다는 예감을 느꼈을지도 모른다. 김 첨지는 병든 아내가 그토록 먹고 싶어 했던 설렁탕을 사서 집에 도달했다. 그러나 아내는 이미 죽어 있었고 어린 아들은 죽은 아내의 나오지 않는 젖을 빨며 울고 있다.

이러한 비참한 상황이 1920년대 일제강점기의 한국인 삶의 단면을 보여 주고 있다는 점에서 매우 놀랐다. 일제강점기에 한국인이 일본에 나라를 빼앗기고 얼마나 고통스러운 삶을 살았는지 실감이 간다. 그리고 당시의 한국과 현재 한국을 견주어 보았을 때 많은 거리감이 느껴진다. 어쩌면 한국이 오늘날 이렇게 발전한 것은 고통과 절망의 시대를 슬기롭게 극복했기 때문이라는 생각이 든다. 마치 비 온 뒤에 땅이 굳어지는 것처럼 말이다.

(2) 새침하게 흐린 수도, 경성

① 소설과 경성

경성은 서울 이전의 한국의 수도를 이르는 지명이다. 따라서 경성의 주인은 당연히 한국인이었지만 일제강점기에는 그 주인이 바뀌었다고 할 수 있다. 경성의 주체는 일본인이었고 원래 주인이었던 한국인은 타자에 불과했다. 통계에 의하면 1940년까지 한국에 거주한 일본인은 당시 한국 인구의 2%에 불과했다. 그러나 경성에 거주한 일본인은 경성인구의 15%~25%를 유지했다고 한다. 이들은 대부분 일본인 중에서도 상층부에 해당하는 사람이었다. 이것은 경성의 상징적 의미가 매우 컸다는 것을 말해준다.

당시 경성은 한국인의 마지막 남은 자존심이었다. 나라는 빼앗겼지만, 경성이라는 한국인의 자존심만은 빼앗기지 않으려 했다. 이러한 상황을 눈치챈 일본은 자존심을 꺾고자 하였다. 결국 일본은 경성을 차지하여 한국의 자존심까지 빼앗아 간 것이다.

일본인은 주로 경성 북부에 그 세력을 넓혔다. 종로통에 일본인 상점이 늘어가고 경복궁을 중심으로 광화문통과 효자동, 궁정동 등지에 일본인 집이 점점 증가하였다. (동아일보, 1923 : 10. 26) 일본인 집이 증가한다는 것은 그만큼 한국인의 집이 줄어들고 있다는 것을 말해준다.

비가 추적추적 내리는 날 동소문에서 인력거꾼을 하는 김 첨지는 앞집 부인을 전찻길까지 태워다 주는 것으로 하루를 시작하였다. 이후 정류장에서 어정거리다가 교원인 듯이 보이는 양복을 입은 사람을 동광 학교까지 태워다 준다. 교문에서 학생을 남대문 정거장까지 태워다 주고 정거장에서 손님을 받아 인사동까지 태워다 준다. 그리고 김 첨지는 집에서 기다리는 아내 걱정에 다리가 풀려 마치 술에 취한 사람처럼 비틀거린다. 창경원까지 와서야 다행스럽게 숨을 고르고 걸음도 바르게 된다. 마침 선술집에서 친구 치삼을 만나 술을 마신 상태인데도 불구하고 설렁탕을 사서 집으로 온다. 이것이 인력거꾼 김 첨지의 하루 동안의 지리적 공간의 이동경로이다.

소설에서 등장인물이 이동하는 지리적 공간은 문학지리학(literacy geography)적 연구 방법으로 접근할 수 있다. 문학지리학은 1907년 영국의 지리학자 샤프(Sharp)가 발간한 『문학지리학』이라는 책에서 이 용어를 처음 사용하였다. 그는 책에서 여러 소설가의 소설 속에 나타난 지역을 지도로써 표현한 것이다. 문학자들은 지리학을 문학연구 방법론으로 보고 지리학자들은 문학작품에 나타나는 지리를 파악하게 된다. 문학은 작가의 상상력을 통하여 시대 현실과 인간의 삶의 모습을 표현하여 왜 사느냐, 어떻게 살아야 하느냐를 끊임없이 탐구한다. 지리학은 인간과 자연을 중심으로 장소와 지역이 인간의 삶에 미치는 영향과 대지와 인간의 관계를 연구한다. 그렇다면 문학과 지리학은 자연과 인간을 소재로 하고 있다는 점에서 공통분모를 발견할 수 있다.

장석주의 「문학지리학 서설」에 의하면 문학지리학은 문학과 지리가 경계를 넘어 만나는 개념이다. 모든 문학은 어떤 현상이나 사물이 발생하거나 일어날 원인인 배태지로서의 장소를 머금고 있다. 특정 지역을 토대로 탄생한 문학작품은 그 지역의 위치, 지형, 인심, 풍속, 인물, 기후, 생태, 역사, 지역의 방언분화, 공동체의 체험 등을 포함한다. 이러한 지리적 조건이 문학적 상상력에 자양분을 공급하고 미학적 숨결을 불어 넣는다는 것이다.

「운수 좋은 날」은 경성이라는 문학지리학적 조건을 갖추고 있다. 김 첨지는 경성에서 인력거에 손님을 태우고 받는 돈으로 생활한다. 따라서 경성은 김 첨지의 일터로 그가 경험한 문학지리학적 조건은 독자들의 상상력을 자극하고 있다. 독자들은 자기 상상력을 통하여 당시 문학지리학적 상황을 파악한다. 이러한 과정에서 독자들은 작품에 대한 흥미를 느끼고 문학과 지리의 경계를 넘나들게 되는 것이다.

② 소설을 통한 지리문화 교육

㉠ 도입단계
  첫째, 학습동기를 유발한다.
  - 1920년대 일제강점기의 서울 거리의 사진을 보여 주며 느낌을 자유롭게 발표하도록 한다.

둘째, 학습목표를 제시한다.

- 소설에서 집이라는 공간이 지니는 상징적 의미를 알 수 있다.
- 서울에 대하여 조사하고 발표할 수 있다.
- 현재 서울에서 가 볼 만한 곳을 추천할 수 있다.
- 일제강점기였던 1920년대에 서울의 모습을 상상할 수 있다.

ⓛ 문제 해결단계

첫째, 소설에서 집이라는 공간이 지니는 상징적 의미를 생각해보자.

「운수 좋은 날」의 주인공은 일제강점기의 가난한 인력거꾼 김 첨지이다. 그는 열흘 동안이나 손님이 없어 영업하지 못했다. 그러다 보니 병든 아내의 약값은커녕 가난한 살림살이에 먹을 것이 없어 굶주리는 어려운 형편이다. 설상가상으로 겨울비가 추적추적 내리는 날 김 첨지는 아내의 만류에도 불구하고 인력 거를 끌고 영업하러 나왔다.

> 문안에(거기도 문밖은 아니지만) 들어간 첨지는 앞집 마나님을 전찻길 까지 모셔다 드린 것을 비롯으로, 행여나 손님이 있을까 하고 정류 장에서 어정어정하며, 내리는 사람 하나하나에게 거의 비는 듯한 눈길을 보내고 있다가, 마침내 교원인 듯한 양복쟁이를 동광 학교 東光學敎까지 태워다 주기로 되었다. (현진건, 2008 : 143)

뒤에서 '인력거!' 하고 부르는 소리가 난다. 자기를 불러 넘춘 사람

이 그 학교 학생인 줄 김 첨지는 한 번 보고 짐작할 수 있었다. 그 학생은 다짜고짜로,

"남대문 정거장까지 얼마요?"

라고 물었다. (현진건, 2008 : 145)

한 동안 값으로 승강이를 하다가, 육십 전에 인사동까지 태워다 주기로 하였다. (현진건, 2008 : 150)

창경원昌慶苑 앞까지 다다라서야 그는 턱에 닿은 숨을 돌리고 걸음도 늦추 잡았다. (현진건, 2008 : 151)

인용문을 통하여 김 첨지가 운수 좋은 날 하루 동안 인력거를 끌면서 이동한 지리적 경로를 확인할 수 있다. 김 첨지는 '집→정류장→동광 학교→남대문 정거장→인사동→창경원→선술집→집'으로 이동한 것이다.

김 첨지는 운수가 좋은 날인데도 불구하고 불안한 심리를 떨칠 수가 없다. 김 첨지의 불안한 심리는 그의 내면에서 반복적으로 날뿐만 아니라 더욱 심화하는 경향을 띤다. 그의 불안한 심리는 집을 기본 축으로 하고 있다. 집에 점점 가까워질수록 불안한 심리는 심화하고 집에서 멀어질수록 그것이 약화하는 현상이다. 그가 영업을 끝내고 집으로 돌아오는 길에는 다리가 풀려 마치 술 취한 사람처럼 비틀거린다.

김 첨지는 집으로 돌아가는 길에 선술집에서 친구 치삼을 만

난다. 그와 술잔을 나누면서 마음속에 있던 불만을 토로하였다. 돈을 집어 던지면서 돈이 많다면서 호기를 부리기도 하고 아내가 죽었다면서 엉엉 울기도 한다. 인력거 타기를 거절했던 젊은 여자의 흉내를 내면서 웃음을 보인다. 술을 마시면서 돈에 대한 억울한 복수심, 왠지 모를 불길한 예감으로 한바탕 푸념을 늘어놓은 것이다.

그는 선술집에서 친구 치삼과 술을 마시고 호기를 부리면서 불안한 심리를 떨쳐버리고자 했다. 자신의 마음속에 도사리고 있는 불안하고 불길한 예감에 대한 두려움과 가장으로서의 죄책감을 벗어던지고 위안받고자 한다. 하지만 선술집은 그에게 위안을 주기보다는 불안한 심리를 더욱 심화시키는 공간에 불과하다.

이러한 김 첨지의 행동은 불안한 심리를 떨쳐버리려는 의도보다는 집으로 돌아가는 시간을 늦추기 위한 심리에서 나온 행동으로 볼 수 있다. 김 첨지에게 집은 평안과 안식을 주는 공간이 아니다. 그것은 갈등과 고통을 제공하는 원초적 공간으로 인식된다. 그의 집은 궁핍함과 더불어 병든 아내가 죽어 있는 공간이다. 김 첨지에게 어둡고 절망적인 집은 당시 한국의 현실에 비유될 수 있다. 일제강점기 식민지 지배 치하에서 희망조차 발견하기 어려운 당대 시대적 현실을 고발하고 있다.

둘째, 서울에 대하여 조사하고 발표해 보자.

서울은 한국의 수도로 한반도 중앙에 위치하여 정치·경제·문화·교통 중심지의 면모를 갖추고 있다. 서울의 면적은 605.28㎢이고, 인구는 10,464,051명(2009년 12월 31일 기준)으로 한국 도시 중에서 가장 인구가 많다. 행정구역으로는 25개 구와 426개 동이 있으며 시청은 서울특별시 중구 태평로1가에 위치한다.

서울이라는 명칭은 『삼국사기』나 『삼국유사』 등의 기록에 잘 서술되어 있다. 여기에 의하면 서울은 서벌(徐伐)·서나벌(徐那伐)·서라벌(徐羅伐)·서야벌(徐耶伐) 등의 명칭에서 비롯되었다. 이러한 명칭은 시대에 따라 다르게 불린 것으로 나타난다. 백제 때는 위례성, 신라 때는 한주, 고려 때는 남경, 조선에는 한양, 일제강점기에는 경성, 현재는 서울로 불린다.

'서울'의 본래의 뜻에 대해서는 몇 가지 이설이 있다. 서울의 '서(徐)·서나(徐那)·서라(徐羅)'는 높고(高) 신령(神靈)하다는 우리말 '수리'·'솔'·'솟'의 음사(音寫)이고, '벌(伐)'은 들판을 의미하는 우리말 '벌'의 음사이다. 따라서 '서울', 즉 서벌·서나벌·서라벌은 상읍(上邑) 또는 수도(首都)라는 뜻으로 볼 수 있다.

서울은 반만년 전통의 한국인 중심지이다. (서울특별시 홈페이지) 지형학적으로도 한반도의 중심부에 위치하며 한강이 흐르고 산세가 웅장하고 수려하다. 세계의 수도 가운데서도 빼어난 경관을 자랑하고 있다. 서울이 한반도 중심부에 위치하다 보니 지리적으로 남북 문화권의 경계 지대로서 정치·경제·사회·문화 전반에 걸쳐 중요한 의미를 지닌다. 그뿐만 아니라 기원전 백제 건국 초기의 백제문화를 일구었고 삼국시대에는 군사적 요충지로서 역할을 하였다.

앞에서 언급한 것처럼 일제강점기에 서울은 경성부로 불렸으나 해방과 동시에 서울로 개칭되었다. 1948년 한국 정부 수립과 동시에 수도로 결정되었고 1949년에는 지금의 서울특별시가 되었다. 1950년 한국전쟁 때 서울시는 부산으로 피난을 가는 등의 수난이 있었다. 그러나 1953년 휴전의 성립으로 전쟁이 끝나자 환도하여 수도의 역할을 되찾았다.

19세기 말 서울은 서구의 문물을 본격적으로 받아들여 근대화를 시작하였다. 한국에서 처음으로 철도와 전차가 개통되었고 전화나 서양식 학교 등의 근대적 시설도 설립되었다. 특히 1885년에는 한국 최초의 근대식 병원인 광혜원이 개원되었다. 1897년에는 한국 최초의 근대 서구식 공원인 탑골 공원이 세워졌다.

서울은 그야말로 전통과 현대가 공존하는 도시라고 말할 수 있다. 전술한 것처럼 서울은 백제와 조선의 도읍지로 각각 500여 년의 역사를 간직하고 있다. 이로 말미암아 수도로서의 많은 유물과 유적을 간직하고 있는 것이다.

현대의 서울은 초고층 빌딩, IT 산업단지 등 최첨단을 달리는 명실상부한 한국의 수도이다. 수도 한복판에는 한국 전통의 숨결이 느껴지는 경복궁·덕수궁·남대문 등이 자리하고 있다. 따라서 서울은 현대와 전통이 살아있는 '자연과 사람, 전통과 현대'가 공존하는 한국의 수도이다.

셋째, 현재 서울에서 가볼 만한 곳을 추천해 보자.

먼저, 경복궁(景福宮)을 추천할 만하다. 경복궁은 조선 왕조의 법궁으로 조선의 심장이라 할 수 있다. 여기서 말하는 법궁은 정궁으로 임금이 정무를 보는 궁궐을 말한다. 조선 왕조가 한양을 도읍으로 정한 후에 1395년에 경복궁을 완성하였다. '경복(景福)'이라는 말은 '큰 복을 누리라'는 의미로 정도전이 지었다고 전해진다. 경복궁은 임진왜란 때 불에 타서 소실되었으나 조선 말 흥선대원군에 의하여 중건되었다.

1895년 을미년에는 일본에 의해 명성황후가 시해 되는 사건이 일어났다. 이로 말미암아 고종은 신변에 위협을 느껴 이곳을 떠나 러시아 공사관으로 옮겨가게 된다. 일제강점기에는 일본은 경복궁 내에다 조선총독부 건물 지으면서 광화문을 해체하였다. 한국의 자존심을 무너뜨리고 당시 조선 왕조의 상징을 훼손하기 위해서였다.

광화문은 1968년에 복원하였으나 경복궁 건물들의 선상과 맞지 않아 현재 복원하고 있다. 임금의 권위를 상징하는 근정청은 광화문을 지나 안으로 들어가면 볼 수 있다. 근정청은 경복궁의 정전으로 왕이 신하들의 조회의식을 받거나 공식적인 대례나 사신을 맞이하던 곳이다. 따라서 궁궐 내에서도 규모가 가장 크고 건물의 면적도 가장 넓다. 근정전 월대 난간에는 각 방위에 따라 건물을 지키는 주작(朱雀), 백호(白虎), 현무(玄武), 청룡(靑龍)이 새겨져 있다. 근정전 뒤에는 임금의 사무실인 사정전, 침실인 강녕전, 왕비가 거처 했던 교태전이 위치하였다.

경회루는 침실인 강녕전 서쪽 연못 안에 조성된 누각으로 외국 사신이나 군신 간의 연회장소이다. 임금은 올바른 사람을 얻어야만 정사를 바로 할 수 있다는 의미에서 경사스러운 모임이 있는 장소로 사용되었다고 한다. 이 누각은 한국 목조 건축 기술의 우수성을 과시하고 있으며 단청 그림자가 연못 속에 비치면 그 영상이 매우 아름답다. 경회루 연못에서는 뱃놀이도 했다고 전해진다.

건청궁은 1879년 고종이 사비를 들어 지었으며, 명성왕후가 일본에 의해 시해를 당한 곳이다. 건청궁에는 1887년 한국에서 최초로 전기가 가설되었다. 이것은 중국이나 일본의 궁정 설비보다 2년가량 앞선 것이다. 이 건물은 서양식 건물로 지어져 서양 공관으로도 불렸다. 경복궁에서 가장 깊숙한 곳에 있어, 고종은 1884년부터 이곳에서 기거하면서 정무를 처리했다고 한다.

이러한 사연을 간직한 건청궁은 한국의 근대화를 도모한 산실이라는 의미를 부여할 수도 있다. 그러나 명성황후의 시비로 말미암아 일본에 의해 한국 근대화의 의지가 소멸한 곳이기도 하다. 이 궁은 1909년에 완전히 헐렸으며 광복 후 건청궁 자리에는 국립민속박물관이 세워졌다.

다음으로, 북촌 한옥마을을 추천할 수 있다.(북촌 한옥마을 홈페이지) 북촌은 청계천과 종로의 윗동네라는 이름에서 유래되었다. 이곳은 경복궁과 창덕궁, 종묘 사이에 있으며, 전통한옥이 밀집되어 있다. 서울의 대표적인 전통 주거지역으로 많은 사적과 문화재, 민속자료가 있어 도심 속의 거리 박물관이라 불리기도 한다.

현재 지붕이 맞닿은 북촌의 모습은 1930년을 전후로 하여 변형된 것이다. 조선 말기에는 사회적, 경제적 연유로 대규모의 토지가 소규모의 택지로 분할되었다고 한다. 현재의 북촌은 인구의 고밀도로 인한 사회상을 여실히 보여 주고 있다. 이곳의 유적과 문화재는 조선시대로부터 근대까지 이어지는 이 지역의 역사를 말해주고 있는 셈이다.

1960년대 후반기부터 1970년대 전반기까지 영동지구 개발 사업을 시작으로 강남이 개발되었다. 따라서 강북지역의 인구가 강남으로 이동하면서 학교들도 강남지역으로 이전하였다. 학교가 이전된 공간에 대규모 시설들이 신축되었는데, 이것은 북촌지역의 경관을 바꾸는 중요한 요인이 되었다.

학교 이전으로 개발이 확산하자 북촌 한옥이 보존되어야 한다는 목소리가 터져 나왔다. 1976년 민속 경관지역 지정 논의 이후 1983년 제4종 미관지구 지정으로 본격적인 한옥 보존정책이 시행되었다고 한다. 그러나 이 시기의 욕한 개 보존정책은 행정주도로 주민들과는 협의 없이 시행되었다. 특히 북촌길을 넓히면서 많은 한옥이 철거되어 주민들의 불만이 높아졌다.

1990년대에는 한옥이 없어지는 대신 다세대 건축물이 확산하였다. 북촌 주민들은 건축기준 완화를 요구하였으며 서울시가 이를 수용하여 다세대 주택의 신축이 본격적으로 이루어졌다. 이후 1994년에는 경복궁 주변의 고도 제한이 완화되어 북촌 전역에서 한옥이 철거되기 시작하였다. 이렇게 다세대 주택 건설이 확산하면서 북촌 경관이 급속히 훼손되기 시작하였다.

2000년대에는 북촌 가꾸기를 위한 새로운 시도를 하게 된다. 북촌 경관은 한옥의 멸실과 다세대 주택의 신축 등으로 악화하여 갔다. 따라서 1999년에는 서울시정개발연구원에서 주민조직인 '(사)종로북촌가꾸기회'의 요구를 수용하여 주민들과 전문가 등이 새로운 북촌 가꾸기 정책을 수립하였다. 한옥등록제를 근간으로 북촌의 보전과 관리를 위해 일방적 규제 정책을 개선하였다. 주민들의 자발적 의사를 존중하여 현대적 생활요구를 수용하면서도 한옥 고유의 아름다움이 유지되도록 한옥 수선을 유도하고 지원하여 관리하고자 하였다. 2001년부터는 주민들의 적극적 참여와 활동으로 마을의 환경을 개선하여 거주지로서 매력을 증진하는 북촌 가꾸기를 시행해 나가고 있다.

끝으로, N 서울타워를 추천할 만하다. (N 서울타워 홈페이지) N 서울타워에서 'N'은 'NEW'와 'NAMSAN'에서 따온 말이다. N 서울타워 홈페이지에는 N 서울타워를 도심 속 로맨틱 아일랜드로 소개하고 있다. 여기에서는 N 서울타워 홈페이지 내용을 재정리하고자 한다. N 서울타워는 구름과 맞닿은 곳에서 남산의 자연과 21세기 첨단기술이 만들어 낸 절묘한 조화, 여유로운 휴식과 다양한 문화가 함께하는 서울의 복합문화공간 N 서울타워이다.

서울의 중심, 서울의 상징이자 서울의 가장 아름다운 모습을 한눈에 내려다 볼 수 있는 가장 높은 곳인 N 서울타워는 1969년 TV와 라디오 방송을 수도권에 송출하기 위해 한국 최초의 종합 전파탑으로 세워졌다. N서울타워의 전파탑에는 KBS,

MBC, SBS TV와 FM 송신안테나를 비롯하여 PBC, TBS, CBS, BBS FM 송신안테나 등이 설치되어 있으며, 전국 가정 인구의 48%가 N 서울타워 전파탑을 통하여 방송을 시청하고 있다. N 서울타워는 1980년, 일반인에게 공개된 이후 남산의 살아있는 자연과 함께 서울시민의 휴식 공간이자 외국인의 관광명소로 자리 잡았다.

최신 LED 기술의 조명으로 시시각각 색과 패턴이 변하는 '빛의 예술'과의 어우러짐 속에서 다양한 미디어 아트와 함께 색다른 문화예술을 경험할 수 있다. 서울의 대표적인 복합문화공간으로 새롭게 태어난 N 서울타워는 자랑스러운 서울의 랜드 마크가 될 수 있을 것이다.

N 서울타워의 주요 건축 제원은 다음과 같다.

- 해발 : 479.7m/1.574ft
- 남산 : 243.0m/797ft(N 서울타워 건축지점까지)
- N서울타워 : 236.7m/777ft(탑신 135.7m/445ft + 철탑 101m/332ft)
- 대지 : 8,456m
- 건평 : 3,986m
- 총건평 : 15,378m
- 전망대 총면적 : 2,403m
- 전망 1층 : 450m
- 전망 2층 : 460m

- 전망대 3층 : 466m
- 전망 5층 : 171m(회전 면적 149m)
- 1회 회전 소요 시간 : 1시간 40분

N 서울타워의 연혁은 다음과 같다.

- 2019.03 에너지시민연대 감사패 수상
- 2018.12 서울시 '서울 미래유산' 선정
- 2016.11 대한민국 명가명품 대상
- 2015.12 문화체육관광부 '한국관광의 별' 문화관광자원 선정
- 2012.07 서울시 설문조사 외국인 선정 서울 명소 1위
- 2005.04~11 서울타워 전면 개설공사
- 2001.04 전망객 2,000만 명 입장
- 1990.05 전망객 1,000만 명 돌파
- 1980.10 서울타워 개관(일반에게 공개)
- 1975.07 전망대 완성
- 1969.12 기공

ⓒ 정리단계

일제강점기였던 1920년대에 서울의 모습을 상상해 보자.

일본은 한국을 강제로 합병하고 서울에 조선총독부와 조선은행, 동양척식주식회사 등의 식민지 침탈기관을 설치하였다. 아

울러 영등포 지역을 공업화하여 병참기지화하고 철도망을 개통하여 경제적인 침탈과 군수품을 수송하였다. 일본에 의해 급속한 변화를 겪게 된 서울은 주객이 전도된 모습을 보여 준다. 한국을 강제로 점령한 일본인이 주인 행세를 하고 원래 주인이었던 한국인은 손님이 된 형국이기 때문이다.

당시 서울로의 인구 집중 현상으로 주택난이 심각했다.(정재은, 2011: 34~35) 그 이유로 우선, 일본의 토지수탈로 인하여 경제적 궁핍을 피하려 농촌을 이탈하는 농민이 많았기 때문이다. 다음으로 3.1 운동 이후 교육을 받아 학문과 기술을 배워 경제적으로 성공해야 한다는 민족적 자각을 들 수 있다. 그런데도 일본은 특별한 대책을 마련하지 않았으므로 주택난을 더욱 심각해졌다.

이러한 상황을 보다 못한 한국 민간인들이 자구책을 마련하자 여기에 자극받은 조선총독부와 경성부는 부영주택을 건설하게 된다. 부영주택은 일종의 아파트 형식의 기숙사와 유사한 집단 숙소라고 할 수 있다. 부영주택의 규모가 약 3평 정도에 불과하고 시설이 열악하여 서울을 대표하는 빈민굴로 전락할 수밖에 없었다.

당시 한국인이 주택난에 시달린 것과 달리 일본인은 양호한 주거환경에 거주하였다. 그들은 일본에서 유행하던 일양 절충식 주택을 한국에 도입하였다. 그것은 식민지였던 한국에 부임하는 관리들의 우월의식의 실상을 보여 준 것이다.

이러한 모습은 박윤석(2011: 414~435)의 다큐멘터리 소설 「잃어버린 근대를 찾아서」에서도 잘 나타난다. 여기에서는 한국 근대사에 해당하는 1920년대의 역사적 사건과 사실을 소재로 작성되었다. 당시 서울의 풍경과 서울 사람의 생활을 소재로 다큐멘터리 형식으로 서술하고 있다. 이 작품에는 당시 조선 경복궁 안에 건설된 총독부 건물에 대한 기록이 나온다. 조선총독부는 등 뒤로 궁을 막아서고 도성 전체를 굽어보는 모양새로 버티고 있다.

박윤석에 의하면 당시 한국인은 청계천 북쪽의 종로를 중심으로 한 북촌에, 일본인들은 남산 북쪽 사면의 남촌과 용산에 주로 거주하였다. 따라서 일본은 일본인이 거주하는 남촌을 중심으로 도심을 형성하였다. 1910년 이후 일본은 남산으로부터 시작하여 본정과 황금정 거리를 조성하면서 모든 면에서 남촌이 북촌을 압도하였다. 대부분 주식회사는 황금정과 남대문통, 그리고 용산 일대 한강통에 설립되었으며 남촌은 남산을 비롯하여 한강 변까지 확장되었다. 약품회사, 양복점, 포목점, 금은방 등은 종각과 광교에 이르는 대로변에 늘어섰다. 한성은행에서부터 유럽풍 최신식 건물이 줄지어 서 있고 황금정 네거리에는 일본생명 빌딩이 있었다. 그 뒤로는 5층 규모의 경성전기주식회사 빌딩이 자리하였다. 이처럼 도심의 새로운 면모를 보여준 남촌은 일본적이면서도 서구적이고 자본주의적 모양새를 갖추었다.

반면에 서울 종로구 서린동의 축대 아래 개울에서는 흰 치마저고리와 쪽 찐 머리를 한 여인들이 빨래하고 있다. 겨울이지만 날씨가 풀려 물이 얼지 않았으므로 빨래를 할 수 있는 것이다. 여인들은 시린 손길을 바쁘게 움직이지만 가마니 가득 담긴 빨랫감들은 쉽게 줄어들지 않는다. 한쪽에서는 장작불을 피워 언 손을 녹이기도 하고 끓은 물에 빨래를 삶아 내기도 한다. 이들 한국인은 일본의 토지 수탈로 농촌에서 서울로 진입한 사람들이다. 이들의 거주지는 큰 집의 행랑채 신세를 면치 못했다. 이러한 생활도 할 수 없었던 사람들은 토굴이나 토막에 살 수밖에 없었다. 이들은 땅을 파고 멍석이나 가마니 등으로 덮은 토굴이나 나뭇가지나 가마니 등으로 만든 움막 같은 토막에 살았다.

이상에서처럼 일본은 한국을 강제로 점령한 남촌을 중심으로 도심을 형성하고 각종 문화적 혜택을 누렸다. 그러나 한국인은 자신들의 중심부를 일본에 내어주고 도시빈민 생활을 면치 못하고 있었다.

(3) 권위주의와 남성성

① 권위주의와 남성성

작가 소개

소설가 현진건은 1990년 대구에서 출생했다. 그는 동경 세이조중학을 중퇴하고 상해로 건너가 후장대학에서 수학하였다.

1920년 〈개벽〉에 단편소설 「희생자」를 발표하여 문단에 등장했으며, 다음 해 1921년에 발표한 「빈처」로 인정받기 시작했다. 이후 1924년에 「운수 좋은 날」 등을 발표함으로써 사실주의를 개척한 한국 근대단편소설의 선구자가 되었다.

그는 동아일보사에 근무했으나 1936년 일장기말살사건에 연루되어 구속되면서 사직하고 소설 창작에 몰두하였다. 가난과 빈궁 속에서도 친일문학에 가담하지 않은 곧은 작가 생활하다가 1943년 지병으로 사망하였다.

그의 작품은 자전적 소설, 창작집, 장편소설, 비평문 등으로 분류할 수 있다. 자전적 소설에는 「빈처」, 「술 권하는 사회」, 「타락자」, 창작집에는 『조선의 얼굴』, 장편소설에는 『적도』, 『무영탑』, 『흑치상치』, 『선화공주』, 『미완』 등이 확인된다. 특히 비평문 「조선의 혼과 현대정신의 파악」에서는 식민지시대 한국문학의 방향을 제시하기도 하였다.

현진건은 김동인, 염상섭 등과 함께 근대문학 초기에 단편소설 양식을 개척하고 사실주의 문학의 기틀을 마련하였다. 그뿐만 아니라 일제강점기의 현실 대응 문제를 단편소설적 기교로 탁월하게 극복하여 작가로서의 높은 문학사적 위치를 차지한 것이다.

작품 줄거리

「운수 좋은 날」의 주인공 김 첨지는 일제강점기 식민지 지배체제에 예속된 하층민이자 도시빈민이다. 그는 가난한 인력기

꾼으로 생계를 유지하고 있지만 최근 열흘 동안 손님이 없어 돈을 벌지 못한다. 그에게는 세 살 된 아들과 병든 아내가 있다. 아내는 병석에 누운 지 보름이 지났지만, 의사에게 보이기는커녕 약 한 첩 써 보지 못할 정도로 경제적으로 어려운 상황이다.

당시 경성은 새침하게 흐리다가 추적추적 겨울비가 내리는 날이었다. 그런데도 작가는 운수 좋은 날이라는 의미를 부여하고 있다. 운수 좋은 날 아침에도 병든 아내는 김 첨지가 일하러 나가는 것을 만류한다. 그러나 거의 열흘 동안 한 푼도 벌지 못한 김 첨지는 식구들을 다 굶겨 죽일 수는 없다는 생각으로 인력거를 끌고 나온다.

그런데 어제와는 달리 이상하게도 손님이 많다. 첫 손님으로 앞집 아주머니를 전찻길까지 태워다 주고 50전을 번다. 전찻길에서 바로 교원인 듯한 양복 입은 사람을 동광 학교까지 태워다 주고 또 30전을 번다. 운수 좋게도 80전을 번 김 첨지는 세 살 된 아들과 병든 아내의 모습을 떠올린다. 이 돈이면 어린 아들에게 죽을 사 줄 수 있고, 병든 아내가 먹고 싶어 했던 설렁탕을 사 줄 수도 있는 것이다. 이후에도 운수 좋은 날은 계속되어 동광 학교에서 학생을 남대문 역까지 태워다 주고 1원 50전을 더 벌게 된다.

이날 김 첨지는 많은 돈을 벌게 되지만 그의 마음속에는 불안감이 떠나질 않는다. 그 불안감은 공간적으로 집 가까이 갈수록 심화하고 집에서 멀어질수록 약화한다. 그래서 그는 되도록 집으로 돌아가는 시간을 늦추고 있다. 마침 집에 돌아가는 길에 선술집에서 친구 치삼을 만난다. 그와 술을 마시고 평소에 하지 않던 주정을 부리며 불안감에서 탈출하려 한다.

김 첨지는 술에 취했지만, 아내에게 줄 설렁탕 사는 것을 잊지 않는다. 김 첨지는 추적추적 내리는 겨울비를 맞으며 집에 도달한다. 그런데도 집안엔 무덤 같은 침묵만 흐를 뿐이다. 김 첨지는 예전과 달리 큰 소리를 지르며 호기를 부려보지만 아무런 반응이 없다. 그의 아내는 이미 몸이 뻣뻣하게 굳은 채로 죽어 있었다.

우리는 앞에서 한국문화의 특질로 권위주의를 제시한 바 있다. 권위주의는 유교사상을 토대로 하는 장유유서의 질서와 가부장제, 군사문화를 배경으로 하고 있다. 「운수 좋은 날」에서는 한국문화의 권위주의적 특질을 잘 보여 주고 있다. 이러한 권위주의는 남성성(男性性)과 연관성을 맺고 있다.

생물학적으로 남성은 Y염색체를 가진 정자가 수정되어 결정된 성을 의미한다. 우리가 일반적으로 남성성이라고 할 때 단순한 남성의 생물학적인 의미만을 가지는 것은 아니다. 시몬느 드 보부아르(Simone de Beauvoir)(1993)는 '여성은 여성으로 태어나는 것이 아니라 여성으로 만들어진다'라고 했다. 이 말은 여성은 사회의 제도적 틀에 의하여 새롭게 탄생한다는 의미이다.

그렇다면 남성 또한 남성으로 태어난다기보다는 남성으로 만들어지는 경향이 없지 않다. 우리는 태어나면서 부모에 의해 자신의 성에 적절한 역할을 배워간다. 예를 들면 남자는 주로 파란색 옷을 입고, 여자는 분홍색 옷을 입는다. 남자는 바지를 입고 여자는 치마를 입는다. 남자는 거친 운동을 하고 여자는 소꿉놀이나 인형놀이를 한다. 좀 더 자라서 학교에 가게 되면 남자는 근면·성실·창조를, 여자는 착하고 예쁘고 아름다움을 강조한다.

크리스토퍼 킬마틴(Christopher T. Kilmartin)(2009)은 자본주의 사회에서 남성의 가치는 축적된 자본의 양이나 몸값에 따라 평가된다고 하였다. 자본주의 사회에서 남성이 획득해야 할 최대의 목표는 성적 권위와 권력을 부여하는 경제적인 힘이다. 남성의 경제적 능력이 남성의 정체성 판단에 중요한 평가 기준이 된다. 따라서 남성이 경제적 능력이 없다면 남자로서의 존재 가치가 어려워진다.

홉스테드(1995: 121~161)는 한국문화는 여성성이 강한 문화라고 주장한 바 있다. 그는 남성적 사회와 여성적 사회를 구별하였다. 남성적 사회의 지배적 가치는 물질적 성공과 진보 및 돈과 물건을 중시한다. 여성적 사회의 지배적 가치는 다른 사람을 돌보는 것과 보호하는 것으로 따뜻한 인간관계를 중시한다. 남성적 사회의 남성들은 자기 주장적이고 야심만만하며 거칠다. 여성적 사회는 모든 사람이 겸손한 것으로 가정된다. 이러한 연구 결과만 보아도 홉스테드의 생각이 잘못되었다는 것을 확인할 수 있다. 홉스테드의 주장과 달리 한국은 남성성이 강한 남성적 사회라는 것은 분명한 사실이다.

한국의 장유유서 질서와 가부장제 그리고 군사문화 등은 자본주의 경제논리와 연결되어 남성성이 더욱 강조된다. 남성성이 강조되는 상황에서 여성은 소외되고 차별되는 경향을 보여왔다. 남성의 경제적 능력은 남성이 획득해야 할 최상의 권력이며 남성의 매력은 경제적 능력에 의존하고 있는 경향이 강하다. 그래서 남성이 직업을 잃거나 수입이 줄어들게 되면 무력감이나 소외감을 느끼게 되고 남성의 정체성은 위기에 직면하게 된다.

현대사회로 진입하면서 페미니스트들이 주도적으로 여성해방을 부르짖는 국가 많아지고 있다. 한국도 예외는 아니다. 현대사회에서는 남성성의 상징인 폭력이나 마초적 기질은 발붙일 곳이 없다. 때려잡을 맹수는 사라진 지 오래고 전쟁이 발발할 확률도 그리 높지 않다. 어디에서든지 폭력이나 마초적 기질을 발휘하고자 하면 야만인으로 낙인찍히기에 십상이다.

반면에 현대사회가 남성의 특징인 폭력성을 억압하다 보니 남성은 자연스럽게 여성화 되어 가고 있다. 이러한 사회적 분위기에서 남성은 남성성을 억압하는데 많은 에너지를 소모하다 보니 여성들의 사회진출이 유리한 경향이 있다. 이미 여성은 교직의 절반 이상을 차지하였고 법조계나 의료계 등의 전문직에 진출하는 수도 남성을 앞지를 것으로 예상된다. 그렇다면 한국은 남성성이 강한 남성적 사회에서 여성성이 강한 여성적 사회로 변화되고 있다고 해도 과언이 아니다.

그러나 현대는 다원화의 시대로 남성성, 여성성을 구분하여 누가 잘하고 못하고를 따지는 것은 바람직하지 못하다. 다양한 사회적 직무 중에서 남성이 잘하는 부분이 있고 여성이 잘하는 부분도 있기 마련이다. 생래적으로 남성은 양성이고 여성은 음성으로 분류된다. 양성과 음성은 칼로 물 베듯 그 역할을 단정할 수 있는 성질의 것이 아니다. 양성이 부족한 부분은 음성이 채워주고 음성이 부족한 부분은 양성이 채워주는 상호보완적 관계인 것이다.

② 소설을 통한 권위주의와 남성성 문화 교육

㉠ 도입단계

첫째, 학습동기를 유발한다.
- 한국문화 특질 중에서 권위주의가 무엇인지 질문한다.
- 한국의 권위주의 문화 특질을 나타내는 사진이나 동영상을 보여 주면서 학습자 모국과의 차이점을 발표하게 한다.

둘째, 학습목표를 제시한다.
- 욕설의 문화를 알 수 있다.
- 돈의 문화를 탐색할 수 있다.
- 허장성세의 문화를 발견할 수 있다.
- 김 첨지에게 편지를 쓸 수 있다.

㉡ 문제 해결단계

첫째, 욕설의 문화를 들 수 있다.

「운수 좋은 날」에서 김 첨지가 욕을 하는 장면이 여러 부분에 등장한다. 김 첨지는 병든 아내가 설렁탕을 먹고 싶다고 하자 "이런 오라질 년! 조밥도 못 먹는 년이 설렁탕은, 또 처먹고 지랄병을 하게."(현진건, 2008: 145)라며 화를 낸다. 여기서 '오라질'은 오랏줄에 묶여 갈 만하다는 말이다. 미워하는 대상이나 못마땅한 일에 대하여 비난하거나 불평할 때 욕으로 쓰인다. 그리고 '지랄'은 마구 법석을 떨며 분별없이 하는 행동을 속되게 이르는 말이다.

김 첨지가 운수 좋은 날 아침에 돈벌이를 나가려고 하자 그의 아내는 만류한다. 그러나 "압따, 젠장맞을 년, 별 빌어먹을 소리를 다 하네. 맞붙들고 앉았으면 누가 먹여 살릴 줄 알아?"(현진건, 2008: 146)라는 욕을 한다. 여기서 '젠장맞을'은 '제기랄 난장(亂杖)을 맞을'이다. 이 말은 조선시대 형벌에서 유래한 욕으로 알려진다. 난장이란 죄수나 취조대상자를 형틀에 묶어놓고 형리(刑吏)들이 매로 신체의 각 부위를 구타하는 방법이다. 난장은 주로 상민이나 천민 계급이 신분이 높은 여성을 범했거나 근친상간과 같은 반인륜적 범죄를 지은 사람을 다스렸다. 이러한 난장은 중죄인을 다스리던 잔인한 형벌로 사망하는 경우가 많았다.

'놈'의 상대어로 '년'은 여자를 낮잡아 쓰는 말로 예전부터 하녀나 아랫사람을 부르던 말이다. '놈'은 남자를 낮잡아 이르는 말이나 옛날에는 일반적인 사람을 지칭하기도 했다. 그뿐만 아니라 '수놈', '암놈'처럼 동물을 이르는 말로 사용하기도 한다. 하지만 상황에 따라서는 '우리 딸년이야', '우리 큰놈이야'처럼 친근하게 이르는 말로 사용되기도 한다.

김 첨지가 일을 마치고 집으로 돌아가는 길에 친구 치삼을 만나 술을 마신다. 술을 마시던 중 옆 좌석에 앉은 중대가리가 치삼에게 김 첨지에 대해 이야기를 하는 상황이 나온다. 이것을 눈치챈 김 첨지는 화를 내며 욕을 한다. "네미를 붙을 이 오라질 놈들 같으니, 이놈 내가 돈이 없을 줄 알고."(현진건, 2008: 153) 여기서 '네미를 붙을'은 너 어머니와 붙을 이라는 말이다. 말을 바꾸면 '너 어머니와 성교할'이라는 입에 담지도 못할 심한 욕이다.

한국교원단체총연합회가 2010년 전국유치원과 초중고 교원 455명을 대상으로 학생 언어사용 실태에 대한 인식을 조사한 바 있다. 조사에 의하면 학생 대화에서 욕설과 비속어를 사용하는 비율이 각각 20~30%, 50~70%로 나타났다. 결국 학생들의 대화 중에서 조사를 제외하면 절반 이상의 단어가 욕이라는 결론에 도달하게 된다.

욕은 사전적 의미로 남의 인격을 무시하여 모욕하거나 남을 미워하며 저주하는 말로 풀이된다. 억울한 일을 당하거나 불이익을 받았을 때 또는 강자에 대한 약자의 호소로 욕을 하기도 한다. 하지만 때에 따라서는 친근감을 나타내거나 스트레스를 해소하기 위하여 사용하기도 한다. 김열규(2007)의 말처럼 욕이라고 굴레 벗은 말은 아니다. 개망나니는 더욱 아니다. 욕일수록 얌치 갖추고 경위 바르다. 좀 사납고 망측하긴 해도 경위 바른 것으로 보상되고도 남는다. 경위 없이 잘나고, 얌치 없이 지체 높고 점잖은 축들보다 백배 나은 게 욕이기도 하다.

한국어 교육에서 욕이 차지하는 비중은 매우 크다. 학습자들이 가장 먼저 배우는 것도 욕이며 한국어를 얼마나 배웠는지를 짐작할 수 있게 하는 것도 욕이다. 욕은 한국어 학습의 시작이면서 배운 정도를 측정하는 역할을 하고 있다. 그런데도 한국어 교육에서 욕에 대하여 교육적으로 접근하는 교육기관은 없다. 욕도 하나의 문화라면 문화적 가치의 유무를 한국어 교육에서 당연히 가르치고 연구할 필요가 있는 것이다.

어떤 언어에서든 욕이 없는 언어는 없다. 급속하게 돌아가는 현대사회에서 사람들 사이에 갈등은 점점 심해져만 간다. 그러다 보니 자신도 모르게 욕을 하는 횟수가 많아진다. 마음에 쌓인 응어리는 욕으로 해소하고 카타르시스에 도달하고자 한다. 카타르시스는 심리학적으로 마음속에 억압된 감정의 응어리를 해소하고 정신적 안정감을 찾도록 하는 역할을 한다. 문학적으로 아리스토텔레스는 『시학(詩學)』에서 비극을 봄으로써 마음에 쌓여 있던 우울함·불안감·긴장감 따위가 해소되고 마음이 카타르시스가 된다고 하였다.

인력거꾼 김 첨지는 욕설을 통하여 불만을 표출하고 자신의 권위를 세우고자 한다. 일제강점기에서 일개 하층민이 거대한 권력에 맞서서 저항할 수 있는 일이란 욕밖에 없었는지도 모른다. 그는 욕을 통하여 스트레스를 해소하고 카타르시스에 도달하고자 욕망한 것이다.

둘째, 돈의 문화를 탐색할 수 있다.

돈은 자본주의 사회를 살아가는 사람들에게 필수적으로 필요하다. 돈으로 사물의 가치를 판단하고 상품을 교환하고 재산의 축적 대상으로도 활용한다. 예전에는 돈 대신 조개나 가죽, 보석, 옷감, 농산물 등을 이용하기도 하였다. 돈이 생기는 운수를 '재수(財數)'라고 하는데 이 작품의 제목과 밀접한 연관성을 지니고 있다. 「운수 좋은 날」은 '돈이 생기는 좋은 날'로 풀이할 수 있는 것이다. 재수가 있다는 말은 돈이 생긴다는 말이고 재수가 없다는 말은 돈이 생기지 않는다는 말이 된다. '재수가 옴 붙은 듯하다', '재수에 옴 올랐다'도 재수가 없다는 말로 돈이 생기지 않는다는 의미이다. 이러한 돈은 저승길에서까지 위력을 발휘하고 있다. 장사를 지낼 때 저승길을 가는 사람을 위해 노잣돈이 필요하다며 종이돈을 태우기도 한다.

「운수 좋은 날」에서 돈은 김 첨지의 권위를 상징한다고 해도 과언이 아니다. 권위는 사회 속에서 구성원들에게 인정받는 영향력이다. 이 영향력은 시대에 따라 다르게 나타난다. 중세의 도덕적, 정치적 권위는 자본주의에서는 부정되고 새로운 권위가 그 자리를 대신하게 된다. 일제강점기에도 돈은 막강한 권위를 가졌다고 할 수 있다. 돈이 없는 김 첨지는 권위 또한 제대로 세울 수 없는 것이다.

박홍숙(1997: 40)의 말처럼 1920년대의 일제강점기라는 사회적 요인으로 나라 잃은 한국인은 궁핍한 현실을 살아야 했다. 당시 하층민들의 가진 자에 대한 증오심은 돈의 결핍에서 오는 경우가 많았다. 돈의 결핍은 말할 수 없는 고통이며 그래서 인간의 기대나 욕망의 구조를 심각하게 협소화한다. (우찬제, 1991) 최저 생계를 위협하는 돈의 결핍은 죽음을 초래하고 혈육의 정도 끊어 놓고 말았다. 돈 때문에 벌어지는 극단적 상황은 하층민의 처절한 몸부림으로 표현되기도 하였다. 당시 한 사람의 소설가에 불과했던 현진건 또한 일본에 저항할 마땅한 방법을 찾지 못했다. 그는 소설 속에서 돈이라는 매개물을 이용하여 시대적 아픔을 보여 주려 했다.

전술한 것처럼 운수가 좋다는 말은 돈을 많이 벌었다는 의미이다. 거의 열흘 동안 한 푼의 돈도 벌지 못했던 김 첨지는 운수가 좋은 날 드디어 많은 돈을 벌게 된다. 이 작품에서 돈은 매우 중요한 역할을 수행하고 있다. 돈은 작품의 처음부터 끝까지 핵심적 소재로 작용하여 주인공인 김 첨지를 울게도 하고 웃게도 한다. 김 첨지는 일을 끝내고 집으로 돌아가는 길에서 친구 치삼을 만나 선술집에서 술을 마시다가 전에 없는 술주정을 한다.

"봐라, 봐! 이 더러운 놈들아, 내가 돈이 없나? 다리 뼉다구를 꺾어 놓을 놈들 같으니."
하고 치삼이 주워 주는 돈을 받아,
"이 원수엣 돈! 이 육시를 할 돈!"
하면서 풀매질을 친다. 벽에 맞아 떨어진 돈은 다시 술 끓이는 양푼에 떨어지며, 정당한 매를 받는다는 듯이 '땡' 하고 울었다. (현진건, 2008: 154)

그는 세상을 향해 소리친다. "이 원수엣 돈! 이 육시를 할 돈!"
이다. 여기서 '육시(戮屍)'란 옛날 형벌을 의미한다. 그것은 묘에
서 죽은 사람의 시신을 파내어 머리, 팔, 다리, 몸 등 6조각으로
다시 참형(斬刑)을 가하는 형벌이다. 그에게 돈은 원수이며 육시
를 가할 정도로 원한을 가진 것이다. 돈 때문에 김 첨지가 울고,
돈이 울고, 독자들도 울게 된다.

김 첨지는 일제강점기의 하층민으로 돈의 결핍을 온몸으로
느껴야 했다. 그러나 당시 시대적 상황에서 철저한 타자였던 그
에게 돈이란 한갓 허상에 불과했다. 그가 돈을 좇아가면 갈수록
돈은 저 멀리 달아나 버리는 신기루와 같은 존재였다. 그에게
돈이 없는 한 그는 영원한 타자이며 권위 또한 찾기가 어렵다.
따라서 돈은 그에게 원수이며 육시를 할 돈이 되는 것이다.

셋째, 허장성세(虛張聲勢)의 문화를 발견할 수 있다.

허장성세는 속은 비어 있으나 과장되게 헛소문과 허세만 떠
벌린다는 의미이다. 다시 말하면 실력도 없으면서 큰소리만 뻥
뻥 치는 것이나 다름이 없다. 「운수 좋은 날」에서 김 첨지는 거
의 열흘 만에 2원 90전이라는 많은 돈을 벌게 된다. 그는 돈을
버는 순간 아내의 얼굴이 가장 먼저 머리에 떠올랐다. 아내가
먹고 싶어 했던 설렁탕을 사 줄 수 있게 되었기 때문이다. 아내
에게 설렁탕을 사다 주면서 허장성세를 한번 부려보고 싶었다.

"이 난장맞을 년, 남편이 들어오는데 나와 보지도 안 해, 이 오라질

년."이라고 고함을 친 게 수상하다. 이 고함이야말로 제 몸을 엄습해 오는 무시무시함을 쫓아 버리려는 허장 성세인 까닭이다. (현진건, 2008: 157)

집에 당도한 김 첨지는 아내에게 욕을 하면서 고함을 친다. 이러한 김 첨지의 행위는 너무나 적막한 집안 분위기에 대하여 무서움을 떨쳐내기 위한 허장성세이다. 허장성세를 부려보면서 자신의 권위를 세우고 무서움에서 벗어나고자 한다. 그러나 김 첨지의 이러한 수고에도 불구하고 허장성세를 받아줄 아내는 이미 싸늘한 주검으로 변해 있었다.

허장성세는 일종의 개인주의와 관련되어 있음을 발견하게 된다. 허장성세를 부리는 자체가 개인주의의 자기중심적 사고방식에서 나왔다고 하겠다. 개인주의는 자신이나 어떤 대상에 대하여 지나치게 집착할 때 나타나는 행동이다. 피아제는 인지발달이론에서 2~7세 아이들의 자기중심성을 전조작 단계로 보았다. 이 단계에서는 오직 자기중심적인 관심으로만 대상을 바라보게 된다. 그것은 아이들의 인지발달이 제대로 이루어지지 않아서 다른 사람에 대해 고려를 할 수 없어서 발생하는 행동이다. 그래서 어린이들이 자기중심적인 행동을 하거나 잘못을 저지더라도 너그럽게 용서할 수 있는 것이다.

그러나 어른이 자기중심적인 행동을 하게 되면 용서가 어려워짐과 동시에 비난의 대상이 되기에 십상이다. 자기중심적인 어른이란 나이만 먹었지 아직 지적인 발달이 제대로 이루어지지 않았다는 의미를 담고 있다. 자기중심적인 어른은 자기가 생각한 대로 행동하고 그렇게 되기를 바란다. 그것은 세상의 모든 상황을 자기중심적으로 해결하고자 욕망하는 지극히 개인적이고 이기적인 사고방식이다. 그렇다 보니 상대방을 이해하거나 배려하는 행동을 실행하기란 어렵지 않을 수 없다.

김 첨지가 허장성세를 부리는 상황도 세심하게 관찰해보면 자기중심적 행동과 크게 다르지 않다. 그가 조금이나마 자기 아내를 배려했다면 대문을 발로 차면서 욕을 하고 허장성세를 부릴 수 없을 것이다. 당시 그의 아내는 병석이 누운 지 보름이 지난 상황이다. 그러나 가난 때문에 진찰은커녕 약 한 첩도 먹을 수 없는 불쌍한 처지였다.

이러한 자기중심적 개념이 민족의 개념과 연결되면 자민족중심주의로 확장된다. 자민족중심주의는 섬너(W.G. Sumner)의 『민족습성』에 의해 만들어진 용어이다. 그는 자민족중심주의를 한 민족이 다른 민족과 구별되는 자신들만의 독특한 민속적 관계의 모든 것을 과장하고 강화하도록 이끄는 현상으로 기술했다. 자민족중심주의는 자기 민족문화를 우월하게 생각하는 성향을 지닌다. 18~19세기 유럽 국가뿐만 아니라 일본이 자기 민족의 문화의 우월성을 내세워 식민지를 확장했던 시대적 맥락에서 이해할 수 있다.

특히 일제강점기에 한국인에게 가해졌던 고통은 일본의 자민족중심주의에서 비롯되었다고 하겠다. 하워드(Howard)의 말처럼 자민족중심주의는 같은 민족끼리는 자긍심과 번영 및 안정성을 주는 등 긍정적인 면이 없는 것은 아니다. 그러나 극단적인 자민족중심주의는 극도의 광신과 차별을 주는 등 부정적인 측면이 있다.

프란츠 부케티츠(Franz M. Wuketits)은『멸종』에서 '우리 내면에는 자신이 속해 있는 집단이나 부족 또는 민족, 자신의 문화전통을 지나치게 높이 평가하려는 경향이 깊이 뿌리박고 있다. 반면, 어떤 민족이나 자기들에게 낯선 것들에 대해서 편견을 갖는다'라고 말했다. 이 편견으로 말미암아 자신보다 열등한 미개인 종이라는 이유로 민족 살해와 문화 파괴가 버젓이 자행되고 있다는 것이다.

결국 일제강점기의 김 첨지의 돈과 욕 및 허장성세는 권위주의 문화의 바탕을 이루고 있다. 이러한 그의 권위주의는 자기중심주의에 매몰되어 병든 아내를 두 번 죽이는 역할을 했다. 작가는 김 첨지의 권위주의를 통하여 한국인을 식민지화하여 지배함으로써 한국이라는 국가 자체를 소멸시키고자 했던 일본제국주의를 고발하고자 했다.

ⓒ 정리단계

김 첨지에게 편지를 써 보자.

〈예시〉

김 첨지 아저씨께

그동안 잘 지내셨는지요?

아저씨가 운수 좋은 날 아내의 만류도 뿌리치고 인력거를 끌고 돈을 벌러 나갔을 때는 겨울비가 추적추적 내리는 날이었습니다. 그러나 지금은 함박눈이 내려온 세상이 포근해 보입니다. 이제 겨울이 지나고 따뜻한 봄이 오면 여기저기에서 꽃소식이 들려오겠지요.

저는 아저씨가 운수 좋은 날 인력거에 손님을 태워 많은 수입을 올릴 때만 해도 기분이 무척 좋았답니다. 그런데 아저씨가 설렁탕을 사서 집으로 돌아왔을 때는 그 설렁탕을 먹을 아내는 이미 죽어 있었습니다. 저는 이 대목에서 눈물이 왈칵 쏟아졌답니다. 병든 아내가 그렇게 먹고 싶어 했던 설렁탕을 사 왔는데도 정작 그것을 먹을 사람이 이 세상에 존재하지 않는다고 생각하니 너무나 가슴이 아팠습니다.

아저씨!

지금의 한국은 아저씨가 인력거를 끌던 일제강점기와는 완전히 다른 세상으로 변했답니다. 아저씨는 일제강점기에서 열심히 일했지만, 삼순구식(三旬九食)을 하기도 어려운 생활을 했습니다. 아저씨가 그렇게 궁핍한 생활을 한 이유는 당시 한국이 일본의 식민 지배를 받고 있었기 때문이지요. 일본이 한국 사람의 토지를 빼앗고 국가 경제를 황폐화한 것이 가장 큰 원인이었습니다.

그러나 지금은 사정이 많이 달라졌습니다. 한국은 눈부시게 발전하고 있으며 반도체나 전자제품 시장에서 이미 일본을 앞질렀습니다. 경제적인 부분뿐만 아니라 유명 연예인을 중심으로 한 한류 열풍이 전 세계로 확산하고 있어 문화적인 부분에서도 세계적인 주목을 받고 있습니다.

아저씨가 끌던 인력거는 오래전에 없어졌기 때문에 그것을 보려면 박물관에나 가야 할 것입니다. 인력거 대신 기차와 자동차 및 비행기가 그 자리를 대신하여 전 세계가 일일생활권이 가능한 시대가 되었답니다.

결국 아저씨의 운수 좋은 날은 병든 아내가 죽고 마는 불행한 날이 되었습니다. 그러나 한국은 이 불행한 날을 극복하고 진정 운수가 좋은 국가를 건설하기 위해 노력하고 있습니다. 다시는 지구상에서 지배하고 지배당하는 국가가 존재해서는 안 되겠습니다. 세계의 모든 국가가 서로 돕고 화해하는 과정에서 진정한 소통이 이루어져 모두가 행복한 국가가 되었으면 좋겠습니다.

그럼 늘 건강하시고 안녕히 계십시오.

20○○년 ○월 ○일,

○○○ 올림

(4) 수업의 실제 - 「운수 좋은 날」의 교수·학습지도안

① 일제강점기를 통한 역사문화 교육

대단원명	한국문화의 이해	일시	20××. 12	장소	강의실
소단원명	운수 좋은 날	대상	고급반	차시	1/3
단원학습목표	· 일제강점기를 통한 역사문화를 이해할 수 있다. · 소설을 통한 지리문화를 탐색할 수 있다. · 소설을 통한 권위주의와 남성성문화에 대하여 발표할 수 있다.				
본시학습목표	일제강점기를 통한 역사문화를 이해할 수 있다.				

학습과정	교수 · 학습 활동	시간(분)
도입 단계	· 학습동기 유발 - 운수가 좋았던 경험을 자발적으로 발표할 수 있도록 유도한다. · 학습목표 제시 - 소설의 소재를 찾아 1920년대 역사문화적 배경을 추측할 수 있다. - 김 첨지의 경제적 형편을 알 수 있다. - 소설을 통해 작가가 하고자 하는 말이 무엇인지 설명할 수 있다. - 소설을 읽고 감상문을 작성할 수 있다.	10
문제 해결 단계	· 소설의 소재를 찾아 1920년대 역사문화적 배경을 추측해 보자. - 인력거, 십 전짜리 백동화 서 푼 또는 다섯 푼 · 김 첨지의 경제적 형편을 생각해보자. - 병석에 누운 지 보름이 지났지만 약 한 첩 못 먹은 아내 - 얼굴이 바싹 마른 인력거꾼 김 첨지 · 소설을 통해 작가가 하고자 하는 말이 무엇인지 설명해 보자. - 운수 좋은 날이 아내가 죽은 가장 비극적인 날임	25
정리 단계	· 학습 내용 정리 및 내면화 - 소설을 읽고 감상문을 작성해 보자.	15

다문화 한국어 교육을 위한 한국문화 교육론

② 소설을 통한 지리문화 교육

대단원명	한국문화의 이해	일시	20××. 12	장소	강의실
소단원명	운수 좋은 날	대상	고급반	차시	2/3
단원 학습 목표	· 일제강점기를 통한 역사문화를 이해할 수 있다. · 소설을 통한 지리문화를 탐색할 수 있다. · 소설을 통한 권위주의와 남성성문화에 대하여 발표할 수 있다.				
본시 학습 목표	소설을 통한 지리문화를 탐색할 수 있다.				

학습 과정	교수 · 학습 활동	시간 (분)
도입 단계	· 학습동기 유발 - 1920년대 일제강점기 서울 거리의 사진을 보여 주며 느낌을 자유롭게 발표하도록 한다. · 학습목표 제시 - 소설에서 집이라는 공간이 지니는 상징적 의미를 알 수 있다. - 서울을 조사하고 발표할 수 있다. - 현재 서울에서 가 볼 만한 곳을 추천할 수 있다. - 일제강점기였던 1920년대에 서울의 모습을 상상할 수 있다.	10
문제 해결 단계	· 소설에서 집이라는 공간이 지니는 상징적 의미를 생각해보자. - 김 첨지의 집은 일제강점기의 한국의 현실을 의미함 · 서울을 조사하고 발표해 보자 - 서울은 한국의 수도로 정치·경제·문화·교통의 중심지임 · 현재 서울에서 가 볼 만한 곳을 추천해 보자. - 경복궁 - 북촌 한옥마을 - N 서울타워	25
정리 단계	· 학습 내용 정리 및 내면화 - 일제강점기였던 1920년대에 서울의 모습을 상상해 보자.	15

③ 소설을 통한 권위주의와 남성성문화 교육

대단원명	한국문화의 이해	일시	20××. 12	장소	강의실
소단원명	운수 좋은 날	대상	고급반	차시	3/3
단원 학습 목표	· 일제강점기를 통한 역사문화를 이해할 수 있다. · 소설을 통한 지리문화를 탐색할 수 있다. · 소설을 통한 권위주의와 남성성문화에 대하여 발표할 수 있다.				
본시 학습 목표	소설을 통한 권위주의와 남성성문화에 대하여 발표할 수 있다.				

학습 과정	교수 · 학습 활동	시간 (분)
도입 단계	· 학습동기 유발 - 한국문화 특질 중에서 집단주의가 무엇인지 질문한다. - 한국의 권위주의 문화 특질을 나타내는 사진이나 동영상을 보여 주면 　서 학습자 국가와의 차이점을 발표하게 한다. · 학습목표 제시 - 욕설의 문화를 알 수 있다. - 돈의 문화를 탐색할 수 있다. - 허장성세의 문화를 발견할 수 있다. - 김 첨지에게 편지를 쓸 수 있다.	10
문제 해결 단계	· 욕설의 문화를 알 수 있다. - 김 첨지는 욕설을 통하여 권위를 세우고자 함 · 돈의 문화를 탐색할 수 있다. - 김 첨지는 돈을 통하여 권위를 세우고자 함 · 허장성세의 문화를 발견할 수 있다. - 김 첨지는 허장성세를 통하여 권위를 세우고자 함	25
정리 단계	· 학습 내용 정리 및 내면화 - 김 첨지에게 편지를 써 보자.	15

다문화 한국어 교육을 위한 한국문화 교육론

2.
1950년대 「숨 쉬는 영정」 교육 방안

(1) 한국전쟁과 이산가족의 아픔

① 한국전쟁과 이산가족의 아픔

한국전쟁은 1950년 6월 25일부터 1953년 7월 27일까지 약 3년 1개월간 지속되었다. 이 전쟁은 북한군의 기습 남침으로 발발하였으며 전쟁 초기에는 한국의 전세가 불리했다. 그러나 유엔군이 참전하여 10월 말경에는 압록강 지역까지 진격하였다. 이후 중공군의 개입으로 전쟁은 장기전에 돌입했으나 1953년 정전협정이 체결되어 지금의 휴전선을 경계로 휴전이 성립되었다.

한국전쟁은 연합군과 미국의 지원을 받은 한국과 중국과 소련의 군사와 물자의 지원을 받은 북한 간의 대리전쟁의 양상을 보였다. 같은 민족이 자신의 땅에서 전쟁했을 뿐이지 미국, 중국, 소련 등 강대국의 이권 다툼으로 발발한 전쟁이었다. 당시 연합국은 제2차 세계대전에서 승리한 후 일제강점기에 있던 한국을 분할·점령하기로 합의하였다. 이로 말미암아 북위 38도선을 경계로 남쪽은 미국군이 북쪽은 소련군이 점령하여 한국과 북한의 갈등은 점점 심화하였다. 해방 5년 만에 발발한 한국전쟁은 명목상으로는 민족통일을 표방했으나 결국에는 민족을 분열시키고 갈등과 대립을 극단화하여 분단을 고착화하는 전쟁이 되고 말았다.

한국전쟁으로 인한 사망자 중에는 비전투요원의 사망이 역사상 유례가 없을 정도로 많았다. 인천상륙작전 당시의 UN군 사령관이었던 더글러스 맥아더(Douglas MacArthur) 장군은 1951년 미 의회 청문회에서 증언했다. 그는 '평생을 전쟁 속에서 보낸 본관과 같은 군인에게조차 이러한 비참함은 처음이어서 무수한 시체를 보았을 때 구토하고 말았다'라고 고백한 것이다.

사망자 수만 많았던 것이 아니라 물질적 손실도 엄청나 남북한의 사회 및 경제 기반이 대부분 파괴되었다. 아울러 당시 한반도의 학교·교회·사찰·병원·민가뿐만 아니라 공장·도로·교량 등도 무수히 파괴되었다. 이러한 인적, 물질적 손해보다도 더 큰 손실은 같은 민족 간의 불신과 적대감이 더욱 심화한 것이다. 서로에 대한 불신과 적대감은 증오심과 복수심을 유발하기에 이른다.

남북한 모두 이데올로기를 토대로 흑백논리의 사고방식에 집착하고 만다. 이러한 논리에 사로잡히다 보니 중용의 논리에 의

한 타협과 대화는 어려울 수밖에 없다. 중용의 논리에 의한 중도적 이데올로기는 죄악시되고 좌나 우, 한쪽으로 편향된 이념을 가진 세력의 집권이 용이하다. 따라서 평화적인 통일은 요원한 일로 여겨지게 되었다.

특히 한국전쟁은 이상과 같은 인적, 물질적, 정신적 손실과 아울러 엄청난 숫자의 이산가족을 만들어 내었다. 당시 남북한 이산가족의 숫자는 1,000만 명 정도로 예상한다. 1953년 한국전쟁이 휴전된 이후 한국과 북한의 직접적인 교류와 소통이 이루어지지 않아 이산가족은 서로에 대한 소식을 알 수가 없었다. 이산가족은 인도주의적 관점에서 해결해야 할 문제임에도 불구하고 남북한의 정치적 이해관계에 얽매여 70여 년이나 생이별을 하고 있는 셈이다.

한국전쟁 당시 이산가족들은 가족을 곧바로 만날 수 있을 것으로 생각했다. 국제연합에서도 성명서를 통해 난민들의 자발적 강제송환과 함께 휴전을 제안했기 때문이다. 그러나 휴전선이 그어지고 남북한의 왕래는 강제적으로 통제되고 말았다. 1971년부터 1972년까지 대한적십자사는 이산가족에 대한 논의를 시작했지만, 조약 등과 같은 가시적 성과는 내지 못하였다.

이후 1983년 한국방송 KBS는 '일천만 이산가족 상봉 캠페인'을 진행한 바 있다. 이 프로그램은 이산가족뿐만 아니라 모든 한국인의 주목을 받았다. 따라서 당초 95분으로 예정되었으나 시청자들의 성원으로 453시간 45분으로 연장되는 기록을 세웠다. 그리고 이산가족 100,952명의 등록자 중 10,189명의 가족이 헤어진 가족을 만날 수 있었다.

현재 남한과 북한에 있는 이산가족들은 대부분 서로의 생사나 연락처를 알 수 없는 상황이다. 2000년 제1차 이산가족 상봉이 이뤄지고 난 다음 2010년 제18차 이산가족 상봉까지 있었다. 그러나 실제로 상봉한 가족은 불과 10%에도 미치지 못하고 있다. 특히 2001년 대한민국 적십자사에 최초 등록했던 이산가족 중에 사망한 사람이 10%를 넘어서고 있는 것으로 조사되었다. 이처럼 이산가족 1세대의 사망자 수가 점점 늘어남에 따라 이산가족 문제해결을 위한 인도주의적 차원의 관심이 요망된다.

② 한국전쟁을 통한 역사문화 교육

㉠ 도입단계

첫째, 학습동기를 유발한다.
- 영화 〈태극기 휘날리며〉의 일부분을 보여 주고, 전쟁의 참혹함과 이별의 슬픔을 인식하도록 한다.

둘째, 학습목표를 제시한다.
- 소설의 소재를 찾아 1950년대 역사문화적 배경을 추측할 수 있다.
- 한국의 이산가족 상봉 과정과 이 문제를 해결하는 방안을 모색할 수 있다.

- 소설을 통하여 작가가 하고자 하는 말이 무엇이지 설명할
  수 있다.
- 한국전쟁 당시 형과 헤어진 후 재규의 삶을 상상할 수 있다.

ⓒ 문제 해결단계

첫째, 1950년대의 시대적 상황을 나타내는 소재를 찾아보자.

앞에서 살펴본 것처럼 한국전쟁은 1950년 벽두에 발발하여 1953년 휴전이 될 때까지 계속되었다. 이러한 시대적 배경에서 전후소설은 허무와 절망에 가득 차 있었고 민족 분단을 극복할 수 있을 것이라는 희망조차 표현하기 어려웠다. 전후소설은 주로 작가의 전쟁 체험을 작품으로 형상화하였다. 아울러 전후 상황을 토대로 하여 허무주의와 실존적 불안감을 표현하기에 급급했다. 그것은 전쟁 중에 목격한 젊은이와 민간인들의 죽음을 통하여 허위와 가식을 발견했기 때문이다.

이후 전후소설 작가들은 전쟁을 통하여 인간성 상실을 목격하고 그것을 작품으로 고발하고자 하였다. 전쟁으로 인하여 물질적, 정신적으로 황폐해지고 있는 현실에서 인간의 존엄성에 회의를 느끼며 반성한 것이다. 이러한 작가들의 한국전쟁 체험의 형상화는 한국 리얼리즘 소설의 발전에 영향을 미친다. 그러나 전쟁의 세태를 묘사하거나 전후의 상황을 반영하는데 치중했다는 비판을 받기도 한다. 소설이란 전쟁의 상황을 극복하고 미래에 대한 희망을 제시하는 것이 본연의 기능이기 때문이다.

구인환의 「숨 쉬는 영정」은 1950년대 전후작가들이 지녔던

허무의식과 실존적 불안감을 지녔다고 할 수는 없다. 그러나 이 소설의 근원적인 뿌리는 한국전쟁에 두고 있다. 작가가 만들어 나가는 문학작품의 환경은 역사적 환경과 밀접한 관계에 놓이며 필경 당대 사회의 이데올로기와 필연적인 울타리를 형성하게 될 것인데, 한 나라의 주권이 남의 나라에 빼앗기고 동족의 가슴에 총부리를 겨누어야 하는 중대한 아픔을 겪어야 했던 민족이라면 그러한 경험이 없는 민족과 비교했을 때 전쟁이라는 소재가 작가의 사고를 붙들어 매는 당면과제로 부상할 수밖에 없다.(구인환, 2002: 304)「숨 쉬는 영정」이 전쟁을 소재로 하고 있다는 것은 전쟁으로부터 비롯된 다양한 문제들이 제대로 해결되지 않고 있다는 것을 발언한다. 구인환은 전쟁을 체험한 세대로서 전쟁을 소재로 작품을 전개해 나가는 데는 나름의 일견을 지니고 있다. 작가는 그가 즐겨 쓰는 소재가 있기 마련이고, 그 것은 필연적으로 자신의 체험과 관심과 능력 안에서 선택될 수밖에 없기 때문이다.(현길언, 1994 : 24)

아래에서는 1950년대의 시대적 상황을 나타내는 소재를 찾아보기로 한다.

먼저, 하우스 보이를 찾아볼 수 있다.

한국전쟁 당시 태규와 재규는 어머니와 이별하고 사리원 용수리를 떠나 남한으로 피란을 오게 된다. 재규는 피란 도중에 수원 근처에서 비행기 포격을 받아 형 태규와 헤어진다. 형과 헤어진 재규는 미군부대에서 하우스 보이를 하면서 생활을 꾸려 나간다. 그때 나이가 열서너 살에 불과했지만, 세월이 흘러 사십 살이 되었으니 서로를 알아볼 수 있을까 염려하는 것은 당연한 일이다.

　태규형은 이 재규를 알아볼까. 열서너 살의 소년이 사십이 넘었으니, 그새 변해도 몇 번 변한 것이 아닌가? 사십이 된 얼굴에 열 몇 살의 인상이 남아 있을까? 없을 거야. 남아있을 리가 없지. 옛날같이 미군의 하우스 보이로 같은 부대에 있었던 애들도 서로 몰라보는데, 기와집 도령의 옛 모습이 남아 있을 턱이 없다. (구인환, 2002 : 30)

　앞에서 말한 것처럼 피란 도중에 재규는 형과 헤어진 뒤 하우스 보이 생활을 하게 된다. 하우스 보이는 전쟁이 끝난 뒤 미군 부대에서 여러 가지 잡일을 담당했던 소년을 말한다. 이들은 주로 부모가 없거나 생활이 어려운 소년 중에서 똑똑한 아이들이 고용되었다. 당시 미군부대에서 하우스 보이라고 할 수 있는 아이들은 숙식 문제만큼은 해결할 수 있었다. 그래서 궁핍한 생활을 하던 대부분 전쟁고아나 어려운 환경에 생활하던 아이들에겐 하우스 보이가 선망의 대상이었다.
　한국전쟁이 끝난 후에도 아이들은 하우스 보이가 되고자 미군부대 주변에 몰려들었다. 숙식 문제를 해결할 수 없었던 전쟁고아나 어려운 환경의 아이들에게 하우스 보이보다 좋은 일자리가 없었기 때문이다. 하우스 보이는 주로 미군들의 구두를 닦고 세탁을 했다. 일부는 미군 막사를 관리해 주었다. 주로 미군의 침상을 정리해 주고 청소를 하고 세탁물을 세탁소에 맡기고 찾아와 정리한다. 이러한 일을 하고도 최저임금에도 미치지 못하는 임금을 받았으니 열악한 생활에서 벗어나기는 어려웠다. 당시 하우스 보이들은 미국으로 가는 사람, 한국에 남는 사람으로 분류할 수 있다. 미국으로 건너가는 사람들은 입양되는 경우였다. 한국에 남는 사람들은 영어 실력을 인정받아 통역관 등으로 근무할 수 있었다. (워싱턴 중앙일보, 2006 : 3. 10)

전자의 경우에 신호범과 임종덕을 예로 들 수 있다. 신호범은 하우스 보이를 하다가 미군에 입양된 경우이다. 미국에서 검정고시에 합격하고 대학에서 공부하여 교수가 되었다. 이후 하원의원, 상원의원에 당선되어 다섯 번이나 상원의원을 지낸다. 임종덕도 하우스 보이 생활을 하다가 미국에 입양되어 하버드대학교 정치학박사 학위를 받았다. 미국 육군대령으로 예편하기까지 백악관에서 닉슨 대통령, 포드 대통령, 카터 대통령 등 세 명 대통령의 안보 비서관으로 근무했다. 현재까지 상원 3선, 하원 2선 등 합계 5선으로 계속 의정활동을 펼치고 있다. 김성철은 하우스 보이로 근무하다가 한국에 남은 경우이다. 그는 30여 년 동안 미군 부대 비정규직 근로자 생활을 하였다. 열악한 임금으로 생활하고 자녀들을 교육했으나 최근에는 미군 감축설로 생존권을 위협받는 일도 있다. (경일일보, 2001 : 7. 12)

다음으로, 기총소사를 들 수 있다.

한국전쟁으로 북한 사리원 용수리에서 피란민 대열에 합류한 태규와 재규 형제가 수원 근처에 도달했을 때의 일이다. 재규는 발이 아파 더 이상을 걸을 수 없어 자리에 주저앉았다. 이때 비행기 소리와 굉장한 폭음을 들렸으며 그것은 비행기에서 기총소사한 것이다. 두 형제는 죽지 않으려고 온갖 힘을 다하여 뛰었지만, 재규가 정신을 잃고 쓰러지면서 이별하게 된다.

태규형은 어서 일어나라고 했지만, 꼼짝할 수가 없었다.
그때, 비행기 소리와 함께 콩 튀기는 소리가 났다. 기총소사였다. 어떻게 달아나서 엎드렸는지 몰랐다. 잠시 후, 저쪽 언덕 위에서 태규 형이 손짓을 하면서 부르는 소리가 들려왔다. 어서 태규 형 쪽으로 가야겠다는 순간, 또 비행기 소리가 났다. 마구 달렸다. (구인환, 2002 : 31)

인용문에 등장하는 기총소사는 비행기가 저공비행으로 목표물에 근접하여 빗자루로 쓸어 내듯이 기관총이나 로켓포 등으로 난사하는 일을 말한다. 원래는 지상이나 해상에 있는 적의 병력·부대·장비·진지·시설, 그리고 도로나 항만·선박·비행장 등을 파괴하기 위한 용도로 활용되었다. 그러나 전쟁이 격화되면서 시설이나 인명에 상관없이 사용되었다. 기총소사를 인명에 사용하면 90% 이상 죽게 할 정도로 강한 위력을 발휘한다.

한국에서는 한국전쟁을 비롯하여 나라를 위하여 목숨을 바친 애국선열과 국군 장병을 위하여 매년 6월 6일을 현충일로 정하여 기념행사를 한다. 이날은 국가보훈처 주관으로 이들의 넋을 위로하고, 충절을 추모하기 위하여 정한 기념일이다. 현충일에는 공휴일로 지정하여 조기를 게양하고, 대통령을 비롯하여 정부 요인들과 국민은 국립현충원을 참배한다. 특히 오전 10시에는 사이렌 소리와 함께 전 국민이 일 분간 묵념으로 고인들의 명복을 빈다.

한국의 현충일과 유사한 기념일은 미국이나 일본에도 있다. 미국은 5월 마지막 월요일을 메모리얼 데이(Memorial Day)로 정해 전쟁에서 죽은 사람을 추도하는 행사를 거행한다. 일본에서도 제2차 세계대전이 끝난 8월 15일을 종전기념일로 정해 전몰자를 추도하고 평화를 기원하는 행사를 시행하고 있다.

끝으로, 피란민을 생각할 수 있다.

북한 사리원에서 어머니와 헤어진 뒤 태규와 재규 두 형제는 피란민이 되었다. 전쟁이란 아비규환(阿鼻叫喚) 속에서 이들에게는 오직 남쪽으로 걷는 것만이 유일한 희망이었다. 해방 후 북한에서 남한으로 피란을 오는 이유에는 몇 가지가 있다. 그것은 '자유민주주의나 순수 민족주의에 대한 탄압, 북한의 토지개혁으로 사유재산에 대한 몰수, 어느 정도 재산이 있거나 지주에 대한 부르주아라는 낙인, 북한의 체제가 공산주의로 바뀌면서 의무적인 민간인 동원에 대한 불만' 등으로 분류된다. 이러한 여러 가지 이유 중에서 태규와 재규 두 형제는 자유민주주의를 찾아 남쪽 피란길에 오른 부류라고 할 수 있다.

수원을 지났다고 했다. 발이 부르터서 걸을 수 없다고 떼를 쓰는데 태규 형이 갑자기 일어났다. 어디서 이상한 소리가 들려온 모양이다.

사실, 눈으로 뒤덮인 산을 바라보며 어딘지도 모르고 형을 따라가는데 죽을 것만 같았다. 수많은 피란민이 질서 없이 남쪽을 향해서 걸어가는 것이 유일한 희망이었다. (구인환, 2002 : 30~31)

한국전쟁 당시 피란민의 고통은 말로 표현할 수 없을 정도이다. 우선 인간의 가장 기본적인 숙식 문제를 해결하기가 쉽지 않았다. 피란민들은 가까운 마을로 들어가 음식을 구걸하고 하룻밤이라도 재워달라고 요청했다. 그러다 보니 전염병에 걸리거나 퍼뜨리는 경우가 많았다. 그래서 어떤 마을에서는 '피란민 사절'이라는 마을 안내장을 붙이기도 하였다.

피란민들은 1951년 1·4후퇴 이후 최후의 방어선이 된 부산으로 몰려들었다. 이때 부산으로 온 피란민들은 70만 명이 넘었다고 한다. 당시 정부에서도 이들의 숙식 문제를 해결하기 어려웠다. 이들 중의 일부만 정부에서 마련한 수용소에서 생활할 수 있었고 대부분은 천막이나 움막 또는 판잣집 생활을 할 수밖에 없었다.

정부의 구호식량은 집단 수용소에 생활하는 사람들에게만 제공되었다. 나머지 사람들은 생계를 해결하기 위해 부두 노동자나 행상 지게꾼 생활을 했다. 이들이 생활하던 곳에는 새로운 문화가 형성되었다. 피란민이 전국 각지에서 모였으므로 각 지역의 언어생활 문화나 음식 문화가 융합되는 현상이 일어났다. 언어적 측면에서는 부산 사투리에 적응하는 현상이 나타났다.

음식 문화적 측면에서는 각 지역의 고유한 음식을 살리기도 했으나 돼지국밥, 빈대떡, 밀면 등 새로운 서민 음식이 만들어지기도 했다.

부산 영도구에는 1934년에 개통된 영도다리가 있었다. 이 다리는 중대형 선박이 지나갈 때 다리의 한쪽을 들어 올려 통과시키는 구경거리를 제공하였다. 가난한 피란민들은 주로 이 다리를 만남의 장소로 이용하였다. 이 다리에는 아직도 당시 피란민들의 애환을 달래주던 가수 현인의 '굳세어라 금순아' 노래비가 세워져 있다.

이 노래는 한국전쟁으로 생이별을 한 사람들의 정서를 담고 있어 지금도 사람들에게 아련한 향수를 전한다. 노랫말에는 흥남부두를 비롯하여 부산의 국제시장, 영도다리 등의 지명이 등장한다. 노래의 화자는 한국전쟁으로 가족과 이별하고 부산에서 장사하고 있다. 그는 흥남부두에서 헤어진 금순이에게 자신의 안부를 전하면서 만날 때까지 굳세게 살아가기를 희망한다는 내용이다. '역사를 기억하지 못하는 자는 그 역사를 다시 살기 마련이다'라는 독일 아우슈비츠 수용소에 적힌 글을 생각하게 된다.

둘째, 한국의 이산가족 상봉 과정과 이 문제를 해결하는 방안을 모색해 보자.

세계인권선언에는 인간은 거주이전의 자유가 있고 고향으로 돌아갈 권리가 있다는 것을 명시하고 있다. 아울러 이러한 권리는 정치적 이유로 차별되어서는 안 되며 모든 사람이 누릴 수 있어야 한다고 선언하였다. 그런데도 한국에 1,000만 명이나 되는 이산가족이 존재한다는 사실은 믿기가 어렵다.

한국 이산가족의 역사는 일제강점기를 시작으로 1945년 광복으로 거슬러 올라갈 수 있다. 일제강점기에는 궁핍을 견디지 못한 가족들은 흩어져 살 수밖에 없었다. 광복 이후에는 이데올로기 문제로 또 한 번의 이별을 경험하게 된다. 하지만 본격적으로 1950년 한국전쟁에서 비롯되었다고 하겠다. 당시 이산가족들은 바로 재회할 수 있을 것으로 예상했지만 1953년 휴전되고 분단이 굳어짐으로써 오늘날까지 상봉하지 못하고 있다. 이러한 이산가족의 고통은 경험하지 않은 사람은 느낄 수 없을 정도로 크다. 이들은 이러한 고통 속에서도 언젠가는 다시 만날 수 있을 것이라는 희망을 버리지 않았다. 이러한 희망이 70여 년을 넘기면서 그들에게 서서히 절망감을 안겨 주고 있어야 한다.

한국 정부가 남북한 이산가족 문제를 해결하기 위해 노력을 하지 않은 것은 아니다. 남북한이 이산가족 문제를 처음으로 언급한 것은 1971년이다. 당시 대한적십자사는 최초로 이산가족에 대한 논의를 시도했지만, 가시적 성과가 있었던 것은 아니다. 주지하듯 1983년 KBS가 '일천만 이산가족 상봉 캠페인'을 진행하여 전 국민의 전폭적인 관심을 끌었다. 그러나 이 캠페인은 남한만의 행사로 진행된 관계로 북한에서는 참여하지 않아 반쪽 행사에 불과했다는 아쉬움이 없지 않았다.

한국의 이산가족이 실질적으로 상봉이 이루어진 것은 2000년 평양에서 이루어진 역사적인 남북정상회담 이후이다. 정상회담에서는 6·15남북공동선언문이 발표되었다. 이 선언문은 통일문제의 자주적 해결, 남북 통일방안의 공통성 인정, 이산가족 등 인도적 문제해결, 민족경제의 균형 발전 및 제반 분야의 교류 활성화, 남북 당국자 간 회담 개최와 김정일 국방위원장의 서울 방문 합의 등 5가지 항목을 합의한 것이다.

남북공동선언문 세 번째 항목을 살펴보면 '이산가족 등 인도적 문제해결'이라고 명시되어 있다. 이를 계기로 여러 번의 이산가족 상봉이 이루어졌다. 즉, 2000년 8월 15일부터 18일까지 1차 상봉을 시작으로 2010년 10월 30일부터 11월 5일까지 18차 상봉까지 진행되었다. 그리고 2012년 현재 약 2년째 정치적인 이유로 인하여 이산가족 상봉은 제자리걸음을 면하지 못하고 있다.

이산가족은 대부분 한국전쟁으로 인하여 헤어졌으며 휴전과 동시에 이미 해결되어야 했을 사안이다. 하지만 이데올로기라는 굴레를 벗어나지 못하고 정치적인 입장만 되풀이하고 있다. 한국전쟁이 끝난 후 임시로 만들어진 휴전선은 70여 년의 세월이 지났지만, 여전히 견고하게 잠겨 있는 것이다. 한국전쟁으로 많은 사람이 고향을 떠나 부모 형제와 이별하였다. 그런데도 생사조차 알 수 없는 상황이니 통탄할 일이 아닐 수 없다.

다문화 한국어 교육을 위한 한국문화 교육론

기회만 주어진다면 내일이라도 당장……

'북에서 온 아들을 알아보지 못했던 임휘경씨는 차츰 말문이 트이고 있다.'

50년 만에 북쪽에서 찾아온 아들 임재혁(66)씨의 얼굴을 알아보지 못해 이를 지켜보던 국민들을 안타깝게 했던 임휘경(90)씨. 그러나 남쪽에 남은 그의 가족들은 재혁(66)씨가 남겨준 아름다운 흔적에 기쁨을 감추지 못하고 있다.

무엇보다 첫 상봉 때 북에서 온 아들을 알아보지 못할 정도로 쇠약 하던 임휘경씨가 아들을 만난 뒤부터 기적처럼 상태가 좋아지고 있 다는 것이다. "동생이 정말 큰 선물을 주고간 것 같아. 재혁이가 왔 을 때는 말씀도 못하시고 뭐 하나 제대로 알아보지 못하던 분이 글 쎄…. 조금씩 말문도 트이고, 마지막 날에는 북으로 돌아가는 동생 한테 손까지 흔드시더라고. 정말 기적 같은 일이야."

재혁씨의 둘째형 성혁(69)씨. 그는 전쟁 때 인민군에 끌려갔다는 이 야기를 듣고 그저 죽은 줄만 알았던 동생을 만난 것도 기쁜데 덕분 에 아버지의 건강까지 좋아지니 행복이 두 배란다. 물론 그에게도 가슴에 응어리진 게 전혀 없는 것은 아니다.

"떠나던 날 재혁이가 버스 안에서 '우리의 소원은 통일'을 부르며 눈 물을 펑펑 흘리는데 정말 가슴이 쓰리고 참참했지. 통일이 되면 다 시 만나자고 했지만 솔직히 우리가 살아서 다시 만날 수는 없는 것 아니야? 동생이 가족들의 맺힌 한도 풀어주고 아버지께 기쁨도 주 고 갔으니 그걸로 만족해야지." 첫째형 임창혁(71)씨와 큰 형수 유수자(59)씨도 다시 헤어진 슬픔보다는 남기고간 기쁨만 간직하며 살겠노라고 말한다. (한겨레신문, 2000 : 8. 23)

앞에서 인용한 기사는 12년 전 2000년 8월, 한국전쟁 후 첫 이산가족 상봉 때의 상황이지만 여전히 감동적이다. 당시 헤어진 지 50년이나 지나서인지, 건강 탓인지 한국의 90세 아버지는 북한의 66세 아들을 알아보지 못하여 주위 사람들을 안타깝게 하였다. 10년이면 강산도 바뀐다고 했는데, 50년이 지났으니 강산이 다섯 번이나 변한 셈이다. 그토록 고대했던 부자간의 상봉이지만 자식을 알아보지 못하는 아버지의 마음은 얼마나 가슴 아픈 일인지 짐작이 간다. 그렇지만 북에서 온 아들은 남쪽의 형을 만나 우리의 소원은 통일을 부르며 눈물을 흘렸다니 감동이 뼛속까지 전해진다.

이산가족 상봉 행사를 끝나고 아들이 돌아갈 때쯤 아버지는 기력을 회복하고 건강이 좋아지면서 말문이 트이기 시작했다니 다행스러운 일이 아닐 수 없다. 아버지는 떠나가는 아들을 향해 손을 흔들면서 배웅을 했다는 것이다. 한국전쟁으로 생이별을 한 후 50년 만에 만났지만, 또다시 헤어져야 하니 비극이 따로 있는 것은 아니다. 하지만 이들은 통일을 기약하며 헤어진 슬픔보다는 남기고 간 기쁨만을 간직하면서 살아가야겠다고 다짐하고 있다.

하지만 이렇게라도 상봉을 할 수 있었던 사람들은 다행이라고 할 수 있다. 전술한 것처럼 지금까지 18차 상봉이 이루어졌지만, 가족을 만난 사람들은 전체 소수에 불과하다. 더욱 큰 문제는 이산가족 1세대들 중에 사망한 사람들이 다수이고 살아있는 사람들의 수명도 얼마 남지 않았다는 데 있다. 이산가족들은 어떻게 해서든지 살아생전에 가족을 만나고 싶어 한다. 그러다 보니 이산가족 상봉을 위한 대상자 선정 작업에도 많은 관심이 있다.

따라서 이산가족 상봉을 위한 대상자 선정 작업은 형평성의 원칙에서 벗어나서는 안 된다. 이산가족정보통합시스템에 의하면 남북 이산가족 상봉 대상자 선정 인선기준은 다음과 같다.(이산가족정보통합시스템 홈페이지) 우선 남북 당국 간 합의로 행사 일정이 결정되면 대한적십자사 주관으로 각계 인사들로 '인선위원회'가 구성된다. 여기에서 이산가족들의 다양한 의견을 수렴하여 인선기준을 마련하여 컴퓨터 추첨 방식을 이용하여 상봉자를 선정한다.

대면상봉 대상자는 고령자, 직계가족 순으로, 출신지는 균등하게 가중치를 부여하여 컴퓨터로 1차 후보자(방문자의 3배수)를 선발한다. 그리고 본인의 의사 확인, 신체검사 등을 고려한 적격자를 대상으로 컴퓨터 추첨을 통해 북측에 생사 확인을 의뢰하여 대상자(방문자의 2배수)를 선정한다. 최종 방문 대상자는 북측에서 확인 작업을 거쳐 통보해온 생사 확인 결과를 바탕으로 확정한다. 화상상봉 대상자의 경우 1차 후보자는 90세 이상 등 고령자를 우선 선정하되 80세 이상도 포함하여 직계가족 우선으로 가중치를 부여하여 선정하고 있다.

그렇지만 이러한 방식의 이산가족 상봉은 인원수뿐만 아니라 시공간적 한계에 봉착하고 있다. 정부주도의 이산가족 상봉도 좋지만 만간주도의 상봉도 고려할 만하다. 또한 일시적인 이산가족 상봉보다 상시로 만날 수 있는 공간을 마련할 수도 있다. 이미 개방된 금강산 일대를 이산가족 면회 장소로 상시 개방하여 수시로 상봉할 수 있는 길을 모색하는 것도 좋은 방안이 된다.

그러나 이 모든 방법도 남북통일보다 바람직한 것은 아니다. 남북통일로 이산가족 문제를 완전히 해결하는 것이 가장 좋은 방법이다. 통일은 이산가족 문제를 완전히 해결할 뿐만 아니라 한국인의 생존과 안전을 위해서라도 이루어져야 한다. 지금도 한반도는 휴전선을 경계로 100만 명 이상의 군인들이 서로에게 총부리를 겨누고 있다. 통일을 통하여 군사적 긴장과 전쟁 재발의 위험성에서 벗어나야 한다. 그렇게 될 때만 진정한 복지국가를 건설하고 참다운 평화를 누릴 수 있다.

한국이 평화적으로 통일을 하게 되면 남북의 인적, 물적 자원을 한국의 발전과 번영에 투입하여 복지국가 건설에 이바지할 수 있다. 그렇게만 된다면 장기적으로는 세계 5위권의 국가 경쟁력을 가지게 될 것으로 예상된다. 아울러 한국통일은 동북아뿐만 아니라 세계 평화와 안전에도 기여한다. 한국통일로 지구상에는 같은 민족으로 분단된 국가는 모두 사라지게 된다. 그럼으로써 지구상에는 냉전의 시대는 가고 진정한 화해와 평화의 시대가 도래하게 되는 것이다.

셋째, 소설을 통하여 작가가 하고자 하는 말은 무엇일지 생각해 본다.

구인한의 「숨 쉬는 영정」은 한국전쟁이 남긴 한국인의 최대의 비극이라 할 수 있는 이산가족의 고통과 아픔을 주제로 하고 있다. 앞에서 살펴본 것처럼 한국전쟁은 이산가족의 비극만은 남긴 것이 아니라 전쟁으로 인한 인적 피해도 엄청났다. 3년간 계속되었던 한국전쟁에서 남한군은 22만 명, 북한군은 60여만 명, 중공군은 100여만 명이 희생되었다. 민간인도 남한 50만, 북한 300만 명이 사망했다. 아울러 전쟁에 참여했던 미군은 14만 명, 유엔군은 1만 6천여 명의 사상자를 냈다. 북으로부터 피난민 300만 명이 남쪽으로 내려오고, 1,000만 명에 달하는 이산가족을 양산한 그야말로 민족 최대의 비극을 초래하였다. (동아시아평화인권한국위원회, 2001 : 272)

반면에 한국전쟁으로 일본과 미국은 경제적 이득을 챙겼다. 일본은 1950년 초 경기 침체 등으로 공황 위기에 직면했지만, 한국전쟁으로 상황이 급변했다. 일본은 미군의 특수로 수출이 늘어나면서 경제적으로는 생산과 고용, 이윤이 급증한 것이다. 미국은 한국전쟁으로 엄청난 전쟁 비용을 소모했다. 그런데도 미국은 한국전쟁을 제2의 부흥기로 인식하였다. 당시 군비 증강에 고심하던 미국은 한국전쟁으로 돌파구를 마련했다고 할 수 있다. 한국전쟁이 미국을 세계 군사 강대국의 위치를 확고하게 다지는 계기가 되었다.

소설 속에 등장하는 태규와 재규 형제는 고향 사리원을 떠나 남쪽으로 피란하던 중 비행기 기총소사로 헤어지게 된다. 이때가 열서너 살에 불과한 어린 나이였기 때문에 고생도 많았을 것이다. 세월이 흘러 어느 정도의 나이가 된 후 동생 재규는 형 태규를 찾기 위해 신문과 방송에 광고를 내게 된다.

그러니까 바로 나흘 전, 동생의 소식이 왔다고 적십자사에서 통지가 오던 날이었다.

그날도 낮에 산마루에 올라 멍하니 먼 산을 바라보고 있었다. 방송만 나가면 금시 소식이 올 줄 알았던 기대가 산산조각이 나는 듯하자, 그 때 만나지 않은 것이 가슴에 사무쳐 왔다. 벌을 받아야 돼. 받아도 싸지. 재규가 어머니를 모시고 있을지도 모르는 일이 아닌가? 그 때 혼자 남아있었지만, 또 모를 일이다. 난 휴전선보다 더 두터운 장벽을 마음속에 쌓아 놓고 있었다는 말인가? 재규야! 말 좀 해봐라. 어딘가에 있으면 대답을 좀 해보란 말이다. (구인환, 2002 : 25~26)

인용문에서 보듯이 태규는 동생이 자신을 찾고 있다는 사실을 알고 있었다. 그러나 곧바로 동생을 만나겠다는 결심을 하지 못한다. 자신의 경제적 형편이 동생을 만나기에는 너무나 초라하다는 이유 때문이다. 그는 사업의 실패로 변변한 집 한 채 없이 남의 집 전세살이를 하는 모습을 동생에게 보여 주고 싶지 않았다. 그러던 중 집안 형편이 나아질 것 같지도 않고 더구나 자기 몸이 점점 쇠약해져 가는 것을 알았다. 그는 가족들에게 그간의 사정을 이야기하고 이산가족 상담실에 동생을 찾는다는 연락을 한다. 그러나 그는 그토록 그리워하던 동생을 만나지 못하고 사망하고 만다.

재규의 아내는 남편에게 태규가 찾고 있다는 사실을 알려주었다. 이 소식을 전해 들은 재규는 너무나 기뻤다. 그렇게 찾아도 소식이 없던 형이 자신을 찾는다니 꿈인지 생시인지 알 수 없었다. 그는 반신반의(半信半疑)하면서 방송국으로 연락을 취하여 대한적십자사로부터 상봉하러 오라는 통지를 받게 된다.

서울행 버스터미널에서 재규는 버스 떠나기를 재촉하며 설레는 맘을 억누르고 있다. 재규는 약속 시간보다 늦게 서울 고속버스터미널에 도착했기 때문에 서둘러 택시를 타고 적십자로 출발한다. 그는 마음속으로 30여 년 만에 만나는 형에게 무슨 말을 해야 할지 걱정하기도 한다. 이런저런 생각을 하며 면회실에 도착한 재규는 형을 만날 수 없었다. 불과 며칠을 더 기다리지 못하고 형은 이미 저세상 사람이 되어버린 것이다. 형 대신 조카 기현이가 형의 영정을 들고 나타났다. 재규는 망연히 영정을 바라보다가 그것을 부여잡고 뒹굴며 울부짖는다.

앞에서 말한 것처럼 작품에서 형은 자신의 경제적인 문제로 동생과의 상봉을 연기한다. 그러나 경제적인 문제는 해결 조짐이 보이지 않고 악화하고 있는 건강 때문에 만날 결심을 한다. 결국 태규는 동생을 만나지 못하고 사망하게 된다. 작가는 이러한 설정을 통하여 남북한의 이산가족에 대한 소극적 대응 방식에 대한 강한 불만을 표현하였다. 남북한이 60여 년이 지나도록

1,000만 이산가족 중에 10%도 상봉하지 못하게 했다는 것은 비판받아야 마땅하다.

우리는 앞에서 남북한 이산가족 문제에는 어떠한 정치적인 의도가 개입되어서도 안 된다는 것을 지적한 바 있다. 이산가족 문제는 순수한 인도주의적 입장에서 접근해야 한다. 인도주의는 모든 인간은 인간이라는 점에서 동등한 자격을 갖추고 있다는 단순한 생각에서 출발하고 있다. 그것은 인종·국적·종교를 불문하고 사회적인 약자에게 구원의 손길을 내미는 박애주의적 관점으로 접근해야 한다.

작가 구인환은 한국전쟁을 소재로 많은 작품을 창작했다. 한국전쟁을 직접 경험한 작가로서는 당연한 일인지 모른다. 작가는 「숨 쉬는 영정」을 통해서도 이산가족의 슬픔과 고통을 알리면서 인도주의적 입장에서 시급한 해결을 촉구하고 있다. 그는 주인공의 죽음을 통하여 이산가족 상봉을 가로막는 모든 외부적 세력에 대하여 경고의 메시지를 보낸다. 박명애의 지적처럼 죽음이라는 장벽은 인간의 힘으로 감당할 수 없는 이승과 저승의 간격을 의미한다. 그렇다고 하더라도 소설에서 동생 재규는 형을 만날 수는 없었지만, 그의 가족을 만났다는 점에서 또 다른 희망을 예고하고 있다는 점을 잊어서는 안 된다.

ⓒ 정리단계

한국전쟁 당시 형과 헤어진 후 재규의 삶을 상상해 보자.

한국전쟁으로 태규와 재규 두 형제는 어머니와 이별하고 고향 사리원 용수리를 떠나 피란민이 되어 남쪽으로 발걸음을 재촉한다. 하지만 전쟁 속에서 그들의 피란민 생활을 순조롭지 못했다. 남쪽으로 피란을 가던 도중에 수원 부근에서 비행기 기총소사 때문에 헤어지게 된 것이다. 재규는 혼자라는 두려움 속에서 형을 찾았지만, 형은 어디에서도 발견할 수 없었다.

당시 재규의 나이는 열서너 살 정도밖에 되지 않았으니 독립하여 생활하기에는 어린 나이였다. 현재 한국의 상황에 비교해 보면 중학생에 불과하다. 이렇게 어린 재규가 부모와 형제와 헤어졌으니 앞으로 살아갈 길이 막막했을 것이다. 총탄이 이리저리 날리는 전쟁 속에서 홀로 남게 되었으니 절망적인 상황이 아닐 수 없다. 하루의 끼니 해결은 물론 잠자리조차 제대로 구할 수 없었다.

그러나 재규는 절망하지 않고 자신의 살길을 찾던 중에 미군 하우스 보이로 생활하게 된다. 당시 하우스 보이들은 미군의 침구를 정리하거나 청소 및 잔심부름하여 봉사료를 받으며 생활을 꾸려갔다. 일가친척은 물론 부모 형제와 헤어져 낯선 객지에서 살아가기란 무척 힘들었을 것이다. 다행스럽게 얻은 일자리마저 낯선 미군의 청소나 잔심부름이니 적응하기가 어려웠을 것으로 짐작된다.

재규는 이러한 고생을 하면서도 형을 찾겠다는 희망은 버리지 않았다. 언젠가는 형을 만날 수 있을 것이라는 희망 때문에 힘든 일을 견딜 수 있었다. 그는 모진 고통 속에서 희망을 잃지 않고 열심히 일한 결과 사회적으로 기반을 다지게 된다. 그때부터 본격적으로 형을 찾아 나서며 신문과 방송에 형을 찾는다는 광고를 냈다.

이상과 같은 천신만고 끝에 그렇게 보고 싶었던 형을 상봉할 약속을 정하게 된다. 그러나 형은 이미 이 세상 사람이 아니었다. 재규가 만난 것은 살아 있는 형이 아니라 형이 남기고 간 영정 사진이다. 재규는 그렇게 그리워하고 보고 싶었던 형의 사진을 끌어안고 통곡한다.

(2) 전쟁이 앗아간 고향, 사리원

① 인터넷 속의 사리원

자크 아달리(Jacques Attali)는 21세기에는 교직이 사라질 직업 중의 하나로 꼽고 있다. 이 말이 시사하는 바는 한국교육 현실의 변화이다. 칠판과 분필로 대표되는 아날로그식 교수·학습 방법으로 21세기 교육을 할 수는 없다는 것이다. 기존의 객관주의 교수·학습 방법을 벗어나 구성주의적 교수·학습 방법을 수용해야 한다. 다양한 관점과 맥락에서 지식의 복합성을 학습하도록 하는 구성주의적 교육관의 실현이 요청된다. 이제 교수자는 설명자가 아니라 촉진자나 안내자가 되어야 하므로 교육철학이나 학습 방법 및 교수자의 역할에 이르기까지 변화를 요구한다. 결국 무엇(What)을 가르칠 것이냐가 아니라 어떻게(How) 가르칠 것인가가 중요한 셈이다.

돈 탭스콧(Don Tapscott)의 새로운 교수·학습 활동은 인터넷을 활용한 교육의 전형을 보여 준다. 인터넷을 활용한 교육은 '시공간적 제약에서 해방, 인터페이스, 교류, 학습자 통제, 참여' 등의 여러 부분에서 장점이 있다. 기존의 '교수자 주도 교육 풍토에서 벗어나 철저하게 학습자 주도 교육'으로 변화를 모색한다. 강의 전달 방식은 '일방향, 수직적→쌍방향, 수평적'으로 지식의 원천은 '인쇄물 등 제한적→인터넷 등 다양함으로', 학습 스타일도 '수동적→능동적'으로 변화된다. 그리고 교류 및 상호작용 대상이 다양화되어야 한다. 다시 말하면 '교수자-학습자, 학습자-학습자, 교수자-교수자' 사이의 상호작용이 쌍방향, 수직/수평적인 상호작용으로 바뀌게 되며, 학습자들도 강의에 적극적으로 참여할 수 있어야 한다.

인터넷을 활용한 교육은 문화 교육 자료로도 매우 유용하다.(이소영, 2001 : 53~56) 첫째, 인터넷은 풍부한 문화 교육 내용을 다양한 형태의 자료로 제공한다. 인터넷의 다매체적 기능과 무궁무진한 문화 교육내용 관련 정보와 자료의 다양성, 실재성 등은 인터넷을 활용한 한국문화 교육을 활성화할 수 있다. 둘째, 인터넷은 학습자 상호, 학습자-교수자, 학습자-원어민 사이의 다양한 상호 작용을 통한 문화 교육을 가능하게 한다. 다시 말해, 인터넷은 다양한 사이트를 통해 훌륭한 문화 교육 내용을 자료로 제공함과 더불어 인터넷이 가지는 다양한 기능들이 사회 문화적으로 풍부한 의사소통과 상호작용의 맥락과 기회를 제공해 준다. 셋째, 인터넷을 활용한 한국문화 교육은 학습자 중심의 자율적 학습과 개별화 학습을 통해 자기주도적 학습이 가능하다. 기존의 한국문화 교육방식이 학습자가 교재를 중심으로 교수자에 의해 전달되는 문화정보나 지식을 일방적으로 수혜하는 소극적인 학습자를 필요로 했다. 하지만 인터넷을 활용한 한국문화 교육에서 학습자는 스스로 필요한 정보를 찾고 분석하고, 교환하는 등 문화학습에서 더욱더 적극적이고 능동적인 역할을 수행하게 된다.

특히 인터넷이라는 교육 매체를 통해 학습자 주도적인 문화 교육을 이루기 위해 기존 교수자의 역할과는 다른 역할을 요구한다. 기존의 한국문화 교육에서 교수자는 거의 일방적인 한국문화 정보와 수업자료 제공자로서 역할을 해왔다. 하지만 인터넷을 활용한 학습에서 교수자는 학습자가 스스로 학습 내용을 설계하고 진행할 수 있도록 도와주고 안내하는 역할을 해야 한다.

「숨 쉬는 영정」의 주인공인 태규와 재규의 고향은 북한 사리원이다. 이 작품의 공간적 배경인 사리원은 휴전선에 가로막혀 지금은 갈 수 없는 곳이라는 데 초점을 맞추어 보자. 직접 갈 수 없는 곳이기에 학습 자료가 부족할 뿐만 아니라 답사를 하는 것도 불가능하다. 학습자들에게 '왜 사리원에 갈 수 없는지'에 대하여 정확하게 설명할 필요가 있다. 교수자의 설명이 끝난 다음 학습자들에게 인터넷을 통하여 사리원의 전반을 조사하게 한다.

"내 고향이라고? 그건 당신이 더 잘 알고 있지 않소."

"아니, 누가 사리원沙理院이라는 것을 몰라서 물어 보는 줄 아세요? 사리원의 어디냔 말예요."

"건 또 왜?" …(중략)…

재규는 좀 쑥스러워졌다. 무슨 사연이 있길래 물어 보는 것은 뻔한 이친데, 이리저리 피하는 격이 되고 말았으니, 아내가 핀잔을 주는 것도 당연하다고 생각됐다.

"사리원 참 좋은 곳이지, 우리 마을은 바로 용수리라오." (구인환, 2002 : 13)

작품에서 태규와 재규는 어머니와 헤어진 뒤 고향 사리원 용수리를 떠나 피란길에 오른다. 두 형제는 피란민 행렬에 합류하여 남쪽으로 내려온다. 그러나 수원 근처에서 비행기의 기총소사 때문에 헤어지게 된다. 이후 태규는 경상도에서 재규는 미군 부대 하우스 보이로 일한다. 인용문에서 아내는 재규에게 고향을 묻고 있다. 고향이 사리원이라는 것을 알고 있지만 정확한 지명을 알고 싶은 것이다. 방송을 통하여 형인 태규가 재규를 찾는다는 소식을 들었기 때문이다.

문득 사리원 용수리의 기와집이 눈앞을 스쳤다. 탱자나무로 둘러싸여 있고, 대문을 들어서면 널따란 마당에 감나무가 서 있으며, 가을

꽃이 피기 시작하고, 중문을 나서면 바깥마당이고 사랑방의 마루고 나오고…… 그래 그래, 마당의 동쪽에 방앗간이 있고, 뒤쪽은 산의 낭떠러지고 그 낭떠러지 위엔 잡목이 우거져 울타리를 만들어 주는 산, 아냐 아냐, 저건 문전옥답이 아닌가. 포근히 안아주는 집은 여기뿐이던가. (구인환, 2002 : 22)

고향은 자신이 태어나서 자랐거나 조상 대대로 살아온 곳이다. 그뿐만 아니라 마음속에 깊이 간직한 그립고 정든 곳이며 어떤 사물이나 현상이 처음 생기거나 시작된 곳을 일컫기도 한다. 이처럼 고향은 누구에게나 다정하게 다가가고 사람들의 마음속에 그리움과 안타까움을 남겨 놓는다.

두 형제도 고향을 떠나온 실향민으로서 고향에 대한 사무치는 그리움을 가슴에 안고 살아가고 있다. 탱자나무로 둘러싸인 기와집은 어디에 정착하여 살던지 잊지 못할 공간이다. 넓은 마당에서 감을 따 먹던 기억이 스쳐 지나가며 마당 동쪽에 있는 방앗간에서 어머니가 금방이라도 뛰어나올 것만 같다.

특히 한국인에게 고향은 다른 국가 사람들과 또 다른 의미를 지닌다. 고향엔 항상 어머니가 기다리고 유년 친구들의 추억이 고이 간직된 곳이다. 다른 국가 사람들보다 한국인에게 고향이라는 공간은 삶의 처음과 끝을 함께하는 공간이다. 다시 말하면 한국인은 죽어서도 자신이 태어난 고향 산천에 묻히고 싶은 소망을 지니고 있다.

② 인터넷을 통한 지리문화 교육

㉠ 도입단계

첫째, 학습동기를 유발한다.

- 인터넷 포털 사이트 구글 지도를 통하여 사리원을 검색하여 살펴보면서 홍미를 유발한다.

둘째, 학습목표를 제시한다.

- 인터넷을 통하여 사리원을 조사할 수 있다.
- 인터넷에 탑재된 사리원 관련 기사나 방송을 찾을 수 있다.
- 인터넷을 통하여 실향민의 삶의 모습을 조명할 수 있다.
- 인터넷을 통한 지리문화 교육의 감상문을 작성할 수 있다.

㉡ 문제해결 단계

첫째, 인터넷을 통하여 사리원을 조사해 보자.[5]

지리적으로 사리원시(沙理院市)는 황해북도의 서부에 위치하며 면적은 187.91㎢이며, 인구는 2008년도를 기준으로 30만 7,764명 정도로 추정하고 있다. 처음의 지명은 '사리'였으나 조선시대에 공인된 역참이 소재하는 토지를 원이라고 했으므로 사리원이 되었다. 고구려 때는 휴남군, 통일신라 때는 서암군에 소속된 지역이었다. 고려 때부터 봉주·황주·봉량군에, 조선 때인 1413년부터 봉산군에 속하였으나 1910년 12월부터 봉산군

---

5   여기에 대해서는 다음과 같은 인터넷 사이트를 참고함.(네이버 지식백과, 두산백과, 한국민족문화대백과, 위키 백과, 중앙일보 북한네트 홈페이지, 한국수출입 은행 홈페이지)

포함된 것이다. 1921년 12월에 봉산군 만천면 상하리, 영천면 구천리와 신양리가 합쳐져 사리원면이 되었고, 1931년에 사리원읍이 되었다. 일제강점기 말 사리원읍은 12개 리와 25개 구로 이루어져 있었다. 해방 후 1954년 10월에는 황해북도가 신설되면서 도청소재지로 승격되었다.

황해북도 사리원시는 경의선을 따라서 발달하였으며 북쪽과 동쪽은 봉산군에 둘러싸여 있고 남쪽은 은파군과 접한다. 서쪽은 황해남도이며 재령강 연안에 있고 북쪽에서 남쪽으로 갈수록 평야에 가깝다. 대부분 산은 400m 미만으로 가장 높은 산은 가마봉이다. 사리원시 면적의 21.9%를 삼림이 차지하며 운하와 호수가 있으며 작은 하천들이 흐른다.

교통부문에서 사리원시는 철도 교통의 요지로 평부선(경의선)과 해주청년선이 교차하며 사리원청년역, 동사리원역, 정방역 등이 위치한다. 평양~개성 간, 사리원~해주 간 도로가 인접해 있고, 길성포항은 송림항, 남포항을 비롯한 서해안에 있는 여러 항구와 뱃길로 연결되어 있다.

산업부문에서 북한 유수의 공업도시로 사리원 방직공장과 경암산 피복공장을 비롯한 기계 및 금속가공, 건재, 비료, 식료, 자동차 수리, 주물, 전기 등의 공장이 있다. 특히 방직과 피복생산은 시의 공업생산에서 1위를 식료공업은 2위를 차지한다. 시에서 생산되는 '정방채'는 맛이 독특하여 시의 특산물로 알려질 정도로 유명하다.

근교농업도 활발하여 벼, 옥수수, 콩 등을 재배하며 배추, 무,

다문화 한국어 교육을 위한 한국문화 교육론

고추 등의 채소와 사과, 배, 포도, 복숭아 등의 과일도 많이 재배한다. 특히 사리원 포도는 맛이 좋아 이 지방의 특산물로 알려졌다. 돼지·닭·오리·젖소 등을 많이 기르며 양계장·오리농장·양돈장·젖소목장이 길성포에는 수산사업소가 있다.

명승지로는 정방산·경암산이 있는데, 정방산에는 북한 천연기념물 제171호로 지정된 정방산 전갈 서식지가 유명하다. 정방산에는 고려시대에 쌓은 정방산성과 남문, 성불사가 있으며, 5층 석탑과 극락전, 응진전, 명부전, 청풍류, 운하당, 산신각 등 여섯 채의 건물이 있다. 경암산에는 조선시대 누정인 경암루가 있으며, 원주동과 광성동에는 청동기시대 지석묘군이 위치한다.

이 중에서도 경암산성과 정방산성이 유명한데 경암산성은 사리원시에 남서쪽에 있다. 이곳은 많은 외국인과 해외동포들이 찾을 정도로 인기가 많다. 아울러 미곡리에는 주민들의 노력으로 문화회관 및 다양한 모양의 주택이 만들어졌다. 최근 방송에 소개된 시립수영장 개관을 시작으로 유희시설이 점점 늘고 있다.

교육기관으로는 계응상사리원농업대학, 강건사리원의학대학, 사리원지질대학, 이계순사리원제1사범대학, 사리원제2사범대학, 사리원교원대학, 사리원공업대학·사리원체육대학·사리원예술학원 등 10여 개의 대학이 위치하였다. 이외에 전문학교, 고등중학교 30개교, 인민학교 11개교가 있다. 그리고 10여 개의 도서관과 문화회관, 가무극장과 영화관, 사리원청년경기장, 역사박물관 등의 문화시설이 존재한다. 의료기관으로는 도인민

병원을 비롯하여 10여 개의 병원과 치료기관, 위생방역소 등이
설립되었다.

둘째, 인터넷에 탑재된 사리원 관련 기사나 방송을 찾아보자.

〈예시〉

기사 1 황해도 사리원 인근서 규모 3.2 지진(국제신문, 2011. 8. 15)

기상청은 15일 오전 6시 10분께 북한 황해북도 사리원 서남서쪽 12㎞ 지점
(북위 38.47, 동경 125.63) 내륙에서 규모 3.2의 지진이 발생했다고 밝혔다.

기상청 관계자는 "향후 추가로 지진파 분석을 하겠지만 인공적인 원인(핵무
기 등 폭발물)에 의한 진동이 아닌 자연 지진으로 분석된다"라고 밝혔다.

이어 "지진으로 인한 피해는 없을 것"이라고 덧붙였다.

기사 2 민화협, 사리원시 밀가루 분배 모니터링 진행(통일뉴스, 2011. 8. 7)

민화협 관계자들은 지난 4일 황해북도 사리원시 양정사업소 창고를 직접 방
문해 지원했던 밀가루 분배 현황을 확인했다.

민화협 관계자들이 지난해 11월 23일 연평도 포격전 이후 처음으로 북한에
지원한 밀가루 300톤의 분배 상황을 현장에서 확인하고 6일 돌아왔다. 민간단
체의 대북 지원물자에 대한 북측의 공식적 모니터링 수용은 새로운 변화다.

민화협(민족화해협력범국민협의회, 대표상임의장 김덕룡) 이운식 사무처장을 비
롯해 어린이재단 이제훈 회장, 한국JTS 박진아 공동대표 등 7명은 3일부터 6
일까지 중국 선양을 거쳐 평양을 방문해 황해북도 사리원시에서 직접 모니터
링 활동을 진행했다.

이운식 처장은 "지난 4일 사리원시에 있는 주일탁아소와 양정창고 등 4곳을 방문해 물자 도착 상황, 분배 상황 등을 점검했다"라며 "분배 계획대로 분배돼 소비되고 있는지 확인하고 분배 관련 문서를 확인했다"라고 말했다.

주일탁아소는 원아들을 월요일에 맡기고 토요일에 찾아가는 주간보육을 담당하는 탁아소이고, 양정창고는 양정사무소에서 운영하는 식량보관처다.

이 처장은 "지금의 남북관계 상황이나 기존의 모니터링 관행 등 여러 가지 힘든 과정이 있었는데 이번 모니터링 방북은 충분하고 만족스럽진 않다고 볼 수 있지만, 이전 상황보다는 상당히 진일보한 것 같다"라고 자평했다.

통일부 이종주 부대변인은 지난 3일 "특히 밀가루의 경우에는 품목의 성격 등을 감안해서 보다 철저한 모니터링이 필요하다는 것이 정부의 기본 인식"이라며 "정부도 오늘 민화협 등을 포함해서 관련된 단체들이 모니터링 방북을 하고, 그 결과 등을 정부에 알려오는 것 등을 보면서 앞으로 계속해서 요청이 들어오고 있는 밀가루에 대한 승인 등을 검토하는 데 활용해나갈 것"이라고 말한 바 있다.

이 처장은 "북측은 예정대로 밀가루 2,500톤을 차질 없이 지원해줬으면 좋겠다고 했다"라고 전했다.

민화협은 대북 지원단체들의 협력을 받아 1차로 밀가루 300톤을 지난달 26일 육로를 통해 개성으로 전달한데 이어 지난 2일 2차로 밀가루 300톤을 보낸 바 있다.

한편, "이번 방북 과정에서 수해 상황을 직접 목격했느냐"라는 질문에 이 처장은 "수해지역은 주로 사리원 이남인 황해남도에 집중돼 있고, 사리원시는 평양에서 60km밖에 떨어지지 않은 황해북도여서 수해 현장을 직접 눈으로 본 것은 없다"라고 말했다.

민화협 모니터링팀은 평양 양각도호텔에 머물렀으며, '아리랑' 공연이 진행 중인 탓에 중국 손님 등으로 붐비는 분위기였던 것으로 알려졌다. 특히 평양-선양(수, 토), 평양-베이징(화, 목, 토) 사이를 운행하는 고려항공편이 1일 2편으로 늘어난 것으로 확인됐다.

기사 3 북한도 폭염… "사리원 35.6도 역대 최고"(중앙일보, 2012. 8. 6)

6일 황해북도 사리원의 낮 최고기온이 35.6도로 당일 기온으로 역대 최고를 기록하는 등 북한도 폭염이 기승을 부렸다.

조선중앙방송은 이날 사리원의 낮 최고기온이 35.6도, 황해남도 해주가 34.6도로 당일 최고기온으로는 기상관측 이래 가장 높았다고 밝혔다.

또 평양의 낮 최고기온이 34도로 평년보다 5도 높았다고 방송이 전했다.

조선중앙통신 역시 이달 1일부터 서해안지방의 낮 최고기온이 평년보다 2~5도가량 높은 32~34도를 기록했다며 "이달 초부터 이상고온 현상이 지속되고 있다"라고 보도했다.

통신은 "전역에 많은 비와 폭우를 뿌렸던 장마전선이 지난달 31일부터 북위 40도 이북으로 이동하면서 평안북도를 제외한 서해안 지방에서 장마가 일시 중단되고 주로 덥고 습한 북서태평양 아열대 고기압의 영향을 받아 무더운 날씨가 지속하고 있다"라고 분석했다.

통신은 이런 고온현상이 9일까지 지속할 것으로 내다봤다.(연합뉴스)

방송 1 영국 단체 "사리원에 빵공장 건립 계획"(자유아시아방송, 2011. 7. 19)

식량난과 영양부족에 시달리는 북한 어린이 만여 명에게 매일 점심으로 빵을 제공하는 영국의 자선단체가 황해북도 사리원에 네 번째 빵공장을 열 계획입니다.

영국의 자선단체 '북녘어린이 사랑'은 나선, 평양, 그리고 평안북도 향산에
서 만성적인 식량난에 시달리는 북한 어린이에게 매일 점심으로 빵을 공급하
고 있습니다. 이 단체는 2007년 3월 선봉지역에 첫 공장을 건설해 북한 어린
이들에게 매일 3천여 개의 빵을 공급하기 시작한 이후 평양의 제2공장에서
3천여 개, 향산 제3공장에서 4천여 개 등 총 1만여 개의 빵을 지원하고 있습
니다.

이 단체를 설립한 조지 이(George Rhee) 선교사는 19일 자유아시아방송에 사
리원에 네 번째 공장을 열어 추가로 5천 명의 어린이에게 빵을 공급할 수 있도
록 최근 북한측과 합의했다고 전했습니다.

방송 2 사리원에서도 김정은 비난 삐라 발견(자유아시아방송, 2012. 1. 23)
최근 김정은 체제를 비난하는 삐라가 발견된 사리원시에서 소달구지가 고장
난 트럭 옆을 지나고 있다.

박성우 : 청취자 여러분 안녕하십니까. 자유아시아방송 문성휘 기자와 함께
하는 '북한은 오늘' 입니다. 북한의 현실과 생생한 소식, 문성휘 기자를 통해 들
어보시겠습니다.

저는 진행을 맡은 박성우입니다.

오늘 소개해 드릴 내용입니다.

함경북도 청진시뿐만 아니라 사리원시에서도 김정은 체제를 비난하는 삐라
가 살포된 것으로 알려졌습니다.

북한 당국이 공동변소 관리문제를 구실로 개인 변소를 모두 허물어 주민들

로부터 비난을 사고 있습니다.

　셋째, 인터넷을 통하여 실향민의 삶의 모습을 조명해 보자.

　실향민은 고향을 떠나와 어떤 상황에 의해 고향으로 돌아갈
길이 막힌 사람들을 의미한다. 이산가족은 남북 분단 따위의 사
정으로 이리저리 흩어져서 서로 소식을 모르는 가족이다. 그렇
다면 실향민과 이산가족의 개념은 서로 유사한 면이 없지 않다.
실향민이나 이산가족이나 어떤 사정으로 고향을 떠나왔다는 점
에서 공통된다.

　한국의 실향민은 대부분 한국전쟁 당시 북한에서 남한으로
피란을 온 후 휴전선이 가로막혀 고향으로 돌아갈 수 없는 사람
들이다. 실향민 중에 일부는 8·15광복 이후 남북분단으로 북한
으로 돌아가지 못하고 정착한 사람들이 있기도 하다.

　실향민과 이산가족을 유사한 개념으로 본다면 주지하듯 한국
에는 1,000만 명의 실향민이 살고 있다. 이들 중에는 홀로 남하
한 사람도 있고 가족 전체가 남하한 사람도 없지 않다. 이들은
대부분 반공의식이 강해 광복 이후 반공단체 조직에서 선도적
인 역할을 담당해 왔다. 아울러 동병상련(同病相憐)하는 맘으로
친목과 상조의 성격을 지닌 향우회나 도민회 조직에 활발하게
참여한다. 이러한 조직을 중심으로 도민보나 군민보를 발간하
며 각종 운동회나 장학회 등을 운영하여 서로의 존재를 확인하
는 기회로 삼는다. 특히 명절 때에는 고향에 돌아갈 수 없는 맘
을 실향제 개최를 통해 달래기도 한다.

실향민들은 피란민들의 최종 종착지였던 부산에 정착한 경우가 많았다. 그뿐만 아니라 지역별로 정착촌을 마련하여 생활하는 사람들도 없지 않았다. 그 예로 서울 용산구 남산 기슭의 '해방촌'이라는 난민 거주 지역을 들 수 있다. 그리고 남대문 '도떼기시장'이니 동대문 '평화시장'도 여기에 해당한다.

특히 강원도 속초에 있는 '아바이마을은 실향민 집단정착촌이다. 한국전쟁 후 남북분단의 아픔을 그대로 간직하고 있는 곳이다. 아바이는 함경도 말로 '어르신' 또는 '할아버지'를 의미한다.

아바이마을의 정확한 행정구역 주소는 속초시 청호동이다. 청호동은 소야팔경 중 청호마경(靑湖磨鏡)과 관련된 지역으로 청초호가 맑아서 마치 거울을 닦아 놓은 것과 같다는 뜻이다.(속초아바이마을 홈페이지) 청호동의 동쪽은 바다이고 서쪽은 청초호를 사이에 두고 있으며 원래는 백사장으로 사람이 살지 않던 곳이다. 아바이마을에는 당시 1951년 1·4후퇴 때 함경도에서 피란 온 사람들이 정착하였다. 낯선 타향에서 주인이 없는 백사장에 취락을 형성하고 바다가 가까운 환경을 활용해 대부분 고기잡이로 생계를 이어갔다.

속초시 통계자료에 따르면 1963년 1월 1일 청호동의 인구는 1,246가구, 6,329명이었다. 1970부터 1980년대까지는 7,000명 내외의 인구가 유지되었다. 그러나 1990년대 어업부진으로 인구가 줄어들면서 2010년 6월 말에는 2,164세대, 4,388명이 거주하였다. 최근 방송국 드라마 예능프로그램 촬영지로 청호동

9통인 갯배 나루 근처에 신포마을을 방영하였다. 이를 계기로 아바이마을이 전국적으로 알려져 많은 관광객이 오간다.

그런데 아바이마을을 상징하는 신포마을이 신수로 개설과 속초항 개발로 인하여 사라질 위기에 처해있다. 신포마을 신수로가 개통된다면 섬으로 고립되고 만다. 따라서 속초시는 '신포마을 이주대책 및 관광선부두 종합위락단지 조성사업'을 추진하고 있으나 예산 문제로 어려움을 겪는다.

아바이마을에는 1세대 실향민은 70여 명에 불과하여 주로 실향민 2~3세대에 의하여 운영되고 있다. 특히 1세대들은 자식들에 대한 교육열이 매우 높았다. 어려운 가정환경에도 불구하고 자식들의 교육을 위해 노심초사하였다. 아바이마을 주민들은 고난과 역경 속에서도 자긍심과 통일에 대한 희망의 끈을 놓지 않고 마을을 지켜간다. 통일되어야만 북한에 있는 고향을 찾아갈 수 있기 때문이다.

특히 실향민 2~3세대들은 아사모(아바이마을을 사랑하는 사람들의 모임)를 결성해 홈페이지를 만들어 마을의 참모습을 널리 알리고, 아바이마을 주민들의 화합과 소득증대를 위한 홍보 등 다양한 활동을 펼치고 있다. 특히 '갯배'는 아바이마을과 시내를 연결하는 무동력 운반선으로 아바이마을의 명물이자 실향민들의 아픔과 애환이 담겨 있는 대표적 상징이다.

이 마을에서는 함경도 음식인 식해와 아바이순대, 오징어순대로 유명하다. 이 음식들은 마을을 방문하는 관광객들에게 인기가 놓아 주말에는 재료가 없어 팔지 못하는 일도 있다. 하지만 실향민들에게는 과거 풍족하지 못했던 시절 끼니를 이어가기 위한 수단에 불과했던 음식이다. 우리는 이 음식을 통하여 아바이마을에 정착하여 삶을 이어가고 있는 실향민들의 고단한 삶의 여정을 엿볼 수 있는 것이다.

ⓒ 정리단계

인터넷을 통한 지리문화 교육의 감상문을 작성해 보자.

〈예시〉

한국전쟁은 한국인들에게 가장 비극적인 일로 생각된다. 같은 민족끼리 총부리를 겨누고 서로 죽이고 파괴했으니 그 고통이 얼마나 컸을까 실감이 간다. 다른 민족과의 전쟁이라 하더라도 전쟁의 상처는 매우 큰 법이다. 한국은 일제강점기에서 해방된 후 같은 민족끼리 서로 힘을 합쳐 정치적인 평화와 경제적 발전을 도모해야 했었다. 그런데도 전쟁으로 서로를 죽이고 파괴를 일삼았으니 안타까운 일이 아닐 수 없다.

한국전쟁으로 인한 실향민은 1,000만 명이나 된다고 하니 세계적으로도 유래를 찾아보기가 힘들다. 현대경제연구원에 따르면 실향민 중에서 통일부에 등록된 이산가족 신청자는 총 128,074명이다. 그런데 2012년 8월 말까지 59.0%인 76,003명만 살아있다고 한다. 이 중에서도 70대 이상이 79.2%나 되는대도 불구하고 2008년 이후 이산가족 상봉이 정체상태에 접어들고 있다. 이산가족 상봉자 수는 2007년 3,613명, 2008년 0명,

2009년 888명, 2010년 886명, 2011년 0명으로 조사되었다. (연합뉴스, 2012 : 9. 23) 그리고 2012년부터 2013년에는 상봉자가 없고 2014년 813명, 2015년 972명, 2018년 833명이 상봉하고 이후 2022년 7월까지 상봉자 수가 없는 것으로 발표하였다. (남북이산가족찾기 이산가족정보통합시스템, 2022 : 8. 4)

이산가족 생존자 수는 48,559명으로 사망자 수 84,853명의 절반에 불과하다. (뉴시스1, 2021. 4. 9) 대부분이 고령자로 가족을 상봉은커녕 생사조차 확인하지 못하고 있다. 현재 남북의 정치적 상황은 이러한 현상을 더욱 악화할 양상이다. 이산가족 문제는 정치적으로 해결될 사안이 아니다. 그것은 이념이나 사상을 초월한 인도주의적 입장에서 다루어야 한다. 이제 살아있을 날이 얼마 남지 않은 이산가족부터 상봉할 수 있도록 서둘러야 한다. 현재 중단된 이산가족 상봉을 조속하게 재개하여 서로의 생사를 확인해야 할 것이다.

「숨 쉬는 영정」을 활용한 지리문화 교육은 기존의 교과서 위주의 교수·학습 방법에서 탈피하여 인터넷 중심의 활동을 하게 되었다. 인터넷을 통한 지리문화 교육은 교수·학습 방법의 획기적인 변화를 시도하는 것이다. 그것은 인터넷의 특성인 다매체를 활용할 수 있다는 장점이 있다. 「숨 쉬는 영정」의 주요 공간적 배경이 사리원이라는 점에 착안한다면 바람직한 방법이 아닐 수 없다. 사리원이라는 공간적 배경이 현재 상황에서는 아무나 갈 수 없는 곳이기에 인터넷으로 접근하는 것이 가장 적절한 방법이다.

그러나 시공간의 제약이 없는 인터넷일지라도 사리원이라는 지명에 대한 자료는 그리 많지 않았다. 사리원이 북한에 있는 지명이라 그러한지는 모르겠지만 사리원에 대한 자료를 체계적으로 정리해 놓은 인터넷 사이트를 발견하기는 어려웠다. 앞에서도 지적했듯이 인터넷을 활용한 한국문화 교육은 기존의 교수자 일방향적인 교수·학습 방법을 개선할 수 있는 좋은 방법이다. 구성주의적 이론에 근거하여 학습자의 자기주도적인 협동 학습은 새로운 교수·학습 방법으로 주목받고 있다.

자기주도적인 문제해결 학습은 기존의 교수자 중심의 교수·학습 방법을 학습자 중심으로 변화시킨다. 그리하여 학습자는 교수·학습을 주도적으로 이끌어 나가고 교수자는 보조자나 안내자의 역할을 하게 된다. 기존의 학습자는 교수자의 지식을 받아들이는 수동적인 위치에 있었다. 그러나 구성주의에 입각한 자기주도적 문제 해결학습은 기존의 전통적인 교수·학습 방법을 탈피하여 스스로 학습을 계획하고 추진해 나간다.

자기주도적 문제해결 학습은 한국어 문화 교육에서도 적절한 교수·학습 방법으로 여겨진다. 학습자들은 인터넷을 통하여 필요한 정보를 탐색하고 분석하게 된다. 이러한 과정을 거친 다음 정보를 재가공하여 학습자 자신의 자료로 수용하게 되는 것이다. 인터넷은 협동학습이나 토론학습에도 유용하게 활용될 수 있다. 기존의 수업이 시공간의 제약으로 할 수 없던 교수·학습 방법의 한계를 극복할 대안이다. 해당 수업에 관련된 사이트나 카페 혹은 블로그를 구축하여 수시로 토론하고 사료를 탑재하면 된다.

김선희는 켐프와 스멜리(Kemp & Smellie)의 주장을 인용하여 인터넷을 활용한 다매체 활용 교수·학습의 기여도를 재구성하고 있다.(김선희, 2011, 23~25)[6] 첫째, 문화 교육에서 교수자 간의 격차를 줄일 수 있다. 웹 자료를 개발, 선정하여 공동으로 활용하면 교수의 격차를 줄이고 학습의 질을 높일 수 있을 뿐만 아니라 학습자의 신뢰도를 확보할 수 있다. 둘째, 웹 자료를 활용하여 학습자의 흥미를 유발하여 자발적 참여를 가능하게 한다. 영화, 노래, 전래 동화, 광고, 문학작품 등 다양한 매체를 활용한 문화 교육 방안이 계속 연구되는 것은 좀 더 학습자 흥미를 갖고 즐겁고 재미있게 학습하도록 유도하기 위함이다. 셋째, 교수자 역할의 긍정적 개선 효과가 있다. 교수자는 학습자가 교육 자료를 통해 자기 문화와 한국문화를 비교하고 상호 문화적인 능력을 키우도록 유도하는 조력자의 역할을 하게 된다. 넷째, 한국어 교육과 문화 교육 관련 자료의 축적을 통해 한국어 교육의 질적 향상을 가져올 수 있다. 다양한 학습자의 요구사항을 웹 자료 구축을 통해 만족도를 높일 수 있다.

결국 인터넷을 통한 지리문화 교육은 다매체라는 특성이 있는 인터넷이 가장 중요한 역할을 하게 된다. 인터넷은 기존의

6　인터넷(Internet)과 웹(Web)을 혼동하는 경우가 있으나 두 개념은 구별된다. 웹은 'World Wide Web'을 줄여서 부르는 말이다. 그것은 다양한 표현 수단 즉, 그림, 문자, 동영상 등을 내포하고 있어서 단순하게 텍스트만 제공하는 방법과는 차별된다. 웹은 인터넷의 다양한 서비스 방법의 하나며 인터넷은 웹을 포함하는 개념으로 볼 수 있다. 따라서 이 책에서는 '인터넷'이라는 용어를 사용하고자 한다.

시공간의 한계를 극복하고 학습자들의 요구사항을 제대로 인식하고 충족시킨다. 따라서 인터넷은 구성주의에 바탕을 둔 자기주도적 문제 해결학습을 수행하는 매체로 부족함이 없는 것이다.

(3) 충효주의와 충성성

① 충효주의와 충성성

작가 소개

작가 구인환은 1929년 충남 장항에서 태어났다. 1960년 〈문예〉에 단편소설 「동굴주변」, 「절박」과 1961년 단편소설 「판잣집 그늘」 등이 추천되어 소설가로 등단했다. 그는 현재 소설가이자 평론가이며 대학의 명예교수이다. 그의 작품은 주로 민족수난사와 풍속 등 다양한 체험적 소재를 문학적 상상력으로 형상화하고 있다. 주로 우리 고유의 것에 관심을 지니고 있으며 도시 산업화 시대에 소외된 사람들의 이야기를 작품으로 남겼다. 아울러 일제강점기의 고통받는 서민들의 삶이나 한국전쟁의 산물인 실향민이나 이산가족 문제를 작품의 주제로 삼았다. 이러한 과정을 통하여 역사의식과 주체성을 드러내고 있다.

주요 작품집으로 「동굴주변」, 「산정의 신화」, 「기벌포의 전실」

등 단편 150여 편과 「촛불 결혼식」, 「모래성의 열쇠」 등 중편 13편, 「일어서는 산」, 「동트는 여명」, 「산 밑 사람들」 등 장편 8편, 「가을에 온 여인」, 「앙콜와드 사원의 신비」 등 수필 450여 편, 「문예비평의 방향」, 「이기영의 두만강」 등 비평 130여 편이 있다. 아울러 「신고문학개론」, 「한국근대소설연구」, 「이광수소설연구」, 「근대문학의 비평적 탐구」, 「근대작가의 삶과 문학」 등 다수의 저서를 저술했다.

그는 주요섭 문학상 수상, 한국 소설 문학상. 중화민국문화훈장, 한국문학대상, 월탄문학상, 예술문화대상, 국민문화훈장 동백장 한국 문학상. 서울시 문학상 등을 수상한 바 있다. (구인환 문학관 카페)

작품 줄거리

경상도에 사는 동생 서재규는 형 서태규를 만나기 위해서 버스 정류장에서 서울행 버스표를 사고 있다. 태규와 재규 두 형제는 한국전쟁 때 북한 사리원에서 가족과 헤어져 남쪽으로 피란을 왔다. 그러나 피란 도중에 수원 근처에서 비행기의 기총소사 때문에 헤어진 후 서로의 생사를 알지 못하다가 30년이나 지난 후 상봉을 준비하고 있다. 이들은 북한에서 가족과 헤어진 후 피란길에 형제와 헤어졌으니 두 번의 이별을 경험한 셈이다.

한국전쟁 후 형제가 30년이나 만나지 못한 것은 서로에 관한 관심이 없었기 때문은 아니다. 국가적으로는 전후 복구와 경제 발전에 치중하다 보니 이산가족 문제에 대해서는 도외시하게 되었다. 두 형제도 마찬가지로 생존의 문제를 우선으로 여기다 보니 서로를 찾을 만한 경제적 여유가 없었다. 사실 태규는 재규가 자신을 찾는다는 사실을 이미 방송을 통하여 알고 있었지만, 연락은 하지 않았다. 사업에서 실패한 자기 모습을 동생에게 보이는 것이 망설여졌기 때문이다. 언젠가 성공해서 동생에게 떳떳한 모습을 보이고 싶었다. 그러나 성공하리라 믿었던 사업이 점점 어려워지고 몸도 쇠약해지자 동생을 만날 것을 결심하게 된다. 그리고 이산가족 상담실에 연락하고 만날 날을 고대하고 있다.

재규를 찾고 있다는 방송을 가정 먼저 듣게 된 것은 재규의 처남이었다. 재규는 형이 자신을 찾고 있다는 소식에 놀라지 않을 수 없었다. 그렇게 신문과 방송을 통해 찾았지만, 소식이 없던 형이 자신을 찾고 있다니 너무나 기뻤다. 재규는 방송국에 연락하고 대한적십자사로부터 상봉하러 오라는 통지를 받는다. 드디어 그렇게 보고 싶었던 형을 만나러 상경하게 되는 것이다.

재규는 서울행 고속버스에서 고향 사리원의 모습과 고향 앞마당에서 형과 뛰어놀던 추억을 떠올리기도 한다. 설레고 벅찬 가슴을 안고 서울 고속버스터미널에 도착한 재규는 적십자사로 가는 택시를 탄다. 한국전쟁으로 헤어진 형을 30년 만에 만난다고 생각하니 감개무량하다. 한편으로는 형의 얼굴을 기억할 수 있을까에 대해 걱정도 한다.

그러나 적십자사 면회실에 도착했지만 그렇게 고대했던 형의 모습은 보이지 않는다. 다만 조카 기현이가 울먹이면서 형의 영정을 안고 나타났을 뿐이다. 이 광경을 목격한 재규는 한동안 망연자실하며 바라보다가 형 태규의 영정을 붙잡고 통곡한다.

　우리는 앞에서 한국문화의 특질로 충효주의를 제시하였다. 충효주의는 국가를 사랑하는 마음인 애국심, 어버이를 공경하고 떠받드는 효친사상, 전통적인 우리의 선비사상 등을 배경으로 하고 있다. 「숨 쉬는 영정」에서는 한국문화의 충효주의적 특질을 잘 보여 주고 있다. 이러한 충효주의는 충성성(忠誠性)과 연관성을 지닌다.

　충성에서 '충(忠)'자는 충성, 공평(公平), 정성(精誠), 공변되다 (한쪽으로 치우치지 않고 공평하다), 정성스럽다(精誠---), 충성하다 (忠誠--) 등의 의미를 포괄하고 있다. 단어 뜻풀이를 살펴보면 '임금에 대하여, 신하와 백성 된 본분을 다할 것을 요구하는 사상'으로 정리된다. '성(誠)'자는 정성(精誠), 진실(眞實), 참, 참으로, 만약(萬若), 과연(果然), 참되게 하다, 삼가다(몸가짐이나 언행을 조심하다), 공경하다(恭敬--), 자세하다(仔細·子細--) 등의 의미를 포괄하고 있다. 단어 뜻풀이는 '말씀을 완성하다 즉, 거짓 없이 진실한 말로 표현한다'라는 의미이다. 따라서 충성은 참마음에서 우러나는 충정(忠情)과 정성(精誠) 즉, '나라 또는 임금에 바치는 곧고 지극한 마음'의 의미로 해석할 수 있다. (네이버 한자)

　그러나 충성의 의미는 시대의 변화에 따라 다른 양상을 보인다. 우리가 앞에서 살펴본 충성의 의미는 중세 봉건사회를 토대로 해석한 것이다. 이러한 의미가 현대에 와서는 구시대적 유물이거나 제국주의 낡은 가치로 인식하는 경향이 없지 않다. 하지만 이러한 태도는 충성의 진정한 의미를 제대로 이해하지 못하는 태도에서 비롯되었다. 우리는 아래의 인물들을 통하여 현대에도 충성의 가치는 여전히 필요한 개념이라는 것을 확인할 수 있다.

먼저, 박제상은 국가를 위하여 충성한 인물의 계보를 따질 때 첫 자리를 차지한다. 그는 신라 눌지왕 때의 충신으로 왕의 아우가 일본에 잡혀가자 망명객을 가장하고 일본으로 건너간다. 그리고 왕의 아우는 탈출시켰으나 자신은 잡히는 처지가 되어 유배당하게 된다. 그는 이미 일본에 갈 때부터 죽을 결심을 하였다. 그가 잡혀 유배당할 당시 학문적 식견을 높이 산 일본은 귀화를 권유하면서 벼슬로 회유한다.

이러한 요구를 거부당한 일본은 박제상의 발바닥 거죽을 벗겨낸 뒤 갈대를 잘라놓고 그 위로 걷게 하거나 대나무 창을 밟게 하고 인두로 몸을 지지는 고문을 하였다. 그러나 '나는 신라의 개돼지가 될지언정 일본의 벼슬은 하지 않겠다. 나는 조국의 겨를 먹을지언정 일본의 좋은 음식은 먹지 않겠다'라고 말했다. 박제상은 일본의 고문과 회유를 외면하고 목숨을 버리면서까지 신라에 충성을 다했던 인물이다.

다음으로 미국의 강철왕 앤드류 카네기(Andrew Carnegie)의 후계자 찰스 쉬브(Charles Shibe)의 이야기는 널리 알려져 있다. 쉬브는 초등학교를 졸업하고 이 회사의 일용직 청소부로 입사했다. 그는 회사에 충성을 다한 결과 정식직원으로 채용되어 관리를 담당하는 사무직으로 발령이 난다. 얼마 후에는 비서실로 발탁되는 영광을 얻게 되었다. 쉬브는 비록 청소부로 입사하여 비서실로 발탁되었지만, 순간순간 회사를 위하여 정성스러운 맘으로 최선을 다했다.

결국 쉬브는 카네기의 후계자로 지명받으면서 세계를 놀라게 했다. 카네기 철광회사 직원 중에는 유능한 명문대 인재들이 넘쳐났지만, 쉬브보다 성실한 사람은 없었다. 그의 모든 일에 최선을 다하는 충성스러움이 카네기의 인정을 받았다. 그는 항상 메모지와 펜을 가지고 카네기를 그림자처럼 보필했다. 이것이 카네기의 후계자로 지명받게 한 원동력이 되었다.

끝으로 『삼국사기』에는 남편을 위하여 충성한 백제 개루왕 때의 도미부인의 이야기가 전해진다. 도미는 백제 한성 근처 벽촌에 살던 평민이었지만 아름답고 행실이 곧아서 사람들에게 칭송받았다고 한다. 이 이야기를 전해 들은 개루왕은 도미를 불러 '무릇 부인의 덕은 정결이 제일이지만 만일 어둡고 사람이 없는 곳에서 좋은 말로 꾀면 마음을 움직이지 않을 사람이 드물 것이다.'라고 말했다. 이에 도미는 '사람의 정은 헤아릴 수가 없습니다. 그러나 신의 아내 같은 사람은 죽더라도 마음을 고치지 않을 것입니다.'라고 하였다.

개루왕은 도미부인을 시험하기 위해 자기 신하를 왕으로 변장시켜 그에게 보냈다. '도미와 내기를 하여 내가 이겼기 때문에 너를 궁녀로 삼게 되었다. 너의 몸은 내 것이다.'라고 하였다. 그러나 도미부인은 자신의 몸종에게 자기 대신에 왕을 모시게 하였다. 이러한 사실을 알게 된 왕은 화가 나 도미의 두 눈알을 빼고 사람을 시켜 작은 배에 띄워 보냈다. 이후 도미부인은 궁중을 탈출하여 강가에서 통곡한다. 그러자 빈 배 한 척이 도착하였으므로 배를 타고 천성도로 건너가서 남편을 만나 고구려 땅에서 살았다고 한다. 봉건군주 시대에 왕의 서슬 푸른 명령과 부귀의 유혹을 모두 물리친 도미부인의 일편단심은 가정을 지키고자 한 절개의 본보기를 보였다고 하겠다.

이상에서 예로 든 박제상, 쉬브, 도미부인 등의 인물은 시기적으로 차이는 있다. 그렇지만 국가나 직장, 가정에서 최선의 노력을 다했다는 공통점을 지녔다. 우리는 그것이 충성성에서 비롯되고 있다는 사실에 주목할 필요가 있는 것이다.

② 소설을 통한 권위주의와 충성성문화 교육

㉠ 도입단계

첫째, 학습동기를 유발한다.
- 한국문화 특질 중에서 권위주의가 무엇인지 질문한다.
- 한국의 권위주의 문화 특질을 나타내는 사진이나 동영상을 보여 주면서 학습자 국가와의 차이점을 발표하게 한다.
둘째, 학습목표를 제시한다.
- 어머니가 고향을 떠나지 못하는 이유를 알 수 있다.
- 태규가 동생이 살아있다는 것을 알면서도 만나지 못한 이유

를 설명할 수 있다.

- 한국통일을 위해 노력한 과정과 우선으로 해결해야 할 과제를 예측할 수 있다.

- 신문 기사를 참조하여 자신이 반세기 만에 헤어진 가족을 만났다면 어떤 느낌이 들었을지 발표할 수 있다.

ⓒ 문제 해결단계

첫째, 어머니가 고향을 떠나지 못하는 이유는 무엇인지 조사해 보자.

한국전쟁이 일어난 후 어머니는 고향 사리원 용수리에서 태규와 재규 두 형제를 남쪽으로 피란을 보낸다. 두 아들이 머뭇거리자 어머니는 형인 태규에게 동생을 잘 보살피라며 피란을 재촉한다. 인간적 도리로 보아서는 전쟁 통에 열서너 살밖에 되지 않은 어린아이들끼리 피란을 보낸다는 것은 이해하기가 어렵다. 그러나 어머니는 조상 대대로 선조가 살던 마을과 집을 보아야 한다며 함께 피란 가기를 거부한다.

"자, 아무 염려 말고 떠나거라."

형은 어머니 앞에 무릎을 꿇고 앉아 있었다.

"태규야, 재규를 부탁한다."

"안 됩니다. 어머니도 같이 가셔야 합니다."

"무슨 말이 이렇게 많으냐? 어서 가지 않으면 우리 집안은 대가 끊기고 만다. 어서 가는 것이 돌아가신 아버지에 대한 효도다." "하지만……"

"내 걱정은 마라. 난 우리 대대로 선조가 살던 마을과 집을 봐야 한다."

멀리서 대포 소리가 요란하게 들려 왔다. 아마 전선이 가까워지는 모양이다.

"사리원은 우리 가문의 고장이다. 그걸 잊지 말고 살아야 한다."

"어머니, 그럼 부디 안녕히 계셔요."

"오냐! 잘 가거라."

형이 어머니의 손을 한참 만지면서 그대로 서 있었다.

"뭣 하느냐, 속히 가지 못하고……."

그제서야 형이 재규의 손을 잡아끌었다. (구인환, 2002 : 28)

앞에서 어머니는 전선이 가까워지고 있는데도 불구하고 형제만 피란을 보낸다. 그리고 형제에게 가문의 고장인 사리원을 잊지 말고 살아야 한다고 당부한다. 여기서 우리는 옛날 한국 어머니들의 전통적인 가치관을 확인하게 된다. 한 집안의 며느리로서 대를 이으며 가문을 목숨보다 중요하게 여기고 있다. 어머니는 가문이 자신의 속으로 태어난 자식들보다도 더 소중하기에 혼자 남아서 집과 마을을 지키겠다고 결심한다. 두 아들과 함께 피란을 떠나고 싶겠지만 가문을 지켜야 한다는 책임감 때문에 피란을 포기한 것이다.

가문은 집안과 문중으로 한 집안의 대대로 내려오는 신분과 가풍을 의미한다. 따라서 한국의 친족집단은 가문을 중심으로 형성되거나 유지된다. 친족 집단은 부모, 자식, 형제, 자매 등의 혈연관계와 혼인에 의한 결합관계를 가진 사람들로 이루어지기 때문이다. 한국에서 가문은 한 인간이 성장한 환경을 측정하는 가치 기준이 된다. 가문이 한 인간의 성장배경에 막대한 영향을 미치는 것으로 인식하고 있다. 이러한 가치 기준은 한 개인을 평가하는 것이 아니라 한 가문을 평가한 것이다. 특히 결혼 적령기에 배우자를 선택할 때는 출신가문이 더욱 중요시되고 있다.

한국의 가문들은 소유하고 있는 족보에 따라 이른바 뼈대가 있는 집이니, 뼈대가 없는 집이니 하는 척도가 되기도 한다. 한국의 족보는 부계를 중심으로 한 혈연관계를 기록한 책이다.(족보 닷컴 홈페이지) 그것은 중국의 육조시대로부터 비롯되었으며 왕실의 계통을 기록하고 있다. 개인의 족보는 한나라 때 관직등용을 위한 현량과 제도를 만들어 과거 응시생의 내력과 조상의 업적 등을 기록한 것을 시초로 여긴다. 한국의 족보는 고려 18대 의종 때 김관의가 지은『왕대종록』을 시초로 본다. 그것은 고려왕실의 계통을 기록한 것이나『고려사』에는 고려 때에도 양반귀족은 그 씨족계보를 기록하는 것을 중요시하였다고 전한다. 조선시대에는 사대부 집안에서 사적으로 간행되기 시작하였다. 그것이 체계적인 족보 형태를 갖춘 것은 일반적으로 조선 성종 7년의『안동권씨 성화보』로 보고 있다.

이후 조선 명종 20년에『문화유씨 가정보』가 혈족 전부를 망라하여 간행되었다. 이 책을 표본으로 하여 명문세족이 앞을 다투어 족보를 간행하기 시작하였다. 그러나 여러 가문에서 족보가 간행된 것은 17세기 이후이다.

조선 초기에 간행된 족보는 자료에 대한 충분한 검토와 고증을 하여 내용에 대한 신빙성이 있었다. 하지만 이후에 간행한 족보는 자료에 대한 검토나 고증이 없이 자의적으로 간행되는 경우가 많았다. 여기에는 선조의 업적을 미화하거나 벼슬을 과장하거나 조작하기도 하였다. 조선 후기에는 명문 집안의 족보를 사고팔거나 훔치는 일도 있었다. 심지어 중화사상에 심취한 가문에서는 중국의 인물을 조상이라고 족보에 올리는 경우까지 있었다고 한다.

족보의 내용은 종류와 크기에 따라 다르나 일반적으로 권두에는 일족 가운데 학식이 뛰어난 사람이 서문을 기록하였다.(종교학대사전 홈페이지) 여기에는 족보의 일반적 의의와 일족의 근원, 내력 등을 기록한다. 다음에는 시조나 중시조의 행장을 기록하고, 시조의 분묘도와 시조 발상지에 해당하는 향리의 지도 등을 나타낸 도표와 범례를 기록한다. 마지막으로는 족보에서 가장 중요한 계보표를 기재하게 된다.

이러한 족보는 가문 사이에 분파적 배타주의를 조장시킨다는 비판을 받아왔다. 그렇지만 한 가문의 혈연적 결합을 통하여 화목과 단합을 도모하는 역할을 하였다. 뿐만 아니라 한 가문의 서열을 명확하게 정리하여 도덕적 질서를 확립한 공도 있다. 그리고 가문의 명예를 빛낸 사람을 높이 평가하여 사회적으로 도덕적 가치를 고양했다는 긍정적인 평가가 있기도 하다.

「숨 쉬는 영정」에서 사실 어머니의 존재는 한 사람의 여성으로서 서씨 집안에서 그리 중요한 위치에 있는 것은 아니었다. 어머니는 남편 서씨와 결혼함으로써 서씨 집안의 사람이 된 것이기 때문이다. 더구나 최근에는 여성이 족보에 오르는 경우가 많지만, 옛날에는 족보에 오르지도 못했다. 그런데도 어머니는 자신의 목숨까지 버리면서까지 서씨 가문을 지키겠다고 한다. 어머니가 지키고자 했던 가문은 현대로 들어와 가족의 개념이 더 강화된 경향을 보인다.

가족은 혼인이나 혈연 또는 입양의 유대로 맺어지며 단일가구를 형성하는 집단이다. 가족은 사회의 가장 기본적인 단위로 사회적 유대의 기반을 담당하였다. 그러나 산업화 시대로 진입하면서 한국의 가족제도도 변화되고 있다. 우선으로 대가족 제도에서 핵가족 제도로 변화하였다. 과거 농경시대의 대가족 제도에서는 노동력이 필요했기 때문에 혈연관계를 중심으로 모여 살았다. 이러한 경우 절대적인 가부장제로 인하여 여성의 권위가 약화하거나 가족 구성원 개인의 독립성이나 자율성이 상실되었다. 하지만 씨족에 대한 애착심과 협동심 및 예절이 몸에 배어 어른을 존경하는 마음을 지니어 사회생활을 위한 기반을 닦을 수 있었다.

그러나 현대로 오면서 사회가 산업화, 도시화하여 기존의 대가족 제도는 소가족 제도로 분화되지 않을 수 없었다. 현대의 소가족 제도 아래에서는 가족 공동체보다 가족 구성원 각각의 개인이 중요한 위치를 차지한다. 아울러 씨족 중심의 가문 규율

다문화 한국어 교육을 위한 한국문화 교육론

보다는 직장의 규율이 우선시 된다. 따라서 절대적 가부장제에서 벗어나 여성의 권위와 가족 구성원 개인의 개성과 특성이 강화되었다. 반면에 경로사상이 희박해지고 개인 이기주의나 독선주의에 빠질 뿐만 아니라 가족 공동체 중심의 미풍양속이 사라지게 될 수 있는 것이다.

둘째, 태규는 동생이 살아있다는 것을 알면서도 만나지 못한 이유를 설명해 보자.

이 작품에서 태규는 가족들에게 재규가 살아있다는 사실을 숨기고 있었다. 가족들에게 자신은 동생 재규와 함께 피란을 오긴 했지만, 폭격으로 헤어졌다고 했다. 그러나 동생인 재규가 방송과 신문을 통하여 자신을 찾고 있다고 말하지는 않았다. 그렇게 만나고 싶었던 동생이 애절하게 찾고 있다는 사실을 알면서도 못 들은 체하면서 살아가기란 쉬운 일이 아니었을 것이다.

사실은 금방 고향의 부모와 친지를 만날 수 있을 것이라는 환상 속에 떠들썩하던 남북대화가 있기 조금 전에, 재규가 형을 찾는 방송도 듣고 신문도 난 것도 보았으나 이를 꾹 참고 만나지 않았다. 집도 없이 남의 집에서 허덕거리는 꼴을 보여 주어 재규를 실망시키고 싶지 않았기 때문이다. (구인환, 2002 : 20)

태규가 자신을 찾고 있는 동생을 서둘러 만나지 못한 것은 경제적 처지 때문이었다. 몇 번의 사업 실패로 말미암아 자식의 학비를 낼 형평도 되지 못했다. 그는 이러한 처지를 비관해 술로 위안으로 삼으며 허송세월하고 있었다. 번번한 집도 없이 남의 전셋집에서 사는 자기 모습을 동생에게 보여 주기가 싫었다. 태규는 현재의 초라한 모습보다는 형으로서 자존심을 세우고 싶었다. 그것이 형이 동생에게 보일 수 있는 인간적 도리라고 생각했다.

이러한 인간적 도리는 우애로 표현할 수 있다. 우애는 좁은 의미로는 형제간이나 친구로 만나 사귀어 든 정이나 사랑이다. 넓은 의미로는 서양의 기독교에서 말하는 박애나 인류애를 나타내기도 한다. 그것은 아가페적 사랑으로 인간의 신에 대한 사랑이나 인간 상호의 사랑을 나타낸다. 이 말은 신을 사랑하기 때문에 이웃을 사랑하고, 네 원수를 사랑하라는 의미를 내포한다. 최근에 와서는 빈민구제나 보건 및 자선적 상호부조적 경향을 지니며 복지국가를 위한 복지사업의 이념으로 전환된 개념으로 확대하여 해석되기도 한다.

하지만 동양에서의 우애는 효도와 밀접한 연관성을 지니고 있다. 어떤 사람이 공자에게 "선생님은 왜 정치를 하지 않습니까?"라고 물었다. 그러자 공자는 "효도여! 오직 부모님께 효도하는 사람은 형제간에도 우애가 깊고 이 마음이 확대되어 정치에도 영향을 준다고 했으니, 이 또한 정치하는 셈이다. 어찌 반드시 벼슬을 통해 직접 정치를 해야 하겠는가?"라고 하였다. 자신이 직접 벼슬을 하여 정치에 참여하지 않아도 부모님께 정성을 다해 효도하는 것이 정치를 하는 것과 마찬가지라는 입장이다. 부모에게 효도하면 형제간에도 우애가 깊어지고 이 마음이 확대되면 자연스럽게 정치에 영향을 주게 된다.

한국에서는 이러한 우애를 매우 중요시하고 있다. 그것은 옛날부터 전해오는 민담에서도 흔히 볼 수 있다. 다음은 전라북도 남원시 송동면 세전리에서 전해 내려오는 형제 이야기이다.(최래옥, 1980) 옛날에 형제가 살고 있었다. 이들은 부모로부터 각각 한 섬지기씩 논을 물려받았다. 그런데 동생은 매일 술만 마시고 노름해서 논을 잃어버렸지만, 형은 열심히 일해서 부자가 되었다. 그러자 동생은 형을 죽이고 재산을 뺏을 궁리를 했다. 이러한 사실을 안 형은 자신의 허수아비를 만들어 두자 동생이 허수아비의 목을 치고 달아났다.

다음날 형은 동생에게 모든 재산을 주고 식구들과 깊은 산속으로 들어간다. 산속에서 간신히 빈집을 찾아 하룻밤 잠을 자는 사이 꿈속에 어머니가 나타난다. 자는 방바닥을 파보라는 게시를 한 것이다. 방바닥을 파보니 금덩이가 나와서 형은 다시 부자가 되었다. 하지만 동생은 형이 물려준 재산을 모두 탕진하고 형을 찾아왔다. 그러자 형은 동생에게 재산의 반을 나누어 주었다.

이러한 이야기처럼 '착한 형과 못된 동생, 못된 형과 착한 동생'이 등장하는 민담은 흔히 볼 수 있다. 앞에서 살펴본 「우애 좋은 형제 이야기」는 '형만 한 동생 없다'라는 한국 속담의 의미를 담고 있기도 하다. 못된 동생이지만 형이 잘 돌보아 지극한 우애의 모습을 보여 주었기 때문에 죽은 부모가 꿈속에 나타나

형을 도와준 셈이다.

「숨 쉬는 영정」에서 태규는 동생에게 경제적으로 성공한 모습을 보여 주는 것이 우애를 돈독하게 하는 것으로 생각하였다. 하지만 점점 건강을 잃어가는 자기 모습을 보면서 경제적 성공이 쉽지 않다는 것을 알게 된다. 그러면서 죽기 전에 동생 재규를 만날 결심을 하게 된다. 하지만 태규의 상봉 결심이 너무 늦었기 때문에 동생을 만나지 못하고 죽게 된다. 그것은 경제적 성공만 우애를 돈독하게 하는 것으로 여겼던 태규의 생각이 바람직하지 못하다는 것을 나타낸다. 형제간의 우애가 경제적 성공보다 더욱 중요한 것이라는 사실을 보여 주고 있다.

동생과 상봉하지 못한 태규는 죽었지만 '숨 쉬는 영정'이 되었다. 영정이 숨을 쉰다는 것은 상호 모순된 말이 아닐 수 없다. 숨을 쉰다는 것은 살아 있다는 것을 의미하기 때문이다. 그러나 영정이란 분명 죽은 사람의 사진이니 죽은 것은 엄연한 사실이다. 태규는 죽었지만, 동생과 상봉하지 못하고 죽었으므로 차마 눈을 감을 수 없다. 시신이 되어 동생을 만났으므로 그리움이 한이 되어 눈을 감지 못한다. 이러한 상황은 한국전쟁으로 비롯된 이산가족의 비극이 죽음을 초월하고 있다는 것을 확연히 증명하고 있다.

셋째, 한국통일을 위해 노력한 과정과 우선으로 해결해야 할 과제를 생각해보자.

작가 구인환이 「숨 쉬는 영정」에서 궁극적으로 희망하는 것은 한국통일이다. 남한과 북한으로 갈라져 있는 한국이 통일되는 것보다 중요한 것은 없다는 것으로 생각할 수 있다. 한국은 안타깝게도 지구상에서 같은 민족으로 남아 있는 마지막 분단 국가이다. 제2차 세계대전 이후 일본으로부터 독립된 한반도는 남쪽은 미군이 북쪽은 소련이 주둔하는 군정기를 거친다. 이러한 과정에서 남쪽은 남한이 북쪽은 북한이 각각 단독정부를 수립하면서 38선을 경계로 분단이 되고 만다.

1950년 6월 25일에는 북한이 남한을 침략하여 한국전쟁이 발발한다. 북한은 남침 사흘 만에 서울을 함락하며 승리를 예상했다. 하지만 유엔군이 개입하여 압록강까지 후퇴하였으나 다시 중공군의 개입으로 전쟁은 휴전이 될 때까지 장기전에 돌입하였다.

한국전쟁은 같은 민족끼리 엄청난 피해를 주었으며 유엔군과 중공군의 개입으로 더욱 확대되었다. 한국전쟁은 3년 1개월이나 지속되었지만 종전된 것이 아니라 휴전되었다. 휴전된 상태로 오늘에 이어져 왔으므로 휴전선을 경계로 여전히 분단된 채 대립하고 있다.

한국전쟁 후 남북한의 분단이 굳어지는 양상을 보이기는 하지만 대화가 없었던 것이 아니다. 남한과 북한 협상에 나선 것은 1972년 7월 4일 남북 공동성명 이후부터이다. 7·4남북공동성명으로 남북한은 정치적 대화 통로를 마련하고 한반도의 평화정착 정책 추진의 계기를 마련하게 된다. 남북한은 이 성명에서 다음과 같은 조국 통일원칙을 발표하였다. ① 통일은 외세에 의존하거나 외세의 간섭을 받음이 없이 자주적으로 해결하여야 한다. ② 통일은 상대방을 반대하는 무력행사에 따르지 않고 평화적 방법으로 실현하여야 한다. ③ 사상과 이념, 제도의 차이를 초월하여 우선 하나의 민족으로서 민족 대단결을 도모하여야 한다.

2000년 6월 13일에는 남북의 정상이 합의하여 6·15남북공동선언문을 발표하였다. 남북정상의 회담을 통하여 합의한 남북공동선언문에서는 다음과 같은 민족의 통일을 위한 원칙을 밝힌다. ① 통일문제를 그 주인인 우리 민족끼리 서로 힘을 합쳐 자주적으로 해결한다. ② 통일을 위한 남측의 연합제 안과 북측의 낮은 단계의 연방제 안이 서로 공통성이 있다고 인정하고 앞으로 이 방향에서 통일을 지향한다. ③ 8·15에 즈음하여 흩어진 가족, 친척 방문단을 교환하며, 비전향장기수 문제 등 인도적 문제를 조속히 해결한다. ④ 경제협력을 통하여 민족경제를 균형적으로 발전시키고, 사회·문화·체육·보건·환경 등 제반 분야의 협력과 교류를 활성화한다. ⑤ 이상과 같은 합의 사항을 조속히 실천에 옮기기 위하여 이른 시일 안에 당국 사이의 대화를 개최한다.

2007년 10월 2일에는 두 번째로 역사적인 남북정상 회담을 하게 된다. 이 회담에서는 이미 합의한 6·15남북공동선언에 기초한 '남북관계 발전과 평화번영을 위한 선언문'을 발표한다. 선언문 8개 기본 조항은 다음과 같다.

① 남과 북은 6·15공동선언을 고수하고 적극적으로 구현해 나간다. ② 사상과 제도의 차이를 초월하여 남북관계를 상호존

다문화 한국어 교육을 위한 한국문화 교육론

중과 신뢰의 관계로 확고히 전환해 나간다. ③ 군사적 적대관계를 종식하고 한반도에서 긴장완화와 평화를 보장하기 위하여 긴밀히 협력해 나간다. ④ 현재의 정전체제를 종식하고 항구적 평화 체제를 구축하기 위하여 직접 관련된 3자 또는 4자 정상회담을 추진한다. ⑤ 민족경제의 균형발전과 공동번영을 위하여 경제협력사업을 적극적으로 활성화하고 지속해서 확대·발전시켜 나간다. ⑥ 민족의 유구한 역사와 우수한 문화를 빛내기 위하여 역사·언어·교육·과학기술·문화예술·체육 등 사회문화 분야의 교류와 협력을 발전시켜 나간다. ⑦ 인도주의 협력 사업을 적극적으로 추진하여, 이산가족 상봉을 확대하고 영상편지 교환사업 등을 추진한다. ⑧ 국제무대에서 민족의 이익과 해외동포들의 권익을 위한 협력을 강화해 나간다.

이상과 같이 남한과 북한이 한국통일을 위해 다시 협상에 나선 것은 1972년 7·4남북공동성명 이후라 할 수 있다. 이러한 협상을 필두로 하여 2000년 6·15남북공동선언으로 좀 더 심도 있는 통일 논의가 진행되었다. 이 선언을 바탕으로 2007년에는 남북관계 발전과 평화번영을 위한 선언이 있었다. 이러한 남한과 북한의 논의와 협상은 한국통일을 위한 초석이 될 것으로 판단된다.

한국통일을 위해서는 먼저 다음 세 가지 문제를 해결해야 한다.

먼저, 문화적인 문제를 해결해야 한다.

남북한이 분단된 지가 60여 년이 넘었으니 문화적인 격차가 심해졌다. 문화적인 문제는 하루아침에 정치적으로 해결할 수 없다는 것이 심각성을 더해 준다. 그동안의 서로 다른 이념과 체계에 속해 있으므로 서로의 문화적 가치관은 판이하다. 역사와 전통의 차이는 어느 정도 유사한 부분이 있겠지만, 언어적 측면의 차이는 크다. 이러한 한계를 극복하기 위해서는 한국통일 이전에 남북한의 활발한 교류가 필요하다. 이산가족의 상호 방문뿐만 아니라 자유로운 여행도 권장할 수 있다. 그뿐만 아니라 문화적 이질성을 극복하기 위해서는 남북한 상호 방송을 자유롭게 시청할 수 있어야 할 것이다.

다음으로, 경제적인 문제를 극복해야 한다.[7]

한국보다 먼저 통일한 독일의 경우에도 두 체제가 통일을 이룰 때 경제적 격차가 걸림돌로 작용한다는 선례를 남겼다. 통일 이전에 경제적 격차를 어느 정도 완화하는 것이 필요하다. 지금도 진행 중이지만 남북한 경제협력의 범위를 점차 확대해야 한다. 아울러 북한이 자유 시장 경제를 도입할 수 있도록 여건을 만들어 주는 것도 통일 이후의 경제적 충격에서 벗어나는 방법이 될 수 있다. 사회적으로 통일비용이나 통일기금을 마련하는 분위기를 조성하는 것도 생각해볼 만하다. 이러한 비용이 아무리 많이 들어도 분단체제를 유지하기 위해 드는 분단 비용보다

---

7 2020년 통계청이 발간한 '북한의 주요 통계지표'에 따르면 북한의 인구는 2,537만 명으로 남한 인구가 5,184만 명인 것에 비해 절반 수준이다. 2020년 북한의 명목 GDP는 34.7조 원으로 남한 1,933.2조에 비하면 1.8% 수준이다. 남북한 경제 규모는 34.4배(2000년)에서 55.8배(2020년)로 격차가 늘어났다.

는 적게 든다는 것을 상기할 필요가 있다.

끝으로, 정치적 문제이다.

남북한의 국민은 어려서부터 자본주의와 공산주의라는 이데올로기 교육받으면서 자라왔다. 세계는 이미 이데올로기에서 벗어나 정치적, 경제적 화해와 공존을 모색하고 있는 분위기이다. 그러나 남북한은 여전히 이데올로기의 굴레서 벗어나지 못하고 있다. 남한은 일제강점기에서 해방된 후 국가보안법을 만들어 반공 이데올로기를 강화하였다. 북한에서는 초창기에는 공산주의를 강조했지만, 점차 주체사상으로 변화되었다. 한국에서는 1990년 전후로 민주화 바람이 불면서 반공주의가 어느정도 완화된 경향이 있다. 그러나 북한은 여전히 한국 정부에 대해 자주성과 주체성이 없는 괴뢰정부로 부르는 등의 세뇌교육을 한다.

남북한이 통일을 이루기 위해서는 서로의 이질성을 극복하고 동질성을 회복하는 일이 중요하다. 그래야만 상호 불신의 벽이 허물어지고 신뢰의 쌓을 수 있는 것이다. 사회적으로 남북한의 통일은 정치적, 경제적으로 난관이 많아 '지금 이대로'를 주장하는 사람들도 있다. 이러한 사람들이 많을수록 통일은 그야말로 요원한 일이 되고 만다. 리처드 폰 바이체커(Richard von Weizsäcker) 독일 통일 당시 대통령은 준비된 통일은 축복이라고 하였다. 한국통일에 대비하여 국민의 의지와 통일 재원을 모아가는 사회적 합의가 요청된다.

ⓒ 정리단계

다음 신문 기사를 보고 자신이 반세기 만에 헤어진 가족을 만났다면 어떤 느낌이 들었을지 글을 써 보자.

<u>신문 기사</u>

평양의 안개가 눈물 되어

이산가족을 태운 비행기의 출발을 지연시켰던 평양의 안개가 눈물로 변한 것일까. 30일 오후 평양 고려호텔에서 반세기 만에 북녘 가족을 만난 남측 방문단 100명은 감격과 기쁨의 눈물을 그칠 줄 몰랐다.

"반갑소. 혼자 애들 키우느라……"

'1·4후퇴' 때 대동강 다리가 끊겨 가족과 생이별했던 명용덕(明用德·83) 씨는 북에서 두 자녀를 홀로 키운 아내 이덕실씨(78)의 손을 부여잡고 말을 잊지 못했다. 헤어질 당시 29세였던 젊은 아내는 주름살이 깊은 할머니가 돼 있었고 12세, 8세이던 딸 영숙씨(61)와 아들 영근씨(57)도 중년을 훌쩍 넘겼다. 명 씨는 품속에서 낡은 사진 한 장을 꺼냈다. 19세 새신랑 명씨와 14세 수줍은 신부 이 씨의 결혼 사진이었다. 명 씨는 이 씨에게 "당신 생각이 날 때마다 이 사진을 꺼내보곤 했다"라며 "신문 등에서 부서진 대동강 철교 사진을 볼 때마다 애들이 보고 싶어 많이 울었다."라며 다시 오열했다. (동아일보, 2000. 11. 30)

젊은 세대는 전쟁을 경험한 사람들이 많지 않기 때문에 이산가족의 슬픔과 고통을 제대로 느끼지는 못한다. 그렇지만 이 작품을 통하여 한국전쟁이 한국인들에게 얼마나 큰 슬픔을 안겨주었는지를 간접적으로나마 알게 되었다. 이산가족은 한국전쟁이 낳은 또 하나의 비극이다. 한 가족을 반세기 동안이나 생사를 알지 못한 채 살아간다는 것을 이해하기가 어렵다.

소설은 우리에게 주로 감동을 전해주었지만, 앞에 제시된 신문기사는 또 다른 느낌을 주고 있다. 신문 기사의 객관적 사실성은 소설의 감동을 증폭시키는 역할을 하는 것이다.

이산가족은 전쟁이 끝나면 바로 만날 수 있을 것으로 기대했지만 반세기가 지나도록 만날 수 없었다. 종전이 아니라 휴전이 되었기 때문에 한국인은 같은 민족이지만 남과 북으로 헤어져 살아왔다. 단순하게 땅만 반으로 갈린 것이 아니라 민족이 갈렸으며, 가족이 갈린 것이다. 아직도 이러한 상황이 지속되고 있으며 언제 다시 만날 수 있을지 기약조차 할 수 없는 형편이다.

신문기사에서는 젊은 부부로 헤어졌다가 반세기가 지난 다음 다시 만나게 되었다. 반세기가 지났으니 젊은 아내는 이미 할머니로 변해 있었고 어린 자식들은 중년이 되어 있었다. 그렇다고 다시 함께 살 수 있는 형편도 아니다. 또다시 남과 북으로 헤어져야만 한다. 그렇지만 이렇게라도 만날 수 있다는 것은 다행이다. 더 많은 이산가족은 서로 생사도 알지 못한 채 세월만 보내고 있다.

반세기 만에 헤어진 가족을 다시 만나게 된다면 실감이 나지 않을 것 같다. 세월이 지난 만큼 서로의 모습도 변했을 것으로 짐작된다. 어쩌면 서로를 제대로 알아볼 수 없을지도 모른다. 그러나 어린 시절의 기억을 되살리면서 공통된 모습을 발견할 수 있을 것이다. 처음 만나는 순간에는 숨이 막히고 말문이 막혀 무슨 말을 해야 할지 생각이 나지 않는다. 서로 멍하니 바라보다가 그동안의 설움과 슬픔이 밀려와 펑펑 울게 될 것이다.

다문화 한국어 교육을 위한 한국문화 교육론

(4) 수업의 실제 - 「숨 쉬는 영정」의 교수·학습지도안

① 한국전쟁을 통한 역사문화 교육

대단원명	한국문화의 이해	일시	20××. 12	장소	강의실
소단원명	숨 쉬는 영정	대상	고급반	차시	1/3

단원학습목표	·한국전쟁을 통한 역사문화를 이해할 수 있다. ·소설을 통한 지리문화를 탐색할 수 있다. ·소설을 통한 충효주의와 충성성문화에 대하여 발표할 수 있다.
본시학습목표	일제강점기를 통한 역사문화를 이해할 수 있다.

학습과정	교수 · 학습 활동	시간(분)
도입단계	·학습동기 유발 　- 영화 〈태극기 휘날리며〉의 일부분을 보여 주고, 전쟁의 참혹함과 이별의 슬픔을 인식하도록 한다. ·학습목표 제시 　- 소설의 소재를 찾아 1950년대 역사문화적 배경을 추측할 수 있다. 　- 한국의 이산가족 상봉 과정과 이 문제를 해결할 방안을 모색할 수 있다. 　- 소설을 통하여 작가가 하고자 하는 말이 무엇이지 설명할 수 있다. 　- 한국전쟁 당시 형과 헤어진 후 재규의 삶을 상상할 수 있다.	10
문제해결단계	·소설의 소재를 찾아 1950년대 역사문화적 배경을 추측해 보자. 　- 하우스 보이, 기총소사, 피란민 ·한국의 이산가족 상봉 과정과 이 문제를 해결할 방안을 모색해 보자. 　- 이산가족 상봉은 현재 소강상태이며 한국통일을 통하여 해결할 수 있음 ·소설을 통해 작가가 하고자 하는 말이 무엇인지 설명해 보자. 　- 이산가족의 고통과 아픔	25
정리단계	·학습 내용 정리 및 내면화 　- 한국전쟁 당시 형과 헤어진 후 재규의 삶을 상상해 보자.	15

② 인터넷을 통한 지리문화 교육

대단 원명	한국문화의 이해	일시	20××. 12	장소	강의실
소단 원명	숨 쉬는 영정	대상	고급반	차시	2/3
단원 학습 목표	· 한국전쟁을 통한 역사문화를 이해할 수 있다. · 소설을 통한 지리문화를 탐색할 수 있다. · 소설을 통한 충효주의와 충성성문화에 대하여 발표할 수 있다.				
본시 학습 목표	소설을 통한 지리문화를 탐색할 수 있다.				

학습 과정	교수 · 학습 활동	시간 (분)
도입 단계	· 학습동기 유발 - 인터넷 포털 사이트 구글 지도를 통하여 사리원을 검색하여 살펴보면 　서 흥미를 유발한다. · 학습목표 제시 - 인터넷을 통하여 사리원을 조사할 수 있다. - 인터넷에 탑재된 사리원 관련 기사나 방송을 찾을 수 있다. - 인터넷을 통하여 실향민의 삶의 모습을 조명할 수 있다. - 인터넷을 통한 지리문화 교육의 감상문을 작성할 수 있다.	10
문제 해결 단계	· 사리원에 대하여 인터넷을 통하여 조사해 보자. - 사리원은 황해북도 도청소재지로 철도 교통 요지이며 공업도시임 · 인터넷에 탑재된 사리원 관련 기사나 방송을 찾아보자. - 사리원 근근 지진, 민화협, 사리원시 밀가루 분배, 북한도 폭염 - 영국 단체 사리원에 빵공장 건립 계획, 사리원에서도 김정은 　삐라 발견 · 인터넷을 통하여 실향민의 삶의 모습을 조명해 보자. - 강원도 속초에는 실향민 집단정착촌 아바이마을이 있음	25
정리 단계	· 학습 내용 정리 및 내면화 - 인터넷을 통한 지리문화 교육의 감상문을 작성해 보자.	15

③ 소설을 통한 권위주의와 충성성문화 교육

대단원명	한국문화의 이해	일시	20××. 12	장소	강의실
소단원명	숨 쉬는 영정	대상	고급반	차시	3/3
단원 학습 목표	· 한국전쟁을 통한 역사문화를 이해할 수 있다. · 소설을 통한 지리문화를 탐색할 수 있다. · 소설을 통한 충효주의와 충성성문화에 대하여 발표할 수 있다.				
본시 학습 목표	소설을 통한 충효주의와 충성성문화에 대하여 발표할 수 있다.				

학습 과정	교수 · 학습 활동	시간 (분)
도입 단계	· 학습동기 유발 - 한국문화 특질 중에서 권위주의가 무엇인지 질문한다. - 한국의 권위주의 문화 특질을 나타내는 사진이나 동영상을 보여 주면서 학습자 국가와의 차이점을 발표하게 한다. · 학습목표 제시 - 어머니가 고향을 떠나지 못하는 이유를 알 수 있다. - 태규는 동생이 살아있다는 것을 알면서도 만나지 못했는데 그 이유를 설명할 수 있다. - 한국통일을 위해 노력한 과정과 우선으로 해결해야 할 과제를 예측할 수 있다. - 신문 기사를 보고 자신이 반세기 만에 헤어진 가족을 만났다면 어떤 느낌이 들었을지 발표할 수 있다.	10
문제 해결 단계	· 어머니가 고향을 떠나지 못하는 이유는 무엇인지 조사해 보자. - 충효주의적 정신으로 선조들이 살던 마을과 가문을 지키고자 함 · 태규가 동생이 살아있다는 것을 알면서도 만나지 못한 이유를 설명해 보자. - 태규는 동생에게 자신의 떳떳한 모습을 보이는 것이 인간적 도리이며 우애라고 생각했음 · 한국통일을 위해 노력한 과정과 우선으로 해결해야 할 과제를 생각해보자. - 한국통일을 위한 관심을 보이고 있으나 우선으로 문화, 경제, 정치적인 문제를 해결해야 함	25
정리 단계	· 학습 내용 정리 및 내면화 - 신문 기사를 참조하여 자신이 반세기 만에 헤어진 가족을 만났다면 어떤 느낌이 들었을지 글을 써 보자.	15

3.
1980년대 「원미동 사람들-일용할 양식」
교육 방안

(1) 산업화 시대 소시민의 애환

① 산업화 시대 소시민의 애환

산업화는 18~19세기의 영국의 산업혁명 때 일어난 변화를 그 원형으로 꼽는다. 산업화 시대는 일반적으로 생산 활동의 분업화와 기계화로 1차 산업에서 2, 3차 산업의 비중이 늘어나는 시대를 말한다. 사회적으로 공업화 현상이 발생할 뿐만 아니라 사회 전체가 급변하게 된다. 산업화는 과학기술의 진보와 생산성 향상, 노동윤리의 확립, 각 직업의 전문화, 노동자들의 획일적 작업, 계층구조의 피라미드화, 농촌인구의 빠른 도시유입, 핵가족의 일반화, 소비형태의 획일화와 소비수준의 향상 등을 특징으로 들 수 있다. 산업화가 개인적으로 대량생산으로 인한 폭넓은 기회와 능력에 따른 풍요를 선사하기도 하였다. (두산 지식백과

사전)

한국은 1876년 개항을 시작으로 1910년 일제강점기부터는 일본 군수기지로서의 산업화가 진전되었다는 주장이 많다. 하지만 광복 이후 한국전쟁으로 기존의 산업화 구조가 파괴되어 미국의 경제적 원조를 받는다. 제3공화국의 경제개발 5개년 계획으로 산업화는 새로운 출발을 하게 되어 1962년부터 1982년 사이에 고도의 경제성장을 이룩하게 된다. 수출이 증대하고 산업 구조도 경공업에서 중화학공업으로 변화되었으며 현재는 서비스 산업과 정보통신 산업 등의 새로운 산업화가 진행되고 있다.

하지만 산업화가 분배보다는 성장 제일주의로 나아가다 보니 부의 불균형을 심화시키게 되었다. 부의 불균형은 소시민들의 상대적 빈곤을 야기했다. 물질에 대한 빈곤은 물신화를 부추겼으며 개성이 상실된 개인을 양성하였다. 이러한 부의 불균형은 이탈리아의 경제학자 빌프레도 파레토(Vilfredo Pareto)가 주창한 80대 20이라는 사회구조적 불평등을 낳는다.

산업화로 인한 폐해는 전 지구적으로 확대되어 새로운 이데올로기를 창출하였다. 산업화는 1980년대에 들어 더욱 가속화되기 시작하여 이에 따른 부작용도 만만치 않아 '누구를 위한 성장인가'라는 의구심을 낳게 된다. 아노미 현상, 인간소외 현상, 환경오염은 더욱 심화하였고, 빈부의 격차도 더 벌어졌으며, 노동자들의 생존권 투쟁은 전국적 규모로 이어졌다.

「일용할 양식」도 이러한 시대적, 사회적 배경을 토대로 창작되었다. 이 작품은 1980년대 부천시 원미구 원미동 23통 5반이라는 구체적인 공간적 배경으로 전개된다. 원미동 동네 슈퍼 사이에서 벌어지는 다양한 사건과 인물들의 갈등을 통해 평범한 소시민들의 삶을 서술하였다. 김포 슈퍼와 형제 슈퍼, 싱싱 청과물 사이에서 고객을 확보하기 위한 갈등과 동네 사람들의 다양한 모습을 통해 소시민의 애환을 사실적으로 그리고 있다.

작품에 등장하는 인물들은 산업화 시대 소시민의 애환을 고스란히 받아들이고 있다. 서울이 아니라 그 변두리에 해당하는 부천시 원미동이라는 공간에서 소박하고 지난한 일상을 보내고 있다. 이들은 대부분 서울이라는 도시 중심부로의 진입을 시도하고 있으나 목적을 달성하지 못하고 주변에서 겉돌기만 하는 주변인이다.

주변인은 로버트 파크(Robert Park)가 처음으로 발전시킨 용어로 주변성이란 개념에서 나왔다. 그는 주변인은 문화적 잡종으로 인식하여 현재나 과거의 전통에도 제대로 통합되지 않는 특성을 지녔다고 하였다. 보편적으로는 행동양식이 분명하지 않은 상태에 있는 사람으로 정의된다. 오랫동안 소속되었던 집단에서 다른 집단으로 옮겼을 때, 원래 집단의 사고방식이나 행동양식을 버릴 수 없다. 그렇다고 새로운 집단에도 충분히 적응되지 않는 사람이다. 이는 신체적 성질·언어·의복·습관 등의 차이에서 발생한다. 그렇기 때문에 대부분 주변인은 새로운 시대적 상황에 제대로 적응하지 못하는 것이다.

「일용할 양식」의 인물들도 주변인과 크게 다르지 않다. 그들은 산업화 시대에 제대로 적응하지 못하고 심리적 불안감과 소외감을 느끼고 있다. 그렇다고 산업화 시대에 적응하기 위한 적극적 행동을 시도하고 있는 것도 아니다. 그들은 다만 주어진 시대적 현실에 안주하며 성공한 사람들을 부러운 눈으로 바라보는 소시민일 뿐이다. 이들이 처음부터 소시민이 되고자 원미동으로 모여든 것은 아니다. 서울이나 타관에서 제대로 적응하지 못하고 새롭게 출발하겠다는 꿈과 희망을 안고 온 사람들이다. 그러나 타관에서 적응하지 못한 사람들이 원미동에서 성공하리라는 보장은 없다. 경제적으로 어렵다 보니 교환가치의 지배를 받을 수밖에 없고 이기주의적 속성을 지니게 된다. 하루가 다르게 변화하고 있는 산업화 시대에 그들은 점점 소외되고 무기력해지고 있는 셈이다.

원미동은 공간적으로 부천시 원미동을 한정하고 있는 것은 아니다. 산업화 시대에 고통받는 모든 소시민이 사는 모든 공간을 의미하고 있다. 작품에 등장하는 형제 슈퍼와 김포 슈퍼 사이의 갈등과 불화는 원미동 마을 전체를 소용돌이로 몰아넣는다. 두 가게가 생존을 위해 벌이는 고객 확보 전쟁은 그야말로 처절하다. 이러한 상황을 자신들의 이익 창출에 이용하는 주민들의 모습은 인간이 얼마나 이기적으로 변할 수 있는가는 보여주고 있다. 그야말로 소시민적 근성으로 보여 주고 있다.

소시민이란 일반적으로 자본가와 노동자의 중간계급에 속하는 사람을 일컫는다. 이들은 사상적으로 자본가에 가깝고 경제석으로는 노동자에 가까운 특성을 지닌다. 그렇지만 나름대로 경제적 독립성을 유지하여 사회운동에 대하여 무관심하거나 반발한다. 이러한 이유로 비판을 받기도 하지만 극단에 흐르지 않고 객관적 논리성을 갖추고 있어 사회발전의 선구적 역할 가능성이 있는 것으로 인식되는 경우가 있다.

작가 양귀자는 원미동의 소시민들끼리 서로 따뜻한 정을 베풀며 살고 싶지만, 먹고살기 어려운 각박한 현실을 사실적으로 그려내고 있다. 원미동 소시민의 이기적인 모습을 그대로 보여주면서 함께 더불어 사는 사회를 지향한다. 헐뜯고 싸우는 모습을 목격하면서 우리가 준수해야 할 이해와 공존의 원리를 환기해 주고 있다. 이러한 과정을 통해 우리가 만들어야 할 또 하나의 희망적인 과제를 남긴다. 부천시 원미동에서 일어난 사건은 원미동 마을 사람들만의 일이 아니다. 그것은 원미동에서 한국으로, 전 세계로 확장될 수 있는 개연성을 함의하고 있는 것이다.

② 산업화 시대를 통한 역사문화 교육

㉠ 도입단계

첫째, 학습동기를 유발한다.

- 1980년대 한국의 사회적, 문화적 상황을 표현하는 사진이나 동영상 자료를 보여 주며 흥미를 유발한다.

둘째, 학습목표를 제시한다.

- 소설의 소재를 찾아 1980년대 역사문화적 배경을 추측할 수 있다.
- 원미동 현실에서 고흥댁이 경호네의 성공을 부러워한 이유를 알 수 있다.
- 소설을 통해 작가가 하고자 하는 말은 무엇인지 설명할 수 있다.
- 경쟁에 대한 자신의 입장을 정리할 수 있다.

ⓒ 문제 해결단계

첫째, 1980년대 시대적 상황을 나타내는 소재를 찾아보자.

소설은 시대 현실을 반영하여 역사문화적 상황이 잘 나타난다. 여기에는 그 시대 사람들의 삶과 꿈이 나타난다. 소설의 배경은 허구로 대표되는 소설에 현장감을 주고 등장인물들이 활동할 공간에 사실감을 부여한다. 그리하여 작품의 분위기와 사건의 흐름을 결정하는 기능을 하여 사건 전개와 주제가 드러나도록 도와주는 역할을 하는 것이다.

「일용할 양식」은 원미동이라는 작은 마을에 경제적으로 풍족하지 못한 서민들이 모여 사는 이야기로 전개된다. 원미동에 사는 사람들은 주로 서울에서 밀려났거나 지방에 상경한 사람들이다. 소설은 시간적으로 겨울을 배경으로 서술된다. 겨울은 날씨가 추우므로 서민들에게는 난방비를 추가시킴으로써 경제적으로 더 어려운 계절이다. 그럴 뿐만 아니라 사람들의 왕래가 줄어들어 원미동 거리에서 장사하는 원미동 사람들에게는 이중

부담이 될 수밖에 없다.

시대적으로는 산업화 시대가 빠른 속도로 진행되었던 1980년대를 배경으로 하고 있다. 당시는 산업화의 영향으로 국가 경제가 급속도로 발전하던 시기였다. 국가의 발전과 더불어 서민들의 삶의 질 또한 높아졌으나 빈부격차가 심하여 생활고로 고통받는 사람들이 많은 시기이다. 이러한 배경을 종합적으로 살펴보더라도 이 소설은 서민들이 경제적으로 어려움을 겪는 이야기로 진행될 것으로 예상할 수 있다.

여름의 원미동 거리는 가게에 딸린 단칸방의 무더위를 피하기 위해 나온 동네 사람들로 자정 무렵까지 북적이게 마련이었으나, 추위가 닥치면 그렇지가 않았다. 너 나 할 것 없이 아랫목으로 파고들어서 텔레비전이나 쳐다보는 것으로 족하게 여기고, 찬바람이 씽씽 몰아치고 있을 밤거리야 상관할 바가 아니었다. (양귀자, 1987 : 233)

위 인용문을 통하여 1980년대 역사문화적 배경을 알려주는 소재들인 단칸방·아랫목·유선방송·안테나 등을 발견할 수 있다. 먼저, 원미동 거리에 있는 건물들은 대부분 가게가 딸린 단칸방 구조로 지어졌다. 이러한 집들은 한정된 대지에 적은 비용으로 어렵지 않게 건축할 수 있는 장점이 있다. 단칸방은 집에 방이 한 칸밖에 없는 구조로 최근에는 이 말보다 원룸이라는 말을 더 많이 사용한다. 그것은 80년대 경제적으로 어려운 소시민들의 주거 공간으로 가난을 상징하는 대명사라 할 수 있다. 당시 일

자리를 찾아 상경한 소시민 대부분은 단칸방에서 생활하는 경우가 많았다.

대부분의 단칸방에는 화장실이 없어 공중화장실을 사용할 수밖에 없었다. 아침마다 화장실을 가기 위해 긴 줄을 서지 않으면 안 된다. 긴 줄을 통하여 이웃집 소식을 전해 들을 수 있었고 볼일이 급한 뒷집 아주머니도 만날 수 있었다. 단칸방에는 난방용 보일러 시설이 제대로 갖춰져 있지 않아 아궁이에 연탄을 피웠다. 연탄으로 난방을 하고 밥을 해 먹고 물을 데워 세수하고 머리를 감고 목욕을 하였다. 그러나 연탄가스에 중독되어 목숨을 잃은 사람들이 연간 수백 명이 넘는 부작용도 없지 않았다.

다음으로, 아랫목은 찬 바람이 몰아치는 겨울에 사람들이 가장 선호하는 공간이다. 한국의 아랫목은 바닥에 구들을 놓고 군불을 때는 온돌 구조에서 볼 수 있다. 군불은 장작에서 시작하여 연탄으로 옮겨가기도 했지만, 여전히 아랫목은 아궁이에 가까운 쪽을 가리킨다. 아랫목은 윗목의 맞은편에 위치하는 방바닥으로 항상 온기를 머금고 있어서 따뜻한 정이 넘치는 공간이다. 어머니가 아랫목에 밥을 묻어 놓고 아버지 오기를 학수고대하던 애정과 그리움의 공간이기도 하다.

한국의 온돌 난방은 시설비나 연료비가 저렴할 뿐만 아니라 열의 효율이 높고 고장이 없다는 장점이 있다. 그러나 방바닥과 주변 공기의 온도 차가 심하여 감기에 노출되기 쉽고 비위생적인 면이 없지 않다. 아울러 온도 유지를 위하여 방을 밀폐해야 하므로 환기가 잘되지 않고 습도 조절이 어려워 건조하기

쉽다. 또한 가열시간이 길고 온도를 조절하기가 어렵다는 단점도 있다.

요즘 집집마다 유행처럼 번지기 시작한 유선 방송이라는 게 시도 때도 없이 영화를 보내 주고 있기 때문에, 사람들은 변소 갈 시간도 아끼면서 법석을 떨어 대는 아이들을 바깥으로 내몰아 놓고서 이내 텔레비전 앞에 붙어 앉는 것이다. 옥상마다 다닥다닥 붙어 있는 안테나 사정 탓인지, 따로 선을 잇지 않아도 유선 방송이 잘 잡히더라는 집도 더러 있었다. 날씨는 춥고, 아랫목은 따뜻하고, 눈요기할 만한 필름은 텔레비전이 담당하였다. (양귀자, 1987 : 233~234)

그다음으로, 당시 원미동에는 한국의 경제 발전에 힘입어 유선방송이 확대되기 시작하였다. 유선방송은 방송국에서 근거리 가입자에게 케이블을 통해 방송 프로그램을 전송하는 다채널 통신 시스템이다. 한국에는 1960년대 후반부터 텔레비전이 본격적으로 보급되었다. 그렇지만 난시청 지역이 많아 텔레비전을 제대로 시청하기가 어려웠다. 이러한 난시청 지역을 해소하기 위해 1961년 유선방송수신관리법이 제정되면서 유선방송이 시작된 것이다.

1991년에는 본격적인 다채널 서비스 보급을 위해 종합유선방송법이 제정되었다. 특히 1994년에는 51개 사 유선방송국 운영을 허가하였으나 그 숫자는 점점 늘어났다. 최근 유선방송은 텔레비전에 의한 유선 텔레비전, 또는 케이블 텔레비전으로 등으로 발전하였다.

끝으로, 옥상마다 다닥다닥 붙어 있는 안테나를 들 수 있다. 안테나는 전자파 에너지를 송수신하기 위해 공중에 설치하는 장치이다. 1980년 당시에는 지붕이나 옥상에 있는 안테나만 보면 텔레비전이 있는 집과 없는 집을 구별할 수 있었다. 아울러 텔레비전의 소유에 따라 잘 사는 집과 못사는 집으로 구별하기도 했다. 텔레비전을 켜면서 일과를 시작하고 끄면서 일과를 마칠 정도로 한국인의 친근한 벗이기도 하였다.

당시는 안테나를 설치했는데도 불구하고 텔레비전 수신 상태가 좋지 못한 경우가 많았다. 그러면 집집마다 진풍경이 벌어진다. 아버지나 아들 중에서 한 명은 텔레비전에 또 다른 한 명은 안테나에 붙어서 안테나를 돌리기 시작한다. 그러다 보면 텔레비전 수신 상태가 좋아지는 방향이 있다. 그 방향을 찾아 안테나를 고정하면 텔레비전의 선명한 화질을 볼 수 있었다. 한 번에 수신 방향을 찾았다고 해서 지속해서 수신 상태가 좋은 것은 아니다. 안테나가 바람에 돌아가는 경우가 빈번하여 텔레비전 시청을 위한 안테나 방향 잡기는 매일 저녁 볼 수 있는 풍경이었다.

둘째, 원미동 현실에서 고흥댁이 경호네의 성공을 부러워한 이유를 생각해보자.

김포 쌀 상회 경호네 부부는 충청도 산골 마을에서 상경하여 품팔이로 돈을 벌어 쌀 상회를 내었다. 그들은 원래 원미동 23

통 일대에 쌀과 연탄을 배달해 주면서 돈을 모아 김포 슈퍼로 확장 개업을 한 것이다.

당시 1980년대는 도시 산업화 현상으로 농촌이 붕괴하면서 새로운 일자리 찾아 나서는 사람이 많았다. 경호네도 정든 고향을 버리고 상경하여 일자리를 찾아 헤매는 사람 중의 한 사람이었다. 상경한 대부분 사람은 경호네처럼 억척같이 일을 해도 성공한 사례를 찾아보기란 여간 어렵지 않았다. 무작정 상경한 경호네가 확장개업까지 한 것은 부부가 얼마나 많은 고생을 했는가를 여실히 보여 주고 있다. 경호네는 성품이 착하고 모난 데가 없어 어른들을 존경하고 친절하게 대하여 동네 사람들에게 인정받고 있었다.

> 큰길가의 번듯한 슈퍼마켓은 아니지만, 그래도 옹색한 꼴은 면한 가게를 꾸며 놓고서 내외가 어찌나 벙싯벙싯 웃어 대는지 보기만 해도 배가 부르더라고 이웃의 세탁소 여자가 사람들마다에 귀띔을 해 주기도 하였다.
> 인제 그들은 그 큰 가게를 꾸려 나가면서 더욱 착실히 돈을 모을 것이라고 강남 부동산의 고흥댁 같은 이는 경호네의 성공을 여간 부러워하지 않았다. (양귀자, 1987 : 234~235)

원미동의 모든 사람은 경호네 부부의 확장 개업을 통한 성공을 축하해 주었다. 동네 사람들은 일일이 찾아가서 과자 한 봉지, 두부 한 모라도 사 주며 격려를 아끼지 않았다. 이처럼 원미동 사람들은 서로 정이 많고 가슴이 따뜻한 사람들이었다.

강남 부동산 고흥댁은 경호네 부부의 성공을 가장 부러워했다. 그것은 당시 원미동 거리의 가게가 대부분 장사가 잘 안되었기 때문이다. 원미동 거리에 있는 지물포·사진관·전파상 등 대부분 가게에 손님들이 없어 경제적으로 어려운 상황이었다. 당시는 계절적으로도 겨울이었기 때문에 원미동 거리는 더욱 썰렁했다. 이러한 와중에 경호네의 확장 개업은 이들에게 부러움의 대상이 될 수밖에 없었다.

작가는 원미동 거리에 있는 대부분 가게가 장사가 되지 않는 상황에서 경호네 부부의 성공을 부각했다. 이러한 설정이 여러 가지 어려운 환경 속에서도 열심히 노력하면 성공할 수 있다는 메시지를 전한 것은 아니다. 오히려 당시 한국의 경제적 발전이 소시민들이 모여 사는 원미동까지 미치지 못하는 것을 고발하는 것이다.

셋째, 소설을 통해 작가가 하고자 하는 말은 무엇인지 생각해 보자.

작가 양귀자는 「일용할 양식」을 통해 사실적 공간으로서 원미동의 이웃의 갈등과 화해를 보여 주면서 그 속에서 드러나는 인간의 이기적인 모습을 보여 주고 있다. 그러나 이러한 접근방법은 작품에 외형만 살펴본 것에 불과하다. 이 작품의 이면에 숨겨져 있는 의미를 발견하기 위해서는 작품에 등장하는 인물들을 잘 살펴보아야 한다.

형제 슈퍼 김 반장은 삶의 무게에 지쳐 모질고 사나운 면도 드러내는 총각이다. 김포 슈퍼 경호네 부부는 억척스럽고 성실하게 일하는 씩씩한 내외이다. 싱싱 청과물 사내는 장사도 제대로 못 하고 원미동을 떠난 비운의 사나이이다. 강남 부동산 고흥댁은 노골적으로 이익을 추구하지만 민첩하지 못하고 솔직하지만, 우둔한 아줌마이다. 써니전자 시내 엄마는 여리면서도 의협심을 보이나 이기적인 태도를 보이는 아줌마이다.

여기서 김 반장과 경호네 부부 그리고 싱싱 청과물 사내는 자신의 가게를 지키기 위해 온갖 수단과 방법을 가리지 않는다. 우리는 이러한 과정에서 드러나는 행위를 이기적인 행동이라고 비판할 수만은 없다. 아울러 고흥댁과 시내 엄마로 대표되는 마을 사람들을 기회주의자로 비판하기도 어렵다. 그것은 이들의 행동이 생존권 수호 차원에서 이루어지고 있기 때문이다. 생존권이란 목숨과 관련이 있는 것으로 생존권을 보장받지 못하는 것은 목숨을 버리는 것과 마찬가지 경우로 인식할 수 있기 때문이다.

"왜들 이렇게 장삿길로만 빠지는지 몰라."

우리 정육점 여자의 우문이었다.

"먹고살기가 힘드니까 그렇지요."

새댁이 즉각 현명한 답을 내놓았다.

그러고는 잠시 말이 끊겼다. 매일매일을 살아 내야 한다는 점에서 원미동 여자들 모두는 각자 심란한 표정이었다. 그중에서도 시내 엄마가 가장 울상이었다. 아이들 속에서 끼여 놀던 지물포집 막둥이가 넘어졌는지 입을 크게 벌리고 앙앙 울어 대는 것을 신호로 여자들은 제각각 흩어져 버렸다. 그리고 빈자리에는 이른 봄볕만 엄청 푸졌다. (양귀자, 1987 : 255)

작가는 『원미동 사람들』 후기에서 원미동 사람들은 전라도에서, 경상도에서, 충청도에서, 강원도에서, 그야말로 전국 각지에서 몰려온 사람이라는 것을 알려준다. (양귀자, 1987 : 319~320) 이들은 연탄 배달도 하고 날품팔이도 하며 공장에도 다니면서 살아간다. 그럴 뿐만 아니라 회사원도 많고 대다수 사람은 다양한 장사를 해서 먹고산다. 원미동은 한국 사회의 이주 현상을 표본실처럼 보여 주는 도시로 인식하고 작가 자신도 동병상련하게 되었다고 고백한다.

그는 계속하여 원미동을 마구 헝클어져 나뒹구는 욕망의 실꾸러미로 짜인 동네로 보았다. 그 한쪽 끝을 따라가다 보면 각각의 복잡한 관계가 개인의 차원을 벗어나 깊은 역사성을 띠고 있음을 깨닫게 된다는 것을 알려 준다. 원미동은 이사가 잦은 동네로 정들 만하면 떠나고 그 자리엔 낯선 이웃이 자리를 잡는다. 따라서 작가의 말처럼 당시 한국 사회의 부박한 삶과 그 진행의 현상이 축약된 곳이 바로 원미동이다.

우리는 「일용할 양식」을 통하여 작가가 어떤 이야기를 할 것인지를 짐작할 수 있다. 매일 일용할 양식을 구하기 위해 온갖 노력을 다하는 것이다. 이 말은 일용할 양식을 구하기가 호락호

락한 것은 아니라는 의미이다. 원미동 사람들도 일용할 양식을 구하기 위해 안간힘을 다하고 있다. 작가는 작품을 통하여 경제 적인 어려움 속에서 힘든 삶을 살아가는 서민들의 애환을 발언 한다. 외형적으로는 가난한 동네의 이웃 간에 벌어지는 갈등과 화해를 그리면서 내면적으로는 현대인의 이기적인 면을 비판하 고 있다. 그러면서 공동체 사회에서 함께 더불어 살아갈 수 있 는 화해와 공존의 원리를 보여 주고 있다.

그렇지만 우리가 끝까지 놓치지 말아야 할 것은 결론의 마지 막 구절이 "그리고 빈자리에는 이른 봄볕만 엄청 푸졌다"라는 부분이다. 작가는 원미동 사람들은 고달픈 삶의 현실 속에서도 이른 봄볕이 넉넉하게 비춰줄 것이라는 희망을 버려서는 안 된 다는 것을 강조한다. 여기서 말하는 희망은 우리에게 진정한 자 유의 의미를 전하고자 했던 시지프스의 노력과도 맞닿아 있다.

신화에서 말하듯 죽을 수밖에 없는 우리 인간의 운명은 어떤 노력으로도 극복할 수 없을 만큼 가혹하다. 하지만 떨어지는 돌 을 다시 언덕 위로 밀어 올리는 시지프스로부터 인간의 진실한 모습을 발견할 수 있다. 시지프스의 처절한 몸부림이 인간을 더 욱 의미 있는 존재로 살아남게 하는 이유가 된다. 우리 인간은 이러한 고통의 과정을 경험하면서 삶의 가치와 희망을 발견한 다. 이러한 작업은 결국 우리를 유토피아로 인도하는 몸짓과 크 게 다르지 않은 것이다.

ⓒ 정리단계

경쟁에 대한 자신의 입장을 정리해 보자.

현대사회의 모든 분야에서 경쟁은 필수적이다. 개인을 비롯하여 기업, 국가에 이르기까지 경쟁은 필요악처럼 존재하고 있다. 그것은 우리에게 고통을 주고 신뢰를 떨어뜨린다는 점에서 악이지만 가격을 낮추고 품질을 개선한다는 점에서는 필요하다. 우리는 주변에서 벌어지는 다양한 경쟁 사례를 목격하게 된다.

먼저, 어떤 동네에 오래전부터 운영해오던 구멍가게가 있었다. 동네 사람들은 그 가게를 이용하는 데 큰 불편이 없었다. 그런데 어느 날 구멍가게 주변에 24시 편의점이 개업했다. 그곳은 24시간 영업을 할 뿐만 아니라 깨끗한 간판에 진열된 상품도 깔끔하게 보였다. 그러면서 제품의 가격도 구멍가게 더 비싸지 않았다. 그러다 보니 구멍가게는 얼마 버티지 못하고 폐업을 하게 되었다.

다음으로, 어떤 동네에 옛날부터 운영해오던 과일가게가 있었다. 그런데 바로 앞집에 새로운 과일가게가 개업했다. 새로 개업한 가게는 규모도 크고 과일도 신선하고 집에까지 배달해주는 등 서비스가 좋았다. 얼마 되지 않아 기존 과일가게는 옷가게로 바뀌어 있었다.

끝으로, 기존에 유용하게 사용하던 가전제품이 있었다. 그런데 타 회사가 이 제품보다 싼 가격에 서비스 기간도 더 연장해

주는 제품을 출고하였다. 기존의 제품은 더 좋은 제품을 개발하든지 단종을 하든지 선택의 귀로에 서게 된다.

구멍가게가 편의점을 이길 수는 없다. 기존의 영업 방식을 고집하는 과일가게가 새로운 영업 방식을 시도하는 과일가게를 이길 수는 없다. 기업에서도 기존의 제품으로 신제품에 대응하기란 역부족이다. 이러한 사례에서 보듯이 경쟁은 같은 목표를 두고 서로 이기거나 앞서거나 더 큰 이익을 얻으려고 겨루는 것이다. 그러다 보니 이기면 살아남고 지면 사라질 수밖에 없다.

한국에서는 어떤 제품이 잘 팔린다면 유사한 제품을 만들어 판매하고, 어떤 장사가 잘된다고 하면 너나 나나 그 장사를 따라서 창업을 한다. 앞집에서 가격을 내리면 옆집은 더 많은 가격을 내린다. 그뿐만 아니라 과장 광고나 허위 광고를 하는 경우도 허다하다. 이러한 상황에서 소비자를 속이거나 서로에 대한 배려심이 없어져 불신감을 조장하게 된다. 결국에는 모두가 망하게 되는 비극을 초래하게 되는 것이다.

반면에 경쟁하지 않으면 그 상태에서도 충분한 이익이 발생하기 때문에 가격을 낮추거나 품질개발을 하지 않는다. 경쟁하게 되면 소비자들을 위하여 제품의 성능은 높이고, 가격을 싸지만 사용하기에 편리한 제품을 생산한다. 그래서 경쟁함으로써 기술의 발전이나 소비자의 만족도를 높이는 역할을 한다.

현대 자유 시장경제 체제에서 경쟁은 필수적이라 하겠다. 적절한 경쟁은 개인이나 기업 및 국가적으로도 이익이 될 수 있다. 하지만 지나친 경쟁은 사회적으로 불신 풍조를 조성하거나 모두에게 불이익을 초래하기 때문에 경계해야 할 것이다.

(2) 멀고 아름다운 동네, 원미동

① 현장 체험학습과 원미동

현장 체험학습은 강의실 내에서만 이루어지는 강의를 탈피하여 학습 자료가 있는 현장으로 학습장소를 옮겨 학습목표를 효율적으로 달성할 수 있는 수업방법이다. 따라서 학습자들에게 강의실에서 느끼는 피로와 긴장을 이완시키고 학습자들 상호 간의 친목을 다지며 학습효과를 높이는 역할을 한다. 그러나 체험학습이 단순하게 학습장소를 관광하는 형태로 운영되어서는 곤란하므로 사전에 치밀한 계획과 체험학습 후에는 반드시 강의실 학습이 동반되어야 한다.

한국문화 체험학습은 학습자의 정상적인 교육과정 이수에 지장이 없는 범위 안에서 운영되어야 한다. 이를 통하여 학습자들이 학습에 관련된 객관적 정보를 받을 수 있으며 스스로 느끼고 판단할 수 있는 분위기가 조성되어야 한다. 학습자들은 체험학습을 통하여 한국문화를 직접 체험함으로써 한국문화를 깊이 이해할 수 있다. 아울러 이러한 경험을 통하여 한국어 교육 학습에 대한 흥미를 높이고 삶의 과정에서 봉착할 수 있는 문제해결력과 삶의 지혜를 습득하는 기회를 얻을 수 있다.

교수자는 체험학습 장소가 「일용할 양식」의 공간적 배경이면서 작가 양귀자가 실제로 거주했던 곳이라는 것을 알려준다. 아울러 현장 답사가 여행이 목적이 아니라 주어진 과제를 해결하는 데 목적이 있다는 것을 주지시킨다. 체험학습은 설정된 학습 목표와 주어진 학습과제를 해결하기 위해서는 모둠별 협동학습이 바람직하다. 학습자들이 원미동 거리에서 활동하며 다양한 문화를 직접 체험할 수 있도록 지도해야 한다.

효율적인 현장 체험학습을 위해 몇 가지 유의할 점을 제시하면 다음과 같다.(정지혜, 2010, 58~61) 첫째, 체험학습을 담당하는 교수자나 운영자는 체험학습 장소로 선정된 장소를 사전에 답사하여 교육목표와 교육과정에 부합하는지 반드시 확인해야 한다. 둘째, 문화 체험학습의 체계적인 활동 내용 구성과 다양화가 이루어져야 한다. 셋째, 문화 체험학습은 강의실 수업과 연계성이 중요하다. 넷째, 체험학습 장소로 이동하기 전에 학습자들의 수준에 맞춘 모둠 편성이 선행되어야 한다. 다섯째, 교과 내용과 연계된 현장학습일 경우와 그렇지 않으면 모두 교수자는 체험학습 장소에 동반해야 할 것이며 관찰자 또는 협력자로서 그들 주변에 있어야 할 것이다.

작가는 『원미동 사람들』의 후기에서 원미동에 오게 된 동기를 밝히고 있다. 그것은 특별한 것도 없이 또 다른 낯선 곳을 방문했을 때의 심정과 다르지 않다. 다만 이사해야 할 날짜는 다가오고, 어느 날 문득 전철을 타고 내려와서 기웃거리다가 우리 형편과 비교적 맞는 것 같아서 살게 된 곳이라는 것이다. 그렇

다문화 한국어 교육을 위한 한국문화 교육론

지만 원미동이라는 동네 명칭이 어설픈 외양과는 상관없이 낭만적인 것이 다소 위안이 되었다고 고백한다.

작가는 작품이 1980년대를 살아간 모든 사람의 초상이라 한층 더 부지런히 쓸 수 있었다. 그는 점차 원미동 자체보다 원미동에서 살아가고 있는 사람들의 중요성을 인식한다. 사람과 사람들을 통해서 만이 '멀고 아름다운 동네'로 갈 수 있다고 판단하였다. 따라서 소설이 완성된 후『원미동 사람들』이라는 제목을 붙이게 된 것이다.

『원미동 사람들』의 탄생은 문화적으로 열악함을 면치 못하던 부천시와 원미구청으로서는 마치 선물 같은 존재이다. 부천시와 원미구청이 이러한 사실을 깨달았기 때문에 '원미동 사람들 거리'를 조성함으로써 전국적 관심의 대상이 될 수 있었다. 이를 계기로 여러 문화예술 행사를 개최하여 부천시와 원미구의 이미지를 되살리고 원미동 사람들 거리를 재현하는 역할을 하는 것이다.

전술한 것처럼 부천구 원미동은『원미동 사람들』에 등장하는 공간적 배경이다. 학습자들이 이 공간적 배경을 직접 찾아가 체험학습을 하는 과정은 지리문화 교육적 측면에서 다양한 의미가 있는 일인 것이다.

② 현장 체험학습을 통한 지리문화 교육

㉠ 도입단계

첫째, 학습동기를 유발한다.

- 모둠별 체험학습을 하기 전에 인터넷 '디지털부천문화대전' 홈페이지를 방문하여 답사에 필요한 답사 장소, 과제 수행 방법 등을 숙지시켜 학습 흥미를 유발하도록 한다.

둘째, 학습목표를 제시한다.

- 원미동 명칭의 유래와 자연환경을 조사하여 제출할 수 있다.
- 원미동 거리의 건립경위와 현황 및 의의를 조사하여 제출할 수 있다.
- 작품의 공간적 배경인 원미동의 상징적 의미를 조사하여 발표할 수 있다.
- 현장 체험학습 감상문을 작성할 수 있다.

㉡ 문제 해결단계

첫째, 원미동 명칭의 유래와 자연환경을 조사하여 제출한다.

원미동(遠美洞)을 한자어로 풀어보면 멀고 아름다운 동네가 된다. 원미동의 명칭은 원미산(遠美山)에서 유래되었다. (디지털부천문화대전 홈페이지) 옛날 부평부 관아의 동헌에서 이 산을 바라보면 아침 해돋이의 산세가 날렵하고 아름다우며 해 질 녘 노을에 반사된 모습이 단아하였다고 한다. 따라서 도호부사가 산 이름을 원미산이라 칭하게 되었다고 한다.

원미동은 둔덕산과 원미산 서쪽 기슭을 차지하고 있으며, 중앙공원을 끼고 있어 자연환경이 아름답다. 원미동은 행정동인 원미1동, 원미2동으로 이루어져 있다. 동쪽은 역곡동, 서쪽은 심곡동, 남쪽은 소사동, 북쪽은 춘의동과 각각 연결된다. 원미산을 중심으로 한 자연 녹지 지역으로 시민의 안락한 휴식처로 이용되며, 주택 지역과 공장 지역으로 형성되었다.

주거 형태는 단독 주택과 연립 주택이며, 조마루길 북쪽은 200여 개의 제조업체가 밀집된 공업 지역이고, 재래시장인 원미시장이 위치한다. 원미동은 원미구청·부천소방서·대한지적공사 등 주요 공공 기관이 있는 행정의 중심지이며, 금융 기관이 밀집되어 있다. 그리고 부천시 종합운동장·레포츠 공원 등 휴식 공간과 부천시립중앙도서관·부천교육박물관·한국만화박물관 등이 소재해 있어 교육 여건이 좋다. 특히 원미동의 기념물로 '원미동 사람들 거리'가 있다. 1980년대 소설『원미동 사람들』이 문학적 평가를 받으면서 원미동이 세상에 알려지게 되었다. 원미동 거리는 부천시 원미구 원미동 71번지 원미구청 담장을 끼고 조성되었다.

『원미동 사람들』은 서울 변두리에 있는 경기도 부천시 원미동 23통 5반이라는 구체적 삶의 장소를 공간적 배경으로 삼고 있다. 작가 양귀자는 실제로 원미동에 거주하면서 같은 동네에 사는 평범한 사람들의 이야기를 소설의 소재로 삼았다. 하지만 원미동이 실제 소설의 공간과 완전히 일치하는 것은 아니다. 작품에는 반드시 작가의 상상력으로 창조한 인물과 사건 및 배경이 존재해야 하기 때문이다.

소설에 등장하는 원미동은 글쓴이의 실제 체험이 담긴 실제 공간에 작가의 상상력으로 창조한 사회의식이 복합적으로 만들어 낸 허구적 공간이다. 결국 원미동은 허구적 공간이기는 하지만 우리의 삶을 반영하고 있을 뿐만 아니라 작가의 문제의식이 고스란히 담겨 있는 공간이기도 하다.

둘째, 원미동 거리의 건립경위와 현황 및 의의를 조사하여 제출한다.

원미동 거리는 경기도 부천시 원미구 원미동에 있는 거리이다. 1980년대 연작소설『원미동 사람들』이 문학적 평가를 받으면서 원미동이 알려지자 이를 기념하기 위하여 건립되었다. 원미동 거리는 평범한 동네의 상징으로 알려지면서 부천시 원미구 원미동 71번지 원미구청의 담장을 끼고 조성되었다. 총 연장 120m, 폭 8m의 소박한 규모로 만들어져 일반인에 공개된 것이다.

2002년 11월 12일에 원미동 사람들 거리 조성 사업 계획을 세우고, 그해 11월 29일부터 2003년 1월 10일까지 원미동 사람들 거리를 조성하였다. 2002년 12월 9일부터 2003년 1월 19일까지는 원미동 사람들 거리의 조형물이 설치되었다. 그리고 2003년 4월 4일부터 2003년 6월 16일까지 원미동 사람들 거리에 벽천 분수를 조성했다.

새로 생긴 싱싱 청과물의 위치를 설명하자면 이렇다. 형제 슈퍼의 맞은편에 서울 미용실이 있고, 소방 도로를 끼고 구부러지면서 '종합 화장품 할인 코너'란 이름의 화장품 가게가 들어 있는데, 서울 미용실의 경자가 새해 벽두에 친구와 동업 형식으로 문을 열어서 동네 여자들을 상대로 화장품을 할인하여 팔고 있었다. (양귀자, 1987 : 234)

인용문은 「일용할 양식」에 등장하는 원미동 가게 위치를 묘사한 부분이다. 살펴본 것처럼 일용할 양식 편에는 싱싱 청과물을 중심으로 형제 슈퍼와 화장품 가게에 관한 서술밖에 없다. 하지만 연작소설 『원미동 사람들』의 전문을 통해서 보면 원미동 23통은 국자 모양의 형태를 지니고 있다.

국자의 손잡이 부분을 시작으로 원미지물포, 행복사진관, 써니전자, 강남부동산, 우리정육점, 한강인삼찻집, 바지공장, 명옥이네, 종합화장품 코너, 서울미용실, 바지공장 등이 줄지어 있다. 맞은편으로는 강노인 밭, 무궁화연립 1층에 으악새 할아버지, 2층에 은혜네, 3층에 원미동 시인네가 살고, 그 옆에는 김반장의 형제 슈퍼가 있고 대각선으로는 경호네 김포 슈퍼가 자리를 잡았다.

그러나 실제 원미동 거리에는 작품 속 인물들의 특징을 살린 동상과 부조 및 기둥 조형물이 세워져 있을 뿐이다. 여기에 작품의 중요 내용 부분을 기록하여 작품의 분위기를 전달하는 역할을 한다. 하지만 문학에 대한 독자들의 관심이 줄어들면서 원미동에 관한 관심 또한 떨어지고 있다.

따라서 부천시에서는 시민과 청소년들의 문화 향유 욕구를 충족시켜 줄 수 있는 새로운 문화 콘텐츠가 필요하다고 판단하였다. 원미동 사람들 거리에 설치된 조형물을 활용, 보완하려는 계획을 세우고 있다. 이러한 작업을 통하여 원미동 사람들 거리가 전국적 현장학습의 공간으로 자리매김할 수 있도록 관심을 지닌다. 결국 부천시와 원미구의 위상을 높여 지역의 고유한 전통문화를 계승함과 아울러 문화도시로서의 이미지를 재고하려는 것이다.

셋째, 작품의 공간적 배경인 원미동의 상징적 의미를 조사하여 발표해 보자.

「일용할 양식」은 경호네의 김포 슈퍼와 김 반장의 형제 슈퍼 그리고 싱싱 청과물의 갈등과 동네 사람들의 개인 이기주의로 전개된다. 경호네가 돈을 모아서 김포 슈퍼로 확장 개업을 하자 형제 슈퍼는 위기를 느끼며 가격경쟁을 시작한다. 이 와중에도 원미동 사람들이 서로 눈치를 보면서 더 싼 가게를 찾아다니는 이기적인 모습을 발견할 수 있다. 이러한 사실을 제대로 알지 못했던 싱싱 청과물 사내는 두 가게 사이에 개업하게 된다. 그러자 김포 슈퍼와 형제 슈퍼는 다시 동맹하여 싱싱 청과물을 폐업시키고 만다.

홍정선은『원미동 사람들』은 원미동이라는 조그만 사회를 뒤흔들어 놓은 이 두 상점의 갈등과 불화는 함께 사는 사회에서 인간들이 지켜야 할 이해와 공존의 원리를 재치 있게 환기해 주는 작품이라 평가한다. 아울러 작가가 그려 보이는 원미동은 작고도 큰 세계라고 하였다. 그것은 원미동의 세계가 지금 우리가 사는 삶의 현실과 별반 다르지 않기 때문이다. 원미동은 멀고 아름다운 동네로 또 하나의 희망을 만들어가며 살아야 할 우리들의 동네인 것이다.

황도경은 『원미동 사람들』은 80년대 소시민적 삶의 풍속도를 그대로 담고 있다고 말한다. 그것은 성장과 소외, 풍요와 빈곤, 폭압과 자유에의 갈망과 다르지 않다. 이 작품은 단순히 한 시대의 풍속을 담아내는 데 그치는 것이 아니라 궁극적으로 삶의 진실성에 대하여 끊임없는 의문을 제기하고 있다는 것이다. 따라서 '원미동'은 멀리 있지만 아름다운 혹은 멀리 있으므로 아름다운 희망의 공간적 이름이 된다.

결국 원미동이란 '멀고도 아름다운 동네'는 역설적 표현으로 그 의미를 강조하였다. 원미동은 그야말로 그저 평범한 보통 사람들이 보통의 삶을 살아가고 있는 동네에 불과하다. 그들은 서울에 진입하지 못하고 그 주변인 부천시 원미동에 살고 있다. 말을 바꾸면 물질만능주의와 개인 이기주의라는 시대적 상황에서 소외된 사람들이 생활하고 있는 동네라는 의미이다. 그렇지만 원미동 사람들은 자신들이 사는 동네를 아름다운 동네로 만들기 위한 노력을 하지 않는 것은 아니다. 서로 위로하고 배려하면서 힘들고 어려운 시대적 상황을 극복하려는 의지를 보이면서 우리에게 꿈과 희망의 메시지를 전하고 있다.

ⓒ 정리단계

현장 체험학습 감상문을 작성할 수 있다.

<예시>

소설『원미동 사람들』은 은혜라는 어린아이의 순수한 눈에 비치는 원미동의 모습을 서술하는 것으로 전개된다. 서울에서 살 만한 집을 구하지 못한 은혜네 가족은 부천으로 이사를 오게 된다. 은혜와 만삭의 엄마, 샐러리맨인 아빠, 할머니가 한꺼번에 원미동 주민으로 편입한다.

원미동 사람들의 거리는 소설의 공간적 배경이다. 이곳은 부천역 앞 중앙로를 도보로 30분 정도의 거리에 있는 원미구청 주변에 조성되었다. 여기에는 원형 분수대가 설치되어 있으며 이 주변에 돌아가면서 소설 속 단편 구절들이 새겨졌다. 작품에 등장하는 강노인과 원미동 시인 몽달씨 그리고 형제 슈퍼 김 반장의 브론즈 동상이 그 모습을 드러낸다. 뿐만 아니라 원미동 마을을 축소한 모형과 소설가 양귀자의 얼굴이 새겨진 장식벽 등을 발견할 수 있다.

원미동 사람들 거리에 등장하는 강노인은 「원미동 사람들-마지막 땅」 편에 등장하는 원미동에서 가장 땅이 많은 인물이었다. 그러나 자식들의 빚쟁이들 때문에 땅을 팔아넘긴 후 남의 땅으로 농사를 짓는다. 농사를 지으면서 인분과 같은 천연비료를 고집하여 마을 사람들과 갈등을 겪는다. 몽달씨는 원미동 시인 편에 등장하며 원미동 시인으로 불린다. 깡패들에게 이유 없는 폭행을 당하며 원미동 사람들의 놀림을 받으면서도 매일 시를 적은 종이를 가지고 다닌다. 김 반장은 「일용할 양식」에서 자신의 가게를 지키기 위하여 수단과 방법을 가리지 않은 인물로 등장한다.

원미동 사람들의 거리는 『원미동 사람들』의 등장인물들이 실제로 거주했던 곳이라는데 의미가 있다. 하지만 현재 이곳에는 소설 속과는 어울리지 않는 높고 큰 건물이 즐비하다. 거리 여기저기를 살펴보아도 소설 속의 등장인물인 듯한 사람은 아무도 발견할 수 없다. 그것은 원미동에 찾아든 개발이라는 핑계로 모두 어디론가 떠나 버렸기 때문이다.

'강노인, 은혜네, 경옥이네, 진만이네, 형제 슈퍼 김 반장, 김포 슈퍼 경호네, 원미지물포 주씨네, 행복사진관 엄씨, 써니전자 시내 엄마, 강남부동산 박씨, 고흥댁, 찻집여자, 원미동 시인 몽달이, 우리정육점 주인, 서울 미용실 경자, 지하생활자' 등의 인물들은 어디에도 존재하지 않았다. 겨울의 끝자락에서 넉넉한 햇살을 받으며 여기저기에 옹기종기 앉아서 정을 나누던 소설 속 인물들의 모습을 찾을 수가 없었다.

원미동 사람들 거리를 체험하면서 소설 속에 등장하는 원미동의 주민이 되어보겠다는 희망을 버리면서 왠지 아쉬운 느낌이 들었다. 하지만 원미동 사람들 거리에서 『원미동 사람들』에 등장하는 인물들을 동상으로나마 만날 수 있어 허전한 마음을 달랠 수 있었다.

원미동 거리가 제대로 된 문화체험 장소가 되기 위해서『원미동 사람들』에 나오는 당시 시공간적 배경을 그대로 재현할 필요가 있다. 그것이 불가능하다면『원미동 사람들』전시관을 건립하여 작품에 등장하는 인물과 배경의 모습을 재현하는 방법도 유용할 것으로 판단된다. 이러한 작업이 선행된다면『원미동 사람들』을 중심으로 지속적인 스토리텔링을 만들어 낼 수 있다. 『원미동 사람들』낭송대회, 등장인물 그리기 대회, 이어쓰기, 고쳐쓰기 등을 통하여 장르와 장르의 경계와 작가와 독자의 경계를 해체하고 새로운 소통을 시도하는 작업을 해 보는 것도 바람직할 것으로 생각한다.

(3) 집단주의와 물신성

① 집단주의와 물신성

작가 소개

작가 양귀자는 1955년 전북 전주에서 출생했다. 1978년 원광대학교를 졸업하던 해에 〈문학 사상〉 신인상에 단편「다시 시작하는 아침」, 「이미 닫힌 문」이 당선되어 등단하였다. 1987년 단편소설집『원미동 사람들』을 발표하여 박태원의『천변풍경』이후 가장 훌륭한 세태소설 작가라는 호평을 받았다. 그의 작품은 주로 일상적 현실에서 어렵게 살아가는 소시민들의 생활상을 섬세한 문체로 형상화하고 있다. 작품 구성의 치밀함과 속도감 있는 문체, 대중적인 주제 등으로 독자들의 인기를 끌고 있다.

작품으로는 소설로『원미동 사람들』,『지구를 색칠하는 페인트공』,『희망』,『나는 소망한다 내게 금지된 것을』,『슬픔도 힘이 된다』,『모순』,『길모퉁이에서 만난 사람』,『천년의 사랑』,『천마총 가는길』, 산문집으로『따뜻한 내 집 창 밖에서 누군가 울고 있다』,『삶의 묘약』, 장편 동화로『누리야 누리야 뭐하니』, 육아 에세이집으로『엄마노릇 마흔일곱가지』등이 있다. 양귀자는 유주현 문학상, 이상 문학상, 현대 문학상, 21세기 문학상 등을 수상한 바 있다.

작품 줄거리

연작소설『원미동 사람들』은 총 11편의 작품들로 이루어져 있지만 크게 세 개의 구조로 나눌 수 있다. 첫 번째, 「멀고 아름다운 동네」, 「불씨」, 「마지막 땅」, 두 번째, 「원미동 시인」, 「한 마리의 나그네쥐」, 「비 오는 날이면 가리봉동에 가야한다」, 「방울새」, 「찻집여자」, 「일용할 양식」, 세 번째, 「지하생활자」, 「한계령」 등이다. 이러한 작품 구조가 각각 독립된 단편 작품을 이루면서 동시에 연작 소설집이라는 하나의 커다란 장편소설의 구조로 연결된다. 이 중에서 두 번째 구조에 해당하는 「일용할 양식」은 부천시 원미동 23통 거리라는 가난한 동네의 이웃 간에 벌어지는 갈등과 이해를 그리고 있다.

김포 쌀 상회를 운영하던 경호네는 연탄과 쌀 배달 등으로 열심히 노력하여 김포 슈퍼라는 가게를 확장 개업을 하였다. 이로 말미암아 김 반장의 형제 슈퍼와 판매 품목이 겹치게 되어 두 슈퍼는 가격경쟁을 한다. 확장 개업을 한 김포 슈퍼는 지금까지 팔지 않던 쌀과 연탄 등을 팔게 된다. 그러자 형제 슈퍼 김 반장도 지금까지 팔지 않던 부식 일체를 팔겠다고 선언하고 두 가게는 고객 확보 전쟁을 벌인다. 이러한 상황에서 원미동 사람들은 고래 싸움에 새우들이 먹을 것이 많다고 생각한다. 그들은 어느 가게로 가야 할지 난감해 하면서도 더 싼 가게에서 물건을 구입하게 된 것을 흐뭇해한다.

이러한 와중에 사태를 제대로 파악하지 못한 싱싱 청과물이 개업했다. 싱싱 청과물은 청과물뿐만 아니라 이미 두 슈퍼에서 판매하고 있는 부식 일체와 김까지 판매하게 된다. 상황을 파악하게 된 김포 슈퍼 경호네와 형제 슈퍼 김 반장은 휴전하고 동맹 관계를 맺어 싱싱 청과물의 장사를 방해한다. 졸지에 장사하지 못하게 된 싱싱 청과물은 김 반장과 싸움하게 되지만 상대가되지 못한다.

이후 싱싱 청과물은 가게 문을 닫게 되고 두 슈퍼의 동맹관계는 이어진다. 그런데 원미동에 새로운 사건에 발생한다. 그것은 폐업하게 된 싱싱 청과물 가게 자리에 전파상이 개업한다는 것이다. 그 말에 '써니전자'라는 전파상을 하는 시내 엄마는 불안해한다. 원미동 사람들은 앞으로 또 어떤 일이 벌어질 것인가 궁금해하면서 작품은 막을 내린다.

우리는 앞에서 한국문화의 특질로 집단주의를 제시한 바 있다. 집단주의는 확대된 가족주의와 우리주의, 연고주의를 배경으로 하고 있다. 「일용할 양식」에서는 한국문화의 집단주의적 특질을 잘 보여 주고 있다. 이러한 집단주의는 물신성(物神性)과 연관성을 맺고 있다.

물신성은 찰스 디 브로세(Charles de Broses)가 제창한 용어로 원시사회의 종교의 초기형태인 자연물이나 자연현상을 숭배한다는 의미이다. 그러나 마르크스(Marx Karl)에 와서는 상품의 물신 숭배 개념으로 인식된다. 그에 의하면 자본주의 사회에서 사적 생산이라는 과정을 통해서 맺어지는 사람과 사람의 관계에서 생산되는 상품에 내재한 것은 인간의 고귀한 노동뿐이다.

그러나 그것이 표출될 때는 인간의 노동은 은폐되고 자본이나 화폐 또는 물질에 가치가 있어 보여 이것에 집착되는 경향을 화폐의 물신성이라 하였다. 자본은 생산수단의 한 부분인 죽은 노동이지만 살아있는 노동자의 노동까지 흡수한다. 따라서 마치 자본이 상품 생산의 전부인 것처럼 숭배하는데 이것이 상품의 물신성인 것이다.

마르크스는 상품의 가치는 사용가치에서 나오는 것이 아니라 교환가치로부터 나온다고 하였다. 사용가치는 어떤 재화를 직접 소비해서 효용을 얻을 수 있을 때 발생하는 가치이다. 하지만 교환가치란 어떤 재화로부터 직접 효용을 얻을 수는 없을지라도 사용가치가 있는 다른 재화와 교환할 때 발생하는 가치를 말한다. 따라서 사회에서 정상적인 관계가 유지되기 위해서는

사용가치의 지배를 받아야 한다. 그러나 현실은 사용가치보다
는 교환가치의 지배를 받는다.

예를 들어 다이아몬드와 물을 놓고 볼 때, 다이아몬드보다 물
이 우리 인간에 유익하게 활용될 수 있으므로 사용가치가 훨씬
높은 것이 사실이다. 그러나 현실적으로는 물보다 다이아몬드
를 선호하여 우리가 교환가치의 지배를 받는 사실이 증명된다.

「일용할 양식」에 등장하는 대부분 사람은 교환가치의 지배를
받는 셈이다. 그들은 사용가치에 대하여 별 관심이 없다. 그들
은 오직 교환가치에 모든 관심이 집중되어 있다. 이런 사회에서
는 물건을 만드는 사람은 그가 만들어 내는 물건의 사용가치와
는 상관이 없다. 그들에게 사용가치란 이익이 되는 것만을 얻기
위한 필요악이며 자기의 수익성을 보장해 주는 충분한 교환가
치에 불과한 것이다.

형제 슈퍼 김 반장과 김포 슈퍼 경호네의 갈등과 이러한 와중
에 좀 더 싼 곳을 찾아다니는 동네 사람들의 행동이 교환가치의
지배를 받는 셈이다. 김 반장과 경호네의 동맹으로 폐업을 하게
된 싱싱 청과물 사내를 안타까워하던 써니전자 시내 엄마도 자
신의 생존권이 흔들리는 지경에 이르러서는 교환가치의 지배를
받을 수밖에 없다.

르네 지라르(Rene Girard)는 이러한 인물들을 속물로 표현했다.
'속물이란 자신의 개인적인 판단을 믿지 못하고 다른 사람들이
욕망하는 대상들만 욕망하는 존재'이다. "타인을 모방하고자 하
는 욕망은 타인이 되고자 하는 욕망"(Rene Girard, 김치수 역, 2001 :

30~31)이나 다름없다.

뤼시앙 골드만(Lucien Goldmann)에 의하면 인간과 재물의 관계가 건전하고 정상적인 궤도로 오르자면 사용가치를 받아야 한다. 그러나 사용가치가 아니라 교환가치의 지배를 받게 된 것은 간접화현상이다. 인간과 재물의 관계가 새로운 경제적 현실로 인하여 내면화되어 버린 것이다. 이러한 사회에서는 사용가치와는 무관하게 생활하며 오직 교환가치를 얻기 위한 욕망을 버리지 못한다. 이러한 욕망은 진정한 욕망이 아니라 거짓된 욕망으로 명명된다.

② 소설을 통한 집단주의와 물신성 문화 교육

㉠ 도입단계

첫째, 학습동기를 유발한다.
- 한국문화 특질 중에서 집단주의가 무엇인지에 질문한다.
- 한국의 집단주의 문화 특질을 나타내는 사진이나 동영상을 보여 주면서 학습자 모국의 차이점을 발표하게 한다.

둘째, 학습목표를 제시한다.
- 자신이 원미동 주민이라면 어느 가게를 이용했을지 발표할 수 있다.
- 김 반장과 경호네가 동맹을 맺은 것에 대한 자신의 입장을 정리할 수 있다.

- 써니전자 시내 엄마의 태도가 갑자기 바뀐 이유가 무엇인지 설명할 수 있다.
- 소설 이어쓰기를 할 수 있다.

ⓒ 문제해결 단계

첫째, 자신이 원미동 주민이라면 어느 가게를 이용했을지 생각해보자.

사람들은 심리적으로 물건의 질이 좋고 싼 가게를 찾는다. 이 것은 원미동 주민이 아니라 다른 동네 주민들에게 질문을 하여 도 대답은 유사할 것이다. 그런데 어느 가게를 이용할 것이라고 질문할 때는 난감할 수밖에 없다. 어떤 사람은 부양할 가족이 많은 김 반장의 어려운 사정을 생각해서 형제 슈퍼를 이용한다. 다른 사람은 옛정을 생각해서 야채도 싱싱하고 깨끗이 정돈되 어 있으면서도 인심까지 넉넉한 김포 슈퍼를 이용하게 된다. 마 음이 약한 사람은 쌀과 연탄은 김포 슈퍼에서 과일, 야채, 일용 품은 형제 슈퍼에서 살 것이다.

실제로 원미동이라는 같은 공간에 살면서 김포 슈퍼로 갈 것 인가 형제 슈퍼로 갈 것인가를 선택하기란 참으로 어렵고 곤란 한 일이다. 김포 슈퍼로 가자니 형제 슈퍼가 맘에 걸리고 형제 슈퍼로 가자니 김포 슈퍼가 맘에 걸린다. 그렇다고 한 번은 김 포 슈퍼로 가고 또 한 번은 형제 슈퍼로 갈 수도 없는 노릇이다. 김포 슈퍼로 간다면 김 반장이 싫어할 것이고, 형제 슈퍼로 간 다면 경호네가 싫어할 것은 당연하다.

모두 다 살기 위하여, 어쨌거나 한번 살아 보기 위하여 저러는 것이었으므로, 애꿎은 동네 사람들만 가게 가기가 심란스러워진 셈이었다.

… (중략) …

"할 수 없잖아? 김포 몰래 우리도 20킬로그램짜리 쌀 팔았어. 괜히 경호 아버지 눈치가 보이고, 참말 내 돈 내고 쌀 팔면서 무슨 죄를 짓는 것처럼 이게 뭐야?"

써니전자의 시내 엄마도 이마를 찌푸렸다.

"이번에는 김포, 다음에는 형제, 그렇게 하면 되잖아요?"

64번지 새댁이 공평한 결론을 내리는가 했더니, 고흥댁이

"그럼 계란이니 두부니 라면도 일일이 나눠 가지고 사러 다닐거여? 아이구, 난 이젠 늙어서 기억력도 모자라는디 헷갈려서 그짓 못혀."

하며 고개를 설레설레 흔들었다. (양귀자, 1987 : 239~240)

원미동 사람들은 이러지도 저러지도 못하고 눈치만 살피는 수밖에 도리가 없다. 눈치란 그때그때 상황을 미루어 알아내는 태도로 다른 사람의 기분이나 어떤 상황을 곧바로 알아차리는 능력이다. 눈치는 한국에서 대인관계를 유지하기 위한 중요한 수단이며 의사소통의 중요한 요소로 한국문화의 특질로 보기도 한다. (국제한국어학회, 1998, 178~179) 한국의 언어표현은 직설적이기보다는 우회적인 경향이 많다. 예를 들어 "적당히 알아서해", "두서너 개만 사와"라고 했을 때 학습자들은 당황하게 된

다. 적당히 알아서 하는 것이 어떻게 하라는 것인지, 두서너 개가 몇 개를 의미하는지 알 수가 없다. 이러한 상황에서 눈치를 작동시켜 상황을 파악하고 적절한 행위를 취해야 한다.

한국 사회에서 눈치가 없는 것도 문제이지만 눈치를 너무 잘보는 것도 문제가 된다. 눈치가 없는 사람은 답답한 사람으로 인식되기 십상이다. 한국 속담에 '눈치가 발바닥이다'라는 말이 있는데 이는 눈치가 몹시 무디거나 없는 경우를 비유적으로 이르는 말이다. 반면에 눈치가 너무 빠르면 자신보다 상대방을 먼저 배려하는 경향이 있어 긍정적인 평가를 받기도 한다. 그래서 한국 속담에 '눈치가 빠르면 절에 가도 젓갈을 얻어먹는다'라는 말이 있다. 눈치가 있으면 어디를 가도 군색한 일이 없다는 의미이다. 하지만 눈치가 빠르면 때에 따라서 기회주의자라는 오해를 받기도 한다. 다른 사람의 눈치를 보다 보니 일관된 입장을 견지하지 못하고 상황에 따라 행동할 수밖에 없기 때문이다. 눈치를 너무 많이 보다 보면 자신이 할 수 있는 일을 제대로 할 수 없게 되어 소심한 성격의 소유자라는 비판을 받기도 한다.

원미동 사람들의 행동도 한국문화의 특질에 포함할 수 있는 눈치 보는 사람과 무관하지 않다. 그들은 김 반장의 눈치를 보고 경호네 눈치를 보면서 필요한 물품을 구매할 수밖에 없다. 한국 사회에서 눈치는 상대방이 눈치채지 못하게 눈치를 보는 경우가 있다. 또는 상대방이 눈치챌 수 있게 드러내 놓고 눈치를 보는 일도 없지 않다. 드러내 놓고 눈치를 보는 경우는 아랫사람이 윗사람에게 보이는 겸손한 표현을 의미하는 것이다. 이러한 겸손한 행위로서의 눈치가 심해지면 그것은 불합리한 속성을 갖게 되어 합리적 상식이 통하지 않는 사회가 된다. 눈치에 의해 사회 질서가 유지되는 사회는 문화적 수준을 높이 평가하기가 어렵다.

결국 눈치는 외형적으로 겸손함이며 타인에 대한 배려의 모습을 지닌다. 그러나 눈치는 본질적으로 자신의 이익 추구를 위하여 더욱 비굴한 모습을 지니는 특성이 있다. 따라서 이어령의 말처럼 눈치는 "약자가 강자의 마음을 살피는 기미이며 원리원칙과 논리가 통하지 않는 부조리한 사회에서 없어서는 안 될 지혜"(이화여자대학교 교양국어편찬회, 2000 : 353)가 되기도 하는 것이다.

둘째, 김 반장과 경호네가 동맹을 맺은 것에 대한 자신의 입장을 정리해 보자.

김 반장과 경호네가 동맹을 맺은 것은 유치한 일 같지만, 생존을 위해서는 어쩔 수 없는 방법이기도 하다. 시대적으로 어려운 상황에서 서로 먹고 살기 위한 눈물겨운 몸부림으로 여겨지기도 한다. 그렇다고 자신들과 별반 다르지 않은 싱싱 청과물을 폐업시키기 위한 동맹은 같은 이웃끼리 바람직한 방법은 아니다. 두 가게의 동맹이 자구책이기는 하지만 또 다른 피해자를 만들었다는 점에서 비판받아야 마땅하다. 돈 때문에 서로 싸우다가 또 다른 경쟁자를 망하게 하려고 동맹을 맺는 것은 체면을 돌보지 않고 이익을 다투는 이율배반적 행위라고 생각한다.

그러나 얼마 지나지 않아 여자들은 새로운 사실을 알게 되었다. 경호네와 김 반장이 단순한 휴전 조약만을 맺은 게 아니라, 당분간 동맹 관계를 유지하기로 약조를 했다는 것이다. 물론, 이 동맹자들이 쳐부숴야 할 적군은 싱싱 청과물이었다. 믿을 만한 소식통에 의하면, … (중략) …

제안은 김 반장이 했지만 이것저것 묘책은 경호 아버지한테서 나온 것이란 말도 있었고, 서로 형님, 아우 해 가면서 신세 한탄도 할 만큼 사이가 좋아졌다는 소문도 있었다. (양귀자, 1987 : 245~246)

적대적인 관계를 유지하던 김 반장과 경호네가 싱싱 청과물을 폐업시키기 위해 동맹 관계를 맺는다. 이것은 한국문화의 특질인 집단주의를 생성하는 우리주의와 무관하지 않다. 한규석은 "집단주의의 주된 특징은 자아를 집단의 일부로 파악하고, 집단의 목표를 개인의 목표에 선행시키며, 집단의 원활한 결속에 깊은 관심을 가지며, 집단에 강한 정서적 애착을 갖는 것"(한규석, 1991 : 2)이라 하였다.

최춘식(1997 : 69)은 '우리'라는 말은 물론 개인들이 모인 집단을 말하지만, 원래는 '울타리' 혹은 '집'을 뜻하는 것으로 보았다. 그래서 우리는 '집안사람들'이라는 의미가 된다. 집안사람들의 일이니까 우리 안에서 발생하는 일은 모두 다 봐주자는 것이다. 한국인의 우리 이기주의는 가족을 시작으로 하여 더 큰 구조로 확장되었다. '우리' 안에서는 이성이 결여되어 우리의 결속을 헤치지 않는 한 모두가 좋은 사람이다. 우리 중에서 누가 밖에서

다문화 한국어 교육을 위한 한국문화 교육론

아무리 나쁜 짓을 해도 우리 집단 안에서 내적규율만 잘 지킨다면 그는 좋은 사람인 것이다.

김 반장과 경호네는 이미 우리 안에 갇혀 이성을 발휘할 능력을 상실하였다. 우리에게 싱싱 청과물 사내는 우리 밖의 타인에 불과하다. 김 반장과 경호네로 대표되는 우리가 싱싱 청과물 사내와 싸우더라도 우리 안에서는 모두가 이해되고 용서가 된다. 이성과 논리보다는 우리 안에서 좋은 게 좋은 것이 되고 만다.

한규석은 한국 사회에서 아는 사이(우리)와 모르는 사이(남)의 교류 양상은 큰 차이를 보이는 것으로 여긴다. 한국인들은 타인을 '우리' 또는 '그들'로 구분하는데, 여기서 그들은 중립적인 존재라기보다는 경쟁적이거나 부정적 감정이 연루된 타인으로 간주하는 편이다. 따라서 사람들은 모르는 사이를 아는 사이로 전환하려 한다. 아는 사이에서는 양방이 우리라는 호칭을 사용하여 정감을 느끼는 관계로의 진행이 가능하기 때문이라고 볼 수 있다. 즉 아는 사이와 모르는 사이에 대하여 각기 다른 행동 규범을 지니고 있다. (국제한국학회, 1998 : 164)

이러한 한국의 '우리'는 서양의 '우리'와 차별된다. 서양은 우리라는 범주 속에서도 개인의 자율성과 독립성은 그대로 유지된다. 그러나 한국의 우리는 그 집단 내의 우리를 위하여 개인의 자율성과 독립성은 유지되기가 어렵다. 한국의 우리는 개개인의 정체성은 상실되고 개인은 오직 집단 공동체의 질서유지를 위해 존재하게 되는 것이다.

한국은 외세의 침입이 잦았기 때문에 우리주의는 든든한 방패막이 역할을 하였다. 방패막이라는 명목으로 우리끼리 잘할 수 있다는 쇄국 정책을 고수한 역사적 경험이 있다. 쇄국정책으로 말미암아 선진국과의 교역이 몇백 년 뒤처질 수밖에 없었다. 우리끼리 잘살아 보자는 쇄국 정책이 우리끼리 다 같이 망하자는 역설적 의미로 들리는 것은 나름대로 이유가 있는 것이다.

셋째, 써니전자 시내 엄마의 태도가 갑자기 바뀐 이유가 무엇인지 설명해 보자.

써니전자 시내 엄마는 같은 상황에서 다른 말을 하여 동네 사람들에게 눈총을 받는다. 싱싱청과물이 김 반장과 경호네 때문에 폐업을 하게 되자 시내 엄마는 가장 가슴 아파했다. 그러나 원미동에 새로운 전파상이 들어온다는 말에 갑자기 태도가 변한다.

이러한 시내 엄마의 태도 변화는 어떠한 상황이 자신에 영향을 주느냐 주지 않느냐에 따라 달려 있다. 자신에게 경제적 손실을 주는 상황에서는 같은 업종이 원미동에 개업한다는 말은 이해하기 어렵게 된다.

동맹자들이 결국은 목적을 달성한 사실에 대해 한편으로는 놀라기도 하면서 혹은 언짢게 생각하기도 하면서…….
특히 시내 엄마가 싱싱 청과물의 폐업을 가장 가슴 아파했다.
"오죽하면 여기까지 와서 장사를 벌였을라구. 이 동네가 어디 장사해서 돈 벌 곳이 되나? 그깟 것 같이 좀 먹고살면 어때서. 너무 잔인해." (양귀자, 1987 : 251)

"어머나 김 반장이 가만있겠어요? 그리고 이 바닥에서 똑같은 장사를 벌여 놓았다가는 결국 두 집 다 망하고 말걸요."
시내 엄마의 발언 내용이 잠깐 사이에 극과 극으로 달라진 것을 모를 리 없는 여자들은 모두 입을 조심하였다. 섣불리 잘못 말하였다간 이웃 사이에 금만 갈 뿐이다. (양귀자, 1987 : 239~254)

두 인용문 중에서 위의 인용문은 시내 엄마가 싱싱 청과물 폐업에 대해 가슴 아파하는 대목이다. 특히 싱싱 청과물 사내를 동정하며 그에게 심한 행동을 한 김 반장에 대해 좋지 않은 감정을 품고 있다. 아래 인용문은 시내 엄마가 복덕방을 하는 고흥댁이 원미동에 새로운 전파상이 들어온다는 말을 듣고 난 후의 반응이다. 시내 엄마는 조금 전까지만 하더라도 다 같이 어려운 처지에 자신만 살려고 애쓰는 김 반장의 처지를 못마땅하게 여겼다. 그러나 새로운 전파상이 들어온다는 말을 듣고 난 다음에는 김 반장을 두둔하며 경호네와 싱싱 청과물 사내를 비난하고 있다. 시내 엄마의 일관성 없는 반응은 새로운 전파상이 들어온다는 것에 대한 불만과 불안감을 보여 주고 있는 셈이다. 이러한 불만과 불안감은 당시 어려운 경제적 현실을 보여 주고 있으나 한편으로는 원미동 사람들의 이기주의를 대변하고 있기도 하다.

최춘식은 이기주의를 한국문화 특질로 보고 있다. 특히 가족 이기주의는 혈통에 집착하는 모습을 보여 "내 새끼가 잘되는 데에는 수단과 방법을 가리지 않고 이성조차 마비"(1997 : 67)시켜 버린다. 이러한 이기주의는 한국의 교육환경에도 영향을 미쳐 정부에서 아무리 좋은 개혁안을 내놓아도 실패할 수밖에 없는 것은 내 새끼만 찾는 가족 이기주의 때문이다. (최춘식, 1997 : 71~76) 한국은 세계에서 공교육비보다 사교육비를 더 많이 지출하는 국가로 몇 번째 손가락에 꼽힌다. 공교육에 투자해서 많은 학생이 이익을 보기보다는 내 새끼만 잘 가르쳐 좋은 대학에 보내면 그만이라는 것이 한국인의 생각이다.

한 설문에 의하면 어떤 수단을 쓰던 자기 자식만 좋은 대학에 들어가면 된다는 식으로 대답한 주부가 85% 이상을 차지하였다고 한다. 집안에 고등학교 3학년 학생이 있는 경우에는 온 가족의 관심이 학생에게 집중된다. 학생에게 집중되기보다 학생의 성적에 집중되어 있다는 것이 바른 표현이다. 이러한 상황에서 성적이 제대로 나오지 않는 학생은 많은 스트레스를 경험하게 된다. 미국의 한 텔레비전의 '믿거나 말거나' 프로그램에서는 한국의 고등학생들이 새벽별을 보고 집을 나가서 늦은 밤 달을 보고 들어온다는 일과를 방영한 바가 있다고 한다. 외국인의 눈에는 한국 고등학생의 일과가 믿거나 말거나 한 일처럼 신기하게 비친다. 하지만 한국인에게는 엄연한 현실이다.

이러한 이기주의는 다른 사람이나 사회의 이익은 고려하지 않고 자기만의 이익만을 중요시하는 풍조를 말한다. 이는 개인

주의과도 무관하지 않으며 자신의 목적 달성을 위해 타인을 수
단으로 이용하는 경우가 있다. 연구자에 따라서는 이기주의를
모든 동물에게 공통으로 부여된 자기보존 본능으로 인식하기도
한다. 그래서 모든 인간은 이기적으로 살아갈 수밖에 없다는 것
이다. 이러한 이기주의가 심화하면 최대 다수의 최대행복이라
는 공리주의가 위기에 처하게 된다. 공리주의가 위기에 처하게
되면 공동선을 추구하는 국가의 존재가 유명무실해지는 상황에
직면할 수 있다.

ⓒ 정리단계

「일용할 양식」이 끝나는 지점에서 새로운 사건이 발생한다.
그것은 원미동에 새로운 전파상이 개업한다는 것이다. 원미동
에는 이미 써니전자라는 시내 엄마 가게가 있는 상태이다. 시내
엄마와 새로운 전파상의 갈등을 중심으로 소설 이어쓰기를 해
보자.

〈예시〉

그 후, 싱싱 청과물 자리에 전파상이 들어왔다. 시내 엄마는
아닌 척했지만, 새로 들어올 '전파상'이 꽤 신경이 쓰이는 눈치였
다. 드디어 'BEST전자'가 개업을 했다. 'BEST전자'의 여주인은
시루떡과 귤을 돌리며 개업 인사를 했다. 가게 이름에 걸맞게 최
신 유행의 오디오와 텔레비전이 가게를 가득 메우고 있었다.
시내 엄마는 'BEST전자' 근처에는 아예 가지 않았다. 원미동

사람들은 이 봄 들어 다시 고민에 빠지게 되었다. 이번에는 여자들뿐 아니라 남자들까지 고민에 빠졌다. 전자제품 가격은 부식값과는 비교되지 않을 정도였기 때문이었다. 그렇다 하더라도 원미동 사람들은 'BEST전자'에 쉽게 걸음 하지 못했다. 얼마나 끙끙 앓았던지 눈 밑까지 새까매진 시내 엄마에게 신경이 쓰이는 것이었다.

'BEST전자'도 걱정이 이만저만이 아니었다. 물건을 한 대도 팔지 못하고서는 단 몇 달만이라도 버텨 낼 여유가 없는 형편이었다. 드디어 'BEST전자'에 첫 손님이 들었다. 그런데 그 첫 손님은 동네 사람들의 예상을 뒤엎었다. '써니전자'의 시내 엄마였다. 말하기 좋아하는 동네 여자들은 한 사람도 빠짐없이 가게를 흘깃거리고 있었다. 한바탕 싸움이라도 일어날까 하는 염려와 싸움 구경에 대한 기대가 교차하는 빛이 역력했다.

"난 저 아래에서 전파상 하는 시내 엄마예요."
"아, 지는 강철이 어미라예."
"우리 전파상 하는 사람들끼리 서로 친하게 지냈으면 해요."
"아이고, 고맙습니더. 우리 강철이 써니전자 안 갔습니꺼!"

그 일이 있고 난 뒤 '써니전자'와 'BEST전자'는 둘도 없는 친구가 된 듯했다. 원미동 사람들의 고민도 저절로 해결되었다. 텔레비전을 사거나 수리할 때는 '써니전자'에, 오디오를 사거나 수리할 때는 'BEST전자'에 가면 그만이었다. 외동딸을 둔 시내 엄마와 아빠는 강철이를, 외아들을 둔 강철이 엄마와 아빠는 시내를 자신들의 아들과 딸처럼 무척이나 아끼는 듯했다. 그 가을 운동회가 열린 원미 초등학교 운동장 한쪽에서는 한 가족처럼 어우러진 시내네와 강철이네의 모습을 볼 수 있었다. (한국교원대학교, 2003 : 183)

⑷ 수업의 실제 - 「일용할 양식」의 교수·학습지도안

① 산업화 시대를 통한 역사문화 교육

대단원명	한국문화의 이해	일시	20××. 12	장소	강의실
소단원명	원미동 사람들-일용할 양식 편	대상	고급반	차시	1/3
단원 학습 목표	· 산업화 시대를 통한 역사문화를 이해할 수 있다. · 소설을 통한 지리문화를 탐색할 수 있다. · 소설을 통한 집단주의와 물신성문화에 대하여 발표할 수 있다.				
본시 학습 목표	산업화 시대를 통한 역사문화를 이해할 수 있다.				

학습 과정	교수 · 학습 활동	시간 (분)
도입 단계	· 학습동기 유발 - 1980년대 한국의 사회적, 문화적 상황을 표현하는 사진이나 동영상 자료를 보여 주며 흥미를 유발한다. · 학습목표 제시 - 소설의 소재를 찾아 1980년대 역사문화적 배경을 추측할 수 있다. - 원미동 현실에서 고흥댁이 경호네의 성공을 부러워한 이유를 알 수 있다. - 소설을 통해 작가가 하고자 하는 말은 무엇인지 설명할 수 있다. - 경쟁에 대한 자신의 입장을 정리할 수 있다.	10
문제 해결 단계	· 소설의 소재를 찾아 1980년대 역사문화적 배경을 추측해 보자. - 단칸방, 아랫목, 유선방송, 안테나 · 원미동 현실에서 고흥댁이 경호네의 성공을 부러워한 이유를 생각해 보자. - 원미동 가게가 모두 장사가 안되는 상황에서 성공했기 때문에 · 소설을 통해 작가가 하고자 하는 말이 무엇인지 설명해 보자. - 원미동 사람들의 갈등과 화해	25
정리 단계	· 학습 내용 정리 및 내면화 - 경쟁에 대한 자신의 입장을 정리해 보자.	15

② 현장체험학습을 통한 지리문화 교육

대단원명	한국문화의 이해	일시	20××. 12	장소	강의실
소단원명	원미동 사람들-일용할 양식 편	대상	고급반	차시	2/3
단원 학습 목표	· 산업화 시대를 통한 역사문화를 이해할 수 있다. · 소설을 통한 지리문화를 탐색할 수 있다. · 소설을 통한 집단주의와 물신성문화에 대하여 발표할 수 있다.				
본시 학습 목표	소설을 통한 지리문화를 탐색할 수 있다.				

학습 과정	교수·학습 활동	시간 (분)
도입 단계	· 학습동기 유발 - 모둠별 체험학습을 하기 전에 인터넷 '디지털부천문화대전' 홈페이지를 방문하여 답사에 필요한 답사 장소, 과제 수행 방법 등을 숙지시켜 학습 흥미를 유발하도록 한다. · 학습목표 제시 - 원미동 명칭의 유래와 자연환경을 조사하여 제출할 수 있다. - 원미동 거리의 건립경위와 현황 및 의의를 조사하여 제출할 수 있다. - 작품의 공간적 배경인 원미동의 상징적 의미를 조사하여 발표할 수 있다. - 현장 체험학습 감상문을 작성할 수 있다.	10
문제 해결 단계	· 원미동 명칭의 유래와 자연환경을 조사하여 제출한다. - 원미동은 원미동에서 유래되었으며 시민의 안락한 휴식처임 · 원미동 거리의 건립경위와 현황 및 의의를 조사하여 제출한다. - 원미동 거리는 「원미동 사람들」을 기념하기 위해 건립되어 문화도시의 이미지는 재고함 · 작품의 공간적 배경인 원미동의 상징적 의미를 조사하여 발표해 보자. - 소시민들의 이해와 공존을 그리며 희망을 메시지를 전해주는 공간임	25
정리 단계	· 학습 내용 정리 및 내면화 - 현장 체험학습 감상문을 작성해 보자.	15

③ 소설을 통한 집단주의와 물신성문화 교육

대단원명	한국문화의 이해	일시	20××. 12	장소	강의실
소단원명	원미동 사람들-일용할 양식 편	대상	고급반	차시	3/3
단원 학습 목표	·산업화 시대를 통한 역사문화를 이해할 수 있다. ·소설을 통한 지리문화를 탐색할 수 있다. ·소설을 통한 집단주의와 물신성문화에 대하여 발표할 수 있다.				
본시 학습 목표	소설을 통한 집단주의와 물신성문화에 대하여 발표할 수 있다.				

학습 과정	교수 · 학습 활동	시간 (분)
도입 단계	·학습동기 유발 - 한국문화 특질 중에서 집단주의가 무엇인지에 질문한다. - 한국의 집단주의 문화 특질을 나타내는 사진이나 동영상을 보여 주면서 학습자 모국과의 차이점을 발표하게 한다. ·학습목표 제시 - 자신이 원미동 주민이라면 어느 가게를 이용했을지 발표할 수 있다. - 김 반장과 경호네가 동맹을 맺은 것에 대한 자신의 입장을 정리할 수 있다. - 써니전자 시내 엄마의 태도가 갑자기 바뀐 이유가 무엇인지 설명할 수 있다. - 소설 이어쓰기를 할 수 있다.	10
문제 해결 단계	·자신이 원미동 주민이라면 어느 가게를 이용했을지 생각해보자. - 두 가게의 눈치를 보면서 가게 이용이 어려울 것임 ·김 반장과 경호네가 동맹을 맺은 것에 대한 자신의 입장을 정리해 보자. - 집단주의적 행위이지만 생존을 위한 어쩔 수 없는 방법으로 생각됨 ·써니전자 시내 엄마의 태도가 갑자기 바뀐 이유가 무엇인지 설명해 보자. - 물신성에 의한 개인 이기주의적 행동으로 여겨짐	25
정리 단계	·학습 내용 정리 및 내면화 - 소설 이어쓰기를 해 보자.	15

4 부

나가며

이 책에서는 고급학습자를 대상으로 다문화 한국어 교육을 위한 한국문화 교육 방안에 대하여 구체적으로 살펴보았다. 고급학습 대상자들은 한국의 정치·경제·사회·문화 전반에 걸쳐 친숙하지 않은 소재에 관해서도 이해하고 표현할 수 있다. 아울러 한국 사회 문화에 대한 정서적 공감대가 형성되어 있어서 문학 작품의 교육이 가능한 것으로 판단하였다.

2부에서는 한국어 교육에서의 문화와 문학교육의 이론적 탐색을 하였다. 첫째, 한국어 문화 교육에서 문화의 개념을 정립하고 한국문화의 유형을 제시하였다. 먼저, 교육의 본질이 역사적으로 발달한 문화를 후대에 전달하고 발전시키는 작용이라면 문화 교육은 언어 사용 능력과 문화 능력을 동시에 향상할 수 있다는 점에서 유용하다. 특히 문화 교육은 학습자들이 문화적 충격에서 벗어나 한국문화에 적응하게 하는 역할을 할 수 있다.

다음으로 한국문화의 유형을 권위주의, 충효주의, 집단주의로 분류하고 역사적 사료를 통하여 각각 고증해 보았다. 권위주의는 홉스테드의 조사에서 도출한 개념으로 권위주의는 권력거리로 표현할 수 있으며 권력거리가 큰 나라에서는 권력의 합법성 여부는 문제가 되지 않는 것으로 보았다. 권위주의를 한국문화의 특질로 분류하는 원인으로 유교사상을 토대로 하는 장유유서의 질서, 한국 남성의 절대적 권위를 상징하는 가부장제, 한국의 독특한 군사문화 등을 근거 자료로 제시하였다.

충효주의는 조항록, 민현식 등이 제시한 개념으로 한국문화는 충효주의 성향을 강하게 띄고 있다고 하겠다. 충효주의는 국가에 대한 충성과 부모에 대한 효도라는 도덕적 책무를 가리키는 개념이다. 충효주의를 한국문화의 특질로 분류하는 원인으로 애국심, 효친사상, 전통적인 선비정신 등을 근거 자료로 제시하였다.

집단주의는 홉스테드의 조사에서 도출한 개념으로 집단주의 사회에서는 개인의 이익보다 집단의 이익이 우선한다. 그 사회 구성원들은 집단에 충성하는 대가로 그 집단이 개인을 지속해서 보호해 준다고 생각한다. 집단주의를 한국문화의 특질로 분류하는 원인으로 유교사상에 바탕을 둔 확대된 가족주의, 우리주의, 연고주의 등을 근거 자료로 제시하였다.

둘째, 한국어 교육의 교수·학습이론의 변화 과정을 살펴보고 문화 교육 수업모형을 구안해 보았다. 먼저, 교육부는 2022 개정 교육과정에서 '포용성과 창의성을 갖춘 주도적인 사람'이라는 비전 아래 주도성과 창의와 혁신 그리고 포용성과 시민성을 추구하는 인재를 양성하겠다는 목표를 제시하였다. 이러한 목표를 한국어 교육에도 접목해 세계와 소통하고 지구 공동체적 문제해결과 인류의 발전을 위해 배려와 나눔을 실천하는 인재를 육성해야 할 것으로 판단했다.

다음으로, 교수·학습이론은 시대적 흐름에 따라 행동주의에서 인지주의로, 인지주의에서 구성주의로 변화하였다. 기존의 행동주의적 교수자 주도 학습법과 달리 구성주의적 자기주도 학습법은 학습자 스스로 노력으로 지식, 기술, 성취감 및 개인적 발달을 향상하는 것이 목적이다. 학습자 스스로 수준에 맞는 학습목표를 설정하고 실천계획을 세워 학습해야 한다. 아울러 학습자 스스로 자료를 수집하고 분석, 종합 및 처리하여 자신의 학습 과정과 성취 상황을 반성하고 평가하는 능력이 있어야 한다.

소설을 활용한 한국문화 교육은 구성주의에 입각한 자기주도적 문제 해결학습과 협동 학습이론에 기대어 구성주의적 문제 해결 수업모형을 구안하였다 이 모형은 도입→문제해결→정리의 3단계로 나누어 교수·학습을 진행하게 된다. 도입단계에서는 학습동기를 유발하고 학습목표를 제시한다. 문제 해결단계에서는 문제를 탐구하기 위한 계획을 세우고 다양한 방법으로 문제를 탐구한다. 다음에는 문제 해결방안을 모색하고 문제해결 학습을 진행하게 된다. 정리단계에서는 학습한 내용을 정리하고 내면화시키는 단계이다.

3부에는 소설을 활용한 한국문화 교육 방안을 고찰하였다. 여기에서는 2부에서 탐색한 한국어 문화 교육과 한국문화의 유형 및 구성주의적 문학이론을 토대로 접근하였다. 먼저, 각 작품에서 역사문화와 지리문화를 살펴보고 권위주의, 충효주의, 집단주의를 한국문화의 대표적 유형으로 추출하여 각각 대입시켰다. 다음으로, 구성주의에 입각한 구성주의적 문제해결 수업 모형으로 소설을 활용한 한국문화 교육에 적용해 실제 지도안을 작성하였다.

이 책에서 선정한 작품들은 역사문화적 연구 방법에 근거하여 시대적으로 한 세대, 즉 30년 단위로 구분하여 분석하였다. 그것은 1920년대부터 1980년대까지의 60여 년은 한국의 근현대사를 관통하고 있는 시대이기 때문이다. 그럴 뿐만 아니라 시대별로 30년마다 한국 역사상 가장 중요한 사건, 즉 일제강점기, 한국전쟁, 산업화 시대가 존재하고 있다.

첫째, 현진건의 「운수 좋은 날」은 1920년대를 시대적 배경으로 하고 있다. 먼저, 역사문화적으로 일제강점기 서민들의 궁핍한 삶의 모습을 확인하였다. 다음으로, 지리문화적 측면에서 소설의 공간적 배경인 경성을 탐색하여 현재의 서울과 비교해 보았다. 끝으로, 한국문화의 대표적 유형으로 도출한 권위주의 문화와 남성성 문화를 고찰하고 수업지도안을 작성하였다.

둘째, 구인환의 「숨 쉬는 영정」은 1950년대를 시대적 배경으로 하고 있다. 먼저, 역사문화적으로 한국전쟁과 이산가족의 아픔을 확인하였다. 다음으로, 지리문화적 측면에서 소설의 공간적 배경인 사리원은 인터넷을 통하여 탐색하였다. 끝으로, 한국문화의 대표적 유형으로 도출한 충효주의 문화와 충성성 문화를 고찰하고 수업지도안을 작성하였다.

셋째, 양귀자의 「일용할 양식」은 1980년대를 시대적 배경으로 하고 있다. 먼저, 역사문화적 측면에서 산업화 시대 도시 소시민의 애환을 느낄 수 있었다. 다음으로, 지리문화적 측면으로 소설의 공간적 배경인 원미동 사람들 거리를 실제 체험학습을 통하여 탐색하였다. 끝으로, 한국문화의 대표적 유형으로 도출한 집단주의 문화와 물신성문화를 고찰하고 수업지도안을 작성하였다.

이 책은 이러한 연구과정을 통하여 다음과 같은 연구 성과를 얻을 수 있었다. 첫째, 인간 행동이 문화를 통해 전달된다는 것을 가정하여 한국어 교육이 언어학습 대상국의 문화와 전통이 결부된 학습을 도외시할 수 없다는 것을 보여 주었다. 그렇다고 언어교육보다 문화 교육이 우선 되어야 한다는 말은 아니다. 한국어 교육은 언어교육, 문학교육이라는 이분법적 사고에서 벗어나 상호 보완을 시도해야 한다. 아울러 학습자들의 한국어 학습에 대한 의지나 교육환경을 고려하면서 교수해야 함을 간과해서는 안 된다.

둘째, 다양한 문학 장르 중에서 소설이 가장 유용한 한국어 문화 교육 자료가 될 수 있음을 확인할 수 있었다. 소설은 시대를 반영할 뿐만 아니라 그 나라의 모든 문화적 양상을 내포하기에 문화를 학습할 수 있는 유용한 자료로서의 자격을 갖추었다.

학습자들은 소설을 통하여 학습 대상국의 문화나 사회현실, 사람들의 특성 및 가치관 등을 경험할 수 있다. 이러한 과정에서 현대의 비인간성과 물질만능적 이기주의를 반성하고 자신을 성찰하는 자세를 갖게 되는 것이다.

셋째, 한국문화의 대표적 유형으로 권위주의, 충효주의, 집단주의를 도출하고 역사적 사료를 통하여 고증하였다. 이러한 고증을 토대로 한국문화의 대표적 유형을 소설에 적용해 한국문화 교육의 새로운 이정표를 세웠다.

넷째, 다양한 교수·학습이론을 탐색하여 소설을 활용한 한국어 교육에는 구성주의적 접근이 가장 유용하다는 것을 알 수 있었다. 구성주의적 문제해결 수업모형은 학습자의 자기주도적 학습을 가능하게 한다는 장점이 있는 것이다.

다섯째, 연구 대상으로 선정한 3편의 단편소설을 통하여 학습자들이 한국의 근현대사를 이해하고 소설에 적용해 역사문화를 학습할 수 있게 하였다. 아울러 소설을 통하여 지리문화를 탐색하고 인터넷이나 체험학습을 통한 한국어 교육을 망라하였다. 이러한 과정을 통하여 학습자들은 다양한 학습을 경험할 수 있을 뿐만 아니라 학습에 대한 흥미를 느끼게 되는 것이다.

여섯째, 연구 대상인 소설 텍스트를 한국문화의 유형과 구성주의적 문제해결 수업모형에 적용해 실제 학습지도안을 작성하였다. 작성된 학습지도안으로 강의를 진행할 수도 있지만, 상황에 따라 다양하게 변형하여 지도할 수 있는 구성주의적 문제해결 학습지도안을 구안한 것이다.

이 책은 이러한 연구 성과가 있음에도 불구하고 몇 가지 한계점과 과제를 지니고 있다. 첫째, 한국문화의 대표적 유형을 도출하면서 한국문화가 제대로 반영되었는지에 대한 의심이다. 문화에 대한 개념이 제대로 정립되어 있지 않은 것처럼 다양한 한국문화에서 대표적 유형을 도출하기도 어려운 작업이 아닐 수 없다. 문화가 시대에 따라서 변한다면 한국문화의 대표적 유형도 더불어 변할 수밖에 없을 것으로 생각한다.

　둘째, 한국문화의 대표적 유형으로 분류한 권위주의, 충효주의, 집단주의가 한국문화의 부정적 측면만을 부각한 것은 아닌지에 대한 의혹이다. 이러한 3가지의 한국문화의 대표적 유형에는 한국문화의 특징적 요소를 내포하고 있음을 고증하였다. 학습자들에게 한국문화의 대표적 유형을 있는 그대로 교수하여 그들 스스로가 장단점을 판단하게 하는 것도 좋은 방법이다.

　셋째, 문화 교육 수업모형이 소설을 활용한 한국문화 교육에 적절한 방안인가 대한 의문이다. 이 책은 구안한 구성주의적 문제해결 수업모형으로 학습지도안만 작성하고 실제로 강의하지 못한 한계를 지닌다. 그러나 구성주의적 문제해결 수업모형은 학습자 중심의 모형이라는데 착안하여 학습자 스스로 노력한 만큼 학습결과가 정해진다는 사실에 주목해야 한다. 아울러 구안한 구성주의적 문화 교육 수업모형으로 강의를 시행하고 설문조사를 통하여 적절성 여부를 확인하는 작업은 다음 연구과제로 남긴다.

참고문헌

1. 단행본

- 구인환(2002), 『숨 쉬는 영정』, 푸른사상사
- 국제학국학회(1998), 『한국문화와 한국인』, ㈜사계절출판사
- 김석원(1997), 『논어』, 혜원출판사
- 김성곤(2003), 『문화연구와 인문학의 미래』, 서울대출판부
- 김열규(2007), 『욕, 그 카타르시스의 미학』, 사계절출판사
- 김재국(2001), 『사이버리즘과 사이버소설』, 국학자료원
- 동아시아평화인권한국위원회 저(2001), 『동아시아와 근대의 폭력1』, 삼인
- 박영순(2006), 『한국어 교육을 위한 한국문화론』, 한림출판사
- 박효정(2011), 『내공부의 내비게이션 자기주도학습』, 한국교육개발원
- 배영주(2005), 『자기주도학습과 구성주의』, 도서출판 원미사
- 양귀자(1987), 『원미동 사람들』, ㈜살림출판사
- 우한용(1993), 『소설교육론』, 평민사
- 윤여탁(2007), 『외국어로서의 한국문학교육』, 한국문화사
- 이덕무(1997), 『청장관전서』, 솔출판사
- 이승익 외(2009), 『고등학교 교육과정 해설』, 교육과학기술부
- 이화여자대학교 교양국어편찬회(2000), 『우리말·글과 생각』, 이화여자대학교 출판부

- 임경순(2015), 『한국문화교육론』, 도서출판 역락
- 임경순(2009), 『한국문화의 이해』, 한국외국어대학교 지식출판콘텐츠원
- 정옥자(2002), 『우리선비』, 현암사
- 최래옥(1980), 『한국구비문학대계 5-1』, 한국정신문화연구원
- 최춘식(1997), 『한국인에게 문화는 있는가』, ㈜사계절출판사
- 한국교원대학교, 고려대학교 국정 도서 편찬 위원회(2003), 『국어 3-1』, 교육 인적 자원부
- 한영우(2010), 『한국선비지성사』, 지식산업사
- 현길언(1994), 『소설쓰기의 이론과 실제』, ㈜도서출판 한길사
- 현진건(2008), 『운수 좋은 날』, ㈜문학과지성사
- 후루카와 히사오(아시아지역경제연구회 역)(1997), 『지역연구의 방법』, 전예원
- Kilmartin Christopher T.(김지현, 김현순, 조중신 역)(2009), 『우리 안의 남성』, 학지사
- Wilson Edward O(최재천, 장대익 옮김)(2005), 『통섭』, ㈜사이언스북스
- Hofstede Greet(차재호, 나은영 역)(1995), 『세계의 문화와 조직』, 학지사
- Girard Rene(김치수 역)(2001), 『낭만적 거짓과 소설적 진실』, 한길사
- Beauvoir Simone de(조홍식 옮김)(1993), 『제2의 성』, 을유문화사
- Kagan Spencer(기독초등학교협동학습연구모임 옮김)(1999), 『협동학습』, 디모데

2. 논문

- 권문봉(2004), 「전통적 선비정신에 대한 일고찰」, 〈한문교육연구〉 23호
- 김승환(2003), 「한국문학 교육과 한국어 교육의 상관관계와 상치관계」, 〈이화여자대학교 발표논문〉
- 김정식(1990), 「새 세기를 지향해 나갈 군사 문화」, 〈육군〉 90-3호, 육군본부

- 김해옥(2004), 「다문화 시대의 문학 작품을 통해 본 한국 문화」, 〈비교문화연구〉, 경희대비교문화연구소

- 남경희, 조용채(2001), 「문제해결학습 수업모형의 구상과 적용」, 〈한국초등교 교육〉 Vol. 12 No. 2

- 민현식(2003), 「국어교육과 한국어교육에서의 문화교육」, 〈외국어 교육〉 10권 2호, 한국외국어교육학회

- 민현식(2006), 「한국어 교육에서 문화교육의 방향과 방법」, 〈한국언어문화학〉, 제3권 2호, 국제한국언어문화학회

- 박윤석(2011), 「잃어버린 근대를 찾아서」-1920년 서울, 〈신동아〉 2011년 11월호, 72

- 변화순(1995), 「가부장적 군사문화가 여성 삶에 미친 영향」, 〈여성연구〉, 48, 한국여성 개발원

- 엄주정(1996), 「우리나라의 전통적 충효사상」, 〈학생생활연구〉 3권, 용인대학생생활연구소

- 우찬제(1991), 「한국 문학의 경제적 상상력」, 〈세계의 문학〉, 통권61호, 가을호

- 우한용(1994), 「소설교육의 이념과 방법」, 〈어문논총〉 14~15집, 전남대국어국문학연구회

- 우한용(2000), 「외국인을 위한 한국어교육에서 문학적 효용」, 〈외국인을 위한 한국어교육연구〉 3, 서울대 외국인을 위한 한국어교육 지도자 과정

- 윤여탁(1999), 「문학을 활용한 한국어교육 방법」, 〈국어교육연구〉 6, 서울대국어교육연구소

- 이선이(2003), 「문학을 활용한 한국문화 교육 방법」, 〈한국어 교육〉 제14권 1호, 국제한국어교육학회

- 조은경, 이정주(2006), 「부패친화적 연고주의 문화의 국가별 비교분석」,

〈한국행정학보〉 제40권 제4호

- 조항록(2003), 「한국어교육으로서의 문화 교육에 대하여」, 〈이중언어학〉 제23호, 이중언어학회

- 추정훈(1997), 「문제해결학습을 통한 시민성 함양」, 〈사회와 교육〉, 한국 사회과교육학회

- 한광문(2000), 「21세기 군대문화의 발전 방향」, 〈육군〉, 육군본부

- 한규석(1991), 「집단주의-개인주의 이론의 현황과 그 전망」, 〈한국심리학 회지〉, Vol 10

- 황인교(2001), 「외국어로서의 한국 문학 교육의 가능태」, 〈외국어로서의 한국어교육〉 25, 26집, 연세대학교언어연구교육원

3. 학위논문

- 강전희(2001), 「협동학습을 통한 소설 읽기 지도 방안 연구」, 한국교원대 학교교육대학원, 석사학위 논문

- 김선희(2011), 「한국 문화 교육을 위한 웹 자료 활용 방안」, 상명대학교 교육대학원, 석사학위 논문

- 김순자(2009), 「한국어교육에서 소설 텍스트 교육 연구」, 부산외국어대 학교대학원, 박사학위 논문

- 나정선(2008), 「외국인을 위한 문학 교육 방법 연구」, 단국대학교대학원 박사학위 논문

- 노대규(1969), 「외국어로서의 한국어 교수에 있어서 연습 유형에 대한 연구」, 연세대학교대학원, 석사학위 논문

- 박홍숙(1997), 「1920년대의 소설에 나타난 '돈' 연구」, 경남대학교 교육대 학원 석사 학위 논문

- 안미영(2006), 「문학 텍스트를 활용한 한국 문화와 한국어 교수-이청준

의『눈길』을 중심으로」, 선문대학교교육대학원 석사학위 논문

- 윤영(1999), 「외국인을 위한 한국소설교육 방안」, 이화여자대학교대학원 석사학위 논문

- 이소영(2001), 「한국어 교재의 문화 요소 분석 및 한국어 문화 통합 교수 방안」, 이화여자대학교 교육대학원, 석사학위 논문

- 이영(2011), 「소설 텍스트를 활용한 한국문화 교육 방안-이청준의『축제』를 중심으로」, 건국대학교대학원, 석사학위 논문

- 이재석(2006), 「소설 텍스트를 활용한 한국어 교수에 대해서」, 청주대학교대학원 석사 학위 논문

- 정재은(2011), 「역사와 지리 통합 구성방안 연구」, 이화여자대학교대학원, 석사학위 논문

- 정지혜(2010), 「한국어 교육에서의 문화 체험 학습 방안 연구」, 공주대학교대학원 석사 학위 논문

- 홍석범(2005), 「현진건 단편소설 지도 방안 연구」, 국민대학교교육대학원 석사학위 논문

4. 방송, 신문, 인터넷 사이트

- 〈경인일보〉
- 〈국제신문〉
- 〈뉴시스1〉
- 〈동아일보〉
- 〈자유아시아방송〉
- 〈중앙일보〉
- 〈연합뉴스〉
- 〈워싱턴 중앙일보〉

- 〈통일뉴스〉
- 〈한겨레신문〉
- 〈한국수출입 은행〉(http://www.koreaexim.go.kr/)
- 구인환 문학관 카페(http://cafe.naver.com/kooinhwan/58)
- 남북이산가족찾기(https://reunion.unikorea.go.kr/)
- 네이버 지식백과, 두산 지식백과, 종교학대사전, 한국민족문화대백과 (http://terms.naver.com)
- 디지털부천문화대전(http://bucheon.grandculture.net/)
- 북촌 한옥마을(http://bukchon.seoul.go.kr/)
- 브런치 매거진(https://brunch.co.kr/)
- 서울특별시(http://www.seoul.go.kr/)
- 속초 아바이마을(http://www.abai.co.kr/)
- 위키백과(http://ko.wikipedia.org/wiki/)
- 이산가족정보통합시스템(https://reunion.unikorea.go.kr/)
- 족보 닷컴(http://www.gamoon.com/)
- 한국어 능력시험(http://www.topik.go.kr/)
- N 서울타워(http://www.nseoultower.com/)